股票投资从入门到精通

〔美〕安迪·塔纳 著 汪天盈 译

四川人民出版社

readers-club

北京读书人文化艺术有限公司
www.readers.com.cn
出 品

致中国读者的一封信

亲爱的中国读者:

你们好!

今年是《富爸爸穷爸爸》在美国出版20周年,其在中国上市也已经整整17年了。我非常高兴地从我的中国伙伴——北京读书人文化艺术有限公司(他们在这些年里收到了很多读者来信)那里了解到,你们中的很多人因为读了这本书而认识到财商的重要性,从而努力提高自己的财商,最终同我一样获得了财务自由。

我很骄傲我的书能够让你们获益。20年后的今天,世界又处在变革的十字路口。全球经济形势日益复杂,不断涌现的"黑天鹅事件"加剧了世界发展的不确定性,人们对未来充满迷茫,悲观主义情绪正在蔓延。

而对于你们,富爸爸广大的中国读者来说,除了受世界经济的影响,还要面对国内经济转型的阵痛,这个过程艰苦而漫长。当然,为了成就这种时代的美好,你必须坚持正确的选择,拥有前进的智慧和勇气。这就需要你努力学习。

最后,我还是要说,任何人都能成功,只要你选择这么做!

罗伯特·清崎

富人教他们的孩子财商，
而穷人和中产阶级从不这样做。

——〔美〕罗伯特·清崎

出版人的话

转眼间,"富爸爸"问世已20余年,与中国读者相伴也已近20年。在中国经济和社会蓬勃发展的20年间,"富爸爸"系列丛书的出版影响了千千万万的中国读者,有超过1000万的读者认识了富爸爸、了解了财商。在"富爸爸"的忠实读者中,既有在餐厅打工的服务员,也有执教讲堂的大学教授;既有满怀创业梦想的年轻人,也有安享晚年的退休人士。"富爸爸"的读者群体之广、之大,是我们不曾预料到的。

作为一套在中国风靡大江南北、引领国人创业创富的财商智慧丛书,"富爸爸"系列伴随和见证了千万读者的创富经历和成长历程,他们通过学习财商,已然成为中国的"富爸爸",这也是我们修订此书的动力。20年来,"富爸爸"系列也在不断地增加新的"家族成员",新书的内容也越来越贴合当下经济的快速发展以及国内风起云涌的经济大潮,我们也在十几年的财商教育过程中摸索出了一套适合国内大众群体的"MBW"财商理论体系,即从创富动机、创富行为习惯、创富路径三方面培养学员的财商,增强大家和财富打交道的积极意识,提高抗风险的能力。

曾有一位来自深圳的学员告诉我,他当年就是因为读了《富爸爸穷爸爸》一书,并通过系统的财商训练,才在事业上取得了巨大的成功。难能可贵的是,成功后的他并没有独享财富,而是将自己致富的秘诀——"富爸爸"财商理念分享给了更多想要创业、想要致富、想要成功的人。

在"富爸爸"的忠实读者群中,类似的成功故事还有很多很多。在"富爸爸"的影响下,每一位创富的读者都非常乐意向更多的朋友传授自己从财商训练中获得的成功经验。

值此"富爸爸"20周年之际,作者的最新修订版再次契合了时代的发展、读者的需要。在经济金融全球化的发展与危机中,作者总结过去、现在和未来财富的变化与趋势,并重温了富爸爸那些简洁有力的财商智慧,在中华民族伟大复兴的新时代,"富爸爸"系列丛书将结合财商教育培训,为读者带来提高财商的具体办法,以及在中国具体环境下的MBW创富实践理论。丛书的出品方北京读书人文化艺术有限公司将从图书、现金流游戏、财商课程等多角度多方面,打造出一个立体的"富爸爸",不仅要从财商理念上引导中国读者,更要在实践中帮助中国读者真正实现财务自由。读者和创业者可以通过关注读书人俱乐部微信公众号,来了解更多有关"富爸爸"系列丛书和财商学习的信息。

正如富爸爸在书中所说,世界变了,金钱游戏的规则也变了。对于读者和创富者来说,也要应时而变,理解金钱的语言、学会金钱的规则。只有这样,你才能玩转金钱游戏,实现财务自由。

汤小明

读书人俱乐部

序　言

多数人认为投资充满风险，因此人们将自己的钱拱手交给理财专家，然后希望这些专家能认真地对待他们的钱。

要知道，这样做的风险更大。在当今的金融环境下，这无异于自杀。

在1987年至2006年间，投资的风险比较低。每当股票或房地产市场陷入困境时，美联储主席艾伦·格林斯潘（Alan Greenspan）就会对那些投资者伸出援手。不久之后，公众又开始相信投资股票或房地产是一条稳妥的致富之路。

2007年10月，股票市场在创出了超过14 000点的历史新高后崩盘，随后便拖垮了全球经济。投资界的两大支柱——贝尔斯登和雷曼兄弟就此灰飞烟灭。美林，数百万人将自己的钱为之托付的股票经纪公司，也走向破产。

2008年，新上任的美联储主席本·伯南克（Ben Bernanke），尽一切手段将贷款利率降至零，希望防止新的大萧条再次上演。接下来，他开始无止境地印刷钞票。

你信任谁

投资者将他们的钱、他们的希望以及他们的梦想交给那些搞垮了金融行业的家伙,这让我实在难以理解。我不明白为什么有人会相信那些将数百万美元的奖金装入自己腰包,却让客户损失大笔投资款,反而不被炒掉的家伙。

不要指望那些所谓的"专家"——赚取所得远超过你我的人——会比你更加关心你自己的钱。别做白日梦了。

这就是为什么我为安迪·塔纳(Andy Tanner)所著的这本书感到激动和兴奋。本书面市的时机恰到好处。假如你意识到,由你亲手掌控你自己未来财务的时机到了,那么这本书就是为你而写的。

《富爸爸现金流》游戏

1996年,我的妻子金与我推出了一款财商教育棋盘游戏——《现金流101》。《现金流101》又称"基本面投资"。沃伦·巴菲特(Warren Buffett)是所有基本面投资者中最广为人知的一个。

我们创建此游戏的目的是为了帮助那些想要亲自掌控自己金钱的人们。

数年后,我们推出了《现金流202》,又称"技术面投资"。技术面投资是根据市场的趋势,也就是市场的上涨和下跌来投资。乔治·索罗斯(George Soros)就是技术面投资者中最成功的一个。

有些投资者是专注的基本面投资者。他们查阅公司的财务报表,往往因为对公司的未来发展抱有信心而进行长期投资。也有一些投资者是专注的技术面投资者。他们往往对公司业务的好坏不太关心。他们只关心市场的行情、情绪和观点。举例来说，苹果公司多年来一直是市场的宠儿。突然间，市场情绪发生转变——尽管苹果公司依然有着优秀的基本面、优秀的产品以及数以十亿计的现金——苹果的股价还是出现了暴跌。而那些依据苹果公司强劲的基本面而买入的投资者将蒙受亏损。

聪明的投资者往往同时结合基本面以及技术面进行投资。这就是为什么安迪的书非常优秀的原因。安迪同时利用其对基本面以及技术面的见解作出投资决策。我之所以这样讲，是因为我在投资之前会听取安迪的指导意见。

安迪不仅是一名优秀的投资者，还是一位优秀的老师……我想说的是，每当我听取安迪的指导意见时，我都能从中获益匪浅。

什么是风险

数以百万计的投资者盲目地将自己的钱拱手交给那些他们并不了解的"理财专家"来打理。他们似乎信奉"买入、持有然后祈祷"的投资策略。我祝他们好运，尤其是在如今这样一个反复无常且难以预测的世界里。在我看来，将你自己的钱交给这些完全陌生的人有着难以估量的风险。

安迪认为"风险是由于缺乏控制所导致"。对于像你我之类的投资者来说，能够从本书中学到如何在市场上更好地控制那些通常看上去不可控的风险。

假如现在你想更多地掌控自己的金钱并以此来降低自己所面临的风险，那么蕴藏在本书中的智慧对你来说将是无价的。

最好的消息

常言道,"牛爬上楼梯,熊跌出窗外"。

意思是,牛市缓步上涨,而熊市一泻千里。

对于那些同时依据基本面和技术面来进行投资的投资者来说,这是一个好消息,因为无论市场上涨还是下跌,他们都能从中获利。

而最好的消息是:假如你做好了准备、做足了功课而且经验丰富,那么当下一次市场崩盘,绝大多数投资者都在祈祷市场能赶紧重拾升势时,你却能够以前所未有的速度积累你的财富,尽管市场仍然会再一次一泻千里。

简而言之,当你读这本书时,你未来的财富就掌握在自己的手中。

祝你好运!

罗伯特·清崎

目 录

前　言	1
第一章　成为一名优秀的投资者之前，先成为一名优秀的学生	9
第二章　你财富规划中的纸资产	45
第三章　投资四柱法初探	61
第四章　柱之一：基本面分析	81
第五章　柱之二：技术面分析	149
第六章　柱之三：现金流策略	183
第七章　柱之四：风险管理	261
第八章　接下来做什么	301

前　言

多年以前，我初次拿起罗伯特·清崎所著的《富爸爸穷爸爸》一书。在书中，我找到了寻觅已久的老师和教练。

我并非来自华尔街，那儿只是一个参观的好去处，我可不想在那里生活，也不想在那里工作。我不想像打工仔一样工作。

我不是什么名牌大学毕业生，我只是一个领取奖学金的、带着伤病的篮球运动员——不是因为我很优秀，而是在于我敢于犯规。我深知要从教练那里学习。我学会了如何从比我懂得更多的人那里学习基本原则，然后在现实世界中练习实践，进而在比赛中运用以便保持技能的娴熟。最重要的是，我学会了如何取胜。我只选修了少数几门课程——少到不足以拿到学位。我只拿到很少的学分，因为我就从没坐在教室里好好学习过。

离开大学以后，我发现对于一个膝盖受伤而且对打卡上下班有抵触情绪的前大学生运动员来说，无论出卖劳动力，或者进入美国篮球职业联盟（NBA），都没有多大的发展空间。

和大多数人一样，我一生都被父母这样教导：你要好好上学，并且取得好成绩，然后才能找到一份薪水丰厚的工作。假如我擅长此道——去上学，如父母所期待般不逃课，考试，重复那些老师所说的也不管有没有意义的话——也许我会一直拿到 A 并且找到一份高薪工作。但我不是那种人，而且也没做到。

在成长过程中，我通过消极应对那些需要循规蹈矩以及被别人所期望做的事情来进行抗争。但现在，随着经济的衰落以及那些所谓"好工作"的消失，所有被训练成对别人言听计从的那些人，正束手无策地等待着新的发号施令的人的到来，以便告知他们接下来该做些什么。我发觉我对自己所做的那些抗争颇感欣慰。

从一开始起，我就没有重视那些被告知应该重视的事物。我没有把取得好成绩当回事。我只想学习那些我所感兴趣的学科。我没有重视按时上课，尤其是当我看到有机会去做其他更有趣的事情时。我没太看重指导老师指派给我的专业学位，在他眼中，我只是个一无是处的大学生运动员。

在我离开学校并且有了幸福美满的婚姻和需要负担一个小家庭之后，我不假思索地接受了理财顾问提供给我的，千篇一律且需要付费的股票建议。

我当时不知道有什么途径可以取得成功。我不像罗伯特那样幸运，因为他有一个能指导他的富爸爸，我连一个可以为我指明方向的导师都没有。直到读了罗伯特的书，我才意识到：金融行业里面有一大群和我拥有同样价值观的人。你知道吗？他们靠着这些价值观大发其财。我找到了属于我的组织。

刚开始时，我几乎不可能深入地讲述任何投资主题，更别说纸资产了。但如今我已成为罗伯特在纸资产方面的顾问，而且我走上了一条学无止境——"授无止境"的道路。对于那些认识到如今的教育方式对他们来说并不合适，却又无可奈何的人们来说，我不想让他们再为此感到沮丧。

掌握基本原则

我在校打篮球期间获得奖学金是因为我敢于犯规，一定是这样的。我个头很大，即便现在，在周末的球赛里，当我掩护队友时，别人仍然能够感受到。但是我向你保证，如果我不了解其中的基本原则，我将无法在大学比赛中立足。我的教练从不容忍懒惰的球员。不管是平时的加时赛还是局末平分的赛况，也不管是面对不利判罚抑或是上天眷顾我们，无论是主场还是客场，无论我们是明星球员还是无名之辈，所有球员都要参加平时训练，都要参加每场练习赛，都要在训练时跑全场。我们必须熟悉每场比赛，每次练习，每个对手的长处和短处。一旦身处赛场，我们都是认真的学生。

一旦涉及金钱，我就会是一名认真的学生。我将永不停止学习，并以极大的激情投身于此。我永远不会把自己视为某方面的专家，因为专家应该无所不知。一旦我觉得自己已经无所不知时，我会停止学习。我从没想过现在就停下来。我最终认识到真正的教育无所不包。

我希望本书能够成为你继续教育的一部分，前提是你已经阅读过《富爸爸穷爸爸》以及熟知其中提到的富爸爸的现金流象限。如同富爸爸公司顾问团系列出版的其他书籍一样，我写作本书的目的是帮助你提高自己的财商。富爸爸公司的使命是：从财务方面提升人们的幸福感。我希望本书可以激励你成为或者继续作为一名认真的学生，如同我从罗伯特的书中所受到的激励一样。

基本原则

我所说的全部是关于基本原则的。虽然我喜欢涉猎一些高端主题，并乐意花费数天去学习一些较为深奥的概念，以及在经济理论、历史、地缘政治学和社会经济学的分析中苦苦求索，但我总是先将这些书中的内容都分解成基本知识点之后才着手学习。我大学时的指导老师认为我是个一无是处的运动员（他没有认识到我非常聪明，以至于他使用了如此直白的话来和我交谈）。我妻子说我生来就适合当教师，因为我15年来成功举办研讨会的经历给她留下了这样的印象。我儿子说那是因为我的讲话风格和卡通片里的角色一样，能够让所有的事情听起来很有趣。无论原因为何，我喜欢将所学知识的难度降低到构成主题基本知识点的程度。

我也会在本书中采取同样的原则。我会将我的投资四柱法介绍给你。"四柱"是构成所有投资的基础。一旦你掌握了这一方法，你会发现自己所做的任何事情都是基于这四个至关重要的领域中的一个或几个。让我化繁为简地向你介绍这些知识，因为我就是这样学习的。假如就连我这样的运动员都能够学得不错，我相信你也能够做到。

随着对本书阅读的深入，你将会逐一修筑起每根柱子。你将会学习到资本利得以及现金流的不同之处，从而轻松读懂财务报表，掌握股票行情分析，甚至卖空股票。当你读完这本书时，一切都会跃然于纸上。一切就这么简单。

言行一致

我喜欢让事情变得简单。我将解释那些你首先必须了解的概念，而且我尽量让这些概念看起来简单，便于你理解并懂得如何将它们应用到你的投资中。留意下面的"四柱构筑"图，它概括了贯穿全书的核心理念。随着图中概念数量的逐渐增多，它表示你要用自己的理解构筑属于自己的财商教育过程。

四柱构筑

四柱构筑图概括了贯穿全书的核心理念。

接下来你要扩充你的金融词汇，以便让自己学会使用股票市场的语言。不要惧怕这门语言。接受它。你打理的是你自己的钱，因此学习这门语言是至关重要的。为了让学习变得简单，我会一一解释并简化这些新术语和概念，记得要习惯讲述这些金钱的语言并且从对它们的流畅使用中获得乐趣。这门语言不仅为你打开通向其他学习之路的大门，而且使你能够自行查找并获取更多的信息，甚至让你能够以自己的进度完成属于自己的财商教育过程。

我还发现：在实践中学习非常有效。不要只顾埋头阅读此书，然后生搬硬套地应用这些概念。尝试着稍微动手实践一下。我不是让你在没搞清楚状况前就跳进股票市场，那将让你面临巨大的风险。我建议你最好在电脑上先进行模拟交易。

一个投资新手在他的第一次交易中便赌上自己的全部家当，这听起来太愚蠢了。从一次巨大的错误中恢复过来将会面临重重困难。但是小错误却非常有用，因为你可以从中获益良多。这就是为什么我推荐股票新手从模拟交易开始的原因。这是一个基于真实的股票市场活动，并在真实账户中进行股票交易的过程，只是你使用的是"虚拟货币"，而非真正的钞票。

在模拟交易的过程中，你会犯错。这完全没有问题。这个世界上没有哪一个投资者有着百分之百的成功率。再强调一次，这是为了让你从错误中学习，以此来逐渐提高你在股票投资方面的技巧、知识和智慧。学着去管理风险，并乐在其中，动手操作——但是使用"虚拟货币"，而不是钞票。

从错误中学习是我们众多学习方式中的一种，而这一学习方式却不为传统学校所接受。犯错本该是很正常的事情，然而在学校却不是。上学那会儿，犯错会使我深感不安。如果某个学期我没有通过某科测试，并且只拿到一个C，我将会失去获得奖学金的资格，并被踢出校篮球队，然后被学校开除。犯错的代价竟然如此之高。重点不在于犯错能否对我的学习有所帮助，而在于我分数的高低。

当我们犯错时，假如学校不再因犯错而惩罚我们，那么我们就没有理由再受到担心犯错的困扰。想象一下小孩学步的场景。当小孩蹒跚着走几步然后摔倒，屁股着地，他们会笑着站起来继续尝试。他们丝毫没有受此困扰。不知何时，我们失去了坚持尝试这种很自然的意愿。我想要你重新找回这种意愿。不断实践是一条被证实的用来掌握新事物的途径。它可能不是一条最好的途径,可能也不舒坦。但是当我花费了足够的时间重新站起身来,然后向前迈了一大步时,我知道这条路是可行的。

通过玩《富爸爸现金流》游戏,你可以在不承担实际后果的情况下完成许多现实世界金融环境下的实践,罗伯特设计的这个棋盘游戏使用虚拟货币和各种卡片来模拟真实的投资。这些可以帮助你实践你的分析与决策技巧——希望你能乐在其中。

不要做一个被动的学习者。从现在开始,做一个积极的行动者,投入到你自己的财商教育中去吧。

第一章

成为一名优秀的投资者之前，先成为一名优秀的学生

当你听到诸如"学生""学习"或者"学校"这类字眼时,也许会回想起你人生中的一段时光,那时你在和诸如"教室""家庭作业"和"听课"这样的字眼打交道。但是我们中的大多数也许会回想起另一段时光——在传统教室环境之外所拥有的一些意义深远的发现经历。对我来说,最令人兴奋的莫过于将一些知识点综合运用,然后得到满意的结果。例如我的第一次带球上篮。

我一次又一次地练习如何带球上篮。我花费了大量时间,关注每一个步骤——向着篮筐运球,在最佳时机瞄准篮筐,正确地带球投篮,确保我在正确的时间使用正确的步法——然后当球最终从篮板弹回并且落入篮网时,那感觉真是好极了。现在我甚至都不用去细想这些步骤,带球上篮如同跑步一样自然。

投资也是一样——但它不会因反复练习而导致膝盖疼痛。

如果你喜欢来自新发现所带来的兴奋和充满各种可能性的感觉,你可以期待这趟带你去了解投资的旅程。本书以及我的教学方式与那些严肃的华尔街大师们或者你在电视上看到的喋喋不休的那些家伙不同。怎么会这样?很简单:他们平庸的建议会将你引导到他们想要你去的地方,而不是你自己想要去的地方。我仅仅是带你去你自己想要到达的地方。因为我不会告诉你应该去哪里,只会告诉你如何到达你想要去的地方。

在投资方面，我们都是学生

我想让你知道，我和你一样，我也是学生。我对有用的知识如饥似渴。我享受与我的导师和老师一起度过的时光，而且我知道学无止境。当人们声称他们无所不知时，他们便在我心目中失去了信誉。因为股票市场投资这个主题过于宽泛且日新月异，没人可以知道关于它的所有事情。

我写这本书是为了帮助投资初学者或者那些视自己在股票投资方面仍然具有成长空间的学生。有可能我们正在同一条道路上，也有可能我独自走了很远，但是我们都在同一片森林里。

当我开始了解股票市场时，我厌倦了当一个盲从的人。我依赖其他人的建议，而且我无从分辨这些建议的好坏。我想做出一些明智的决定并且和我的理财顾问一起讨论关于投资的话题，而不是仅仅遵照他们的建议去做事情。我想拥有自信。你对自己的投资理财是否有着同样的感受？

我们当下的生活非常艰难。如果你对投资了解不多的话，那些你不得不做出的关乎自己未来的决定可能会产生可怕的后果。

本书将会帮助你在面对未来时充满信心。它会给予你信心，让你知道在任何类型的市况下（无论是上涨、下跌或者震荡），你都有机会获利。你不需要依赖所谓"专家"的建议或者特定的市场运行方向。财商教育为你带来投资选择机会，而选择给你带来信心。

从全球角度来看，我们即将面临一段非常困难的时期。然而，我坚信，一旦你做好准备，你就能够在任何市况下获利，无论市场将如何变化。

建议不等于教育

华尔街的专家们喜欢告诉我们，对于如何打理我们手中的金钱，他们的那一套就是最好的，但是他们从来没有想要教给我们任何经验。他们喜欢这种不对等的关系。你对股票市场所知越少，你就会越依赖他们。他们想让你接受他们的摆布。在我看来，人们渴望学到真正的东西。

这些所谓的"专家"喜欢给你一大堆的建议和观点。但是建议不等于教育。建议是告诉你要做什么事情，然而教育却是让你获得对事物真正的理解——这些理解可以让你自己做出决定，进而着手行动。教育是一种转变。

今天，你有机会选择教育的方向及所有随之而来的奖励。

转变是接受真正的教育的最好证据

作为富爸爸公司的一名顾问，我的经历远远超出大家的想象。坦率地说，与当教师这一经历相比，更多的经历来自于我的自主学习和发展过程。能够与罗伯特、金·清崎，以及其他的顾问们一起共事如此之久，对我来说是一种恩赐，因此我的学习机会是弥足珍贵的。

当然，罗伯特不仅是一位非常娴熟的教师，还是一个对知识如饥似渴的学生。他对教育的激情已经深深融入了他的血液，并成为他生命的一部分。他经常提醒我"什么是教育"及"教育"这个词的由来。

e·duce/Id(y)oo̅s/

动词：激发、开发潜力（潜能）

请注意上面有关"教育"定义中有这样一个词：潜力。想象一下，在我们面对"成为一个怎样的人"的众多选择时，或许这是一个令人兴奋且难以置信的选择题：你我都有起降一架波音747的潜力，我们可以学会演奏乐器，我们可以学会做一道美味佳肴，我们有修建一所房屋、驾船出海或者讲一门外语的潜力……我们的潜力无穷无尽。从这个角度而言，教育理念被提升到了更高的高度，超越了仅仅由老师向学生传授知识这一层面。真正的教育是一个转变的过程，它可以将潜力转化成真正的力量。

教育是一个能够让我们获取能力去做以前力所不能及之事的过程。"转变"是富爸爸公司的使命和核心价值观：即从财务方面提升人们的幸福感。

背景和内容

简单来说，背景代表更大的图景，而内容代表具体细节。我们可以依照支撑信息的背景，从不同的角度去理解它。

你对投资了解得越多，你就越确信背景的重要性。我想说的是，相比你教人们如何思考，很多人更愿意你先教他们应该做些什么。这完全搞颠倒了。

我们的背景经常随着我们的提问而被一一展现。作为富爸爸公司的顾问团成员，我经常听到诸如此类的问题：

"如果你有 10 000 美元，你会投资什么？"

或者

"你最近买了什么股票?"

然而几乎没人会问到这些问题:

"安迪,你现在在学些什么?"

或者

"罗伯特最新开设的投资课程是什么?"

前两个问题显示了一种背景(或者心态)——所谓成功投资的关键仅仅是需要将钱投向正确的地方。而睿智的人则将"做一名学生,学习如何投资变得更加在行"视作一个整体,并将投资放在这个整体背景中看待。

罗伯特·清崎是教授"背景"方面的大师。举例来说,现金流象限没有教你如何购买不动产或者投资股票。然而它却是一个非常强大的教学工具,因为它可以帮助人们转换他们的背景。人们通过下面图例中的现金流象限,审视自己的哲学观以及他们获得现金流的途径。

E(Employee)代表雇员

S(Self-employed)代表小企业主、自由职业者或专业人士

B(Business owner)代表大企业家(有500名以上员工)

I(Investor)代表投资人

现金流象限的强大功能部分来自于它让我们每个人得以审视自己当前的角色以及自己未来想成为的角色。在许多的实例中,

它意味着一种意义深远的转变。背景转换意味着视角（大的图景）的提高。学习内容意味着扩充我们的学识（具体细节）以及如何行动。

当然本书包含了内容（具体细节），它会帮助你了解纸资产的本质。但是每一个知识点都必须应用到适当的背景中去。

教育体系™

俗话说"情人眼里出西施"。我想说对于价值也是同样的道理。一些信息的价值对于某些人来说可能是无价的，而对于其他人可能一文不值。有些教育对于每个人都很重要，比如阅读。我不认为我们中的很多人在不知道如何阅读的情况下便可以在人生中取得成功。但是大多数教育的重要程度因人而异：哪些重要、哪些不重要取决于你的个人情况及目标。比如，如果我想成为一个运动生理学家，就像我的大学指导老师所引导的那样，理解肌腱和韧带的不同之处对我来说相当重要。但对于现在的我（正在投资之路上求索的一名学生）来说，它完全无关紧要。

学校董事会的那些人可以通过权力将他们的观点强行施加在我们身上，我对此深感困扰。学校设置的课程都是他们认为有价值的，然而某些课程可能与你的人生目标并不吻合。有些课程确实对学校董事会而言很重要，但它不会对你的财务状况产生丝毫影响。解剖青蛙这事浮现在了我的脑海中。学校董事会认为我在高中学会解剖青蛙这一技能至关重要。好吧，让我告诉你，我就是一个活生生的例子，即便你不是解剖青蛙的专家，也可以拥有精彩的人生。我在这方面就做得不错。虽然我不擅长解剖青蛙，但我依然有一个完美的家庭，小日子过得也不错。同时，这个世界上的青蛙们也可以继续过着不被人解剖的快乐生活。

现在，假如我想成为一名生物学家，则事情可能会变得完全不同。对我来说，知道如何解剖青蛙可能变得至关重要。但这源于我的情况和目标，而不是来自官僚的统一决定。如果我想成为一名生物学家，我肯定对青蛙的内脏怀有极大的兴趣。我会想知道青蛙的内部脏器是如何工作的。这一激情也会促使我努力学习。我会迫切地切开每一只我能找到的、毫无戒心的青蛙。我会阅读关于青蛙生物学的一切，观看由深谙此道的人所实施的解剖过程，接下来再拿假青蛙练手——通过所有我能做到的事情去学习、实践。

也许你接受的一些最重要的教育甚至都没有出现在学校董事会的 LED 屏幕上，但它们对你的财务状况却是很关键的。你可能从来没有上过一门教你如何不用打工也能过活的课程，但这也许是你的目标之一。你可能从来没有上过一节关于股票市场的基础课程，但是数以百万计的人们此时正在指望股票市场可以让自己的退休生活有个着落。显而易见，对于学校董事会而言，这些都是无关紧要的。但你我却对这些课程非常感兴趣。

那算是一个问题吗？不。你不需要等待其他人来决定你的教育中什么是至关重要的。当你成为一名认真的学生时，就再也不需要了。因为成为一名认真的学生也意味着你成了一名积极的学生。你的财务状况太重要了，不能随便交给别人打理，你的人生你做主。很久以前，当我在自己的教育中运用这种观念时，从此我不再变得被动。

我认为成为一名成功的投资者始于成为一名认真的学生。这是我对你的邀请，也是使你可以完善自己"教育体系™"的一次邀请。你我现在已经远离了学校董事会的教育流水线。你不再需要被强制喂食——被那些他们依据自身喜好所准备的食物。每个人都有自己的价值标准，你来决定哪些知识对自己是最有价值的。

一旦你决定了什么是对你有价值的，你所有的教育体系™就可以被分成以下四个方面：无意义的、感兴趣的、重要的以及至关重要的。不要在"无意义的"那一类上浪费你的时间；注意不要在仅仅只是"感兴趣的"那一类上浪费太多的时间；选择关注"重要的"以及"至关重要的"那一类，这才是最需要花费你的时间、你的努力以及你的金钱的地方。当你设定了自己的目标，试着思考一下：我想从教育体系™的背景中学到些什么？一旦你这么做了，你会发现你所学的知识或经验将会更有意义、更有价值以及充满更多乐趣。

将你在学校学的课程列出来，思考一下这些课程分别对应你的教育体系™的哪些地方，试着回忆一下每天你用到了多少在课

程中所学到的知识。然后列出那些你认为为了实现你现在的目标而需要学习的东西。随着你对本书阅读的深入，你可能会发现掌握"四柱法"比你以往学到的任何东西都更有价值。

传统学校倾向于关注"通识教育"方面的知识。大学头两年的课程通常包括浅尝辄止地学习很多学科，而不是对少数学科的深入探究。这就是为什么你会经常看到那些如艺术生和医学预科生这般风马牛不相及的学生会在大学一年级来同一个教室上课。我一直觉得这样安排是不合理的。也许我们想变得面面俱到，但是我们最终只会觉得很枯燥——而且我们为此付出了我们的时间和金钱。而且你知道吗？我不想变得面面俱到。我想变得非常——非常——非常优秀——在构筑现金流方面。假如我想解剖一只青蛙，我会雇用一位生物学家。

这就是为什么富爸爸公司顾问团系列的书籍对任何想要学习投资的人都非常有用。我保证与"四柱法"紧密相关的学习绝对不会把你的时间浪费在那些仅仅是看起来有趣的事情上。此外，我还可以向你保证：作为一个投资者，你会在日常中用到"四柱法"中的每一个基本知识点，而且你将认识到它们对于你的投资是何等重要。

四柱构筑

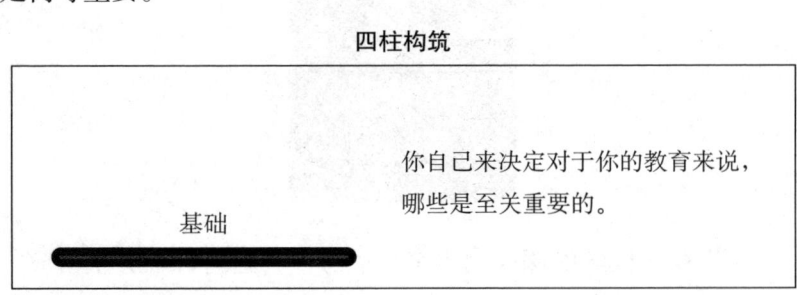

持续教育™

现金流象限帮助我们搞清楚我们是怎样的人以及我们想要成为怎样的人——这些都依据我们选择的赚钱方式。下面的持续教育™帮助我们评估当前所处的教育水平,为我们想要达到的教育水平设定至关重要的目标,以及我们的转变程度。记住:真正的教育是转变。它能改变我们。

持续教育™

一无所知 → 有所觉悟 → 理论水平 → 实践能力

如果你继续往下读,你将沿着持续教育™所指的方向前进。你的背景将会随着你在持续教育™中所处的阶段而转变,与之相伴的是你不断翻开财商教育的新篇章。

一无所知

一无所知仅仅意味着我们不知道某些事情。假如你不知道某些事情,并不意味着你很愚蠢。我观察到绝大多数参加我研讨会的人都有大学教育背景。非常坦白地讲,他们中绝大多数人的智商比我还要高。

我的在校成绩非常一般——有时甚至连一般都算不上。我现在能够经常给他人授课的唯一原因,在于我在投资领域当学生的时间比绝大部分人要长。我的导师在投资领域当学生的时间比我还要长。我足够聪明,以至于找到这些导师,然后倾听他们授课。

你在智慧和天分上所欠缺的东西,可以通过激情和努力来弥补。努力付出是迎头赶上的绝佳手段。

绝大多数人对股票市场完全没有头绪,因为传统的学校环境无法有效地教授此类课程。要知道:你是一个非常聪明的人,你只是还没有把你全部的头脑用在对投资的学习上。

之所以纸资产有点危险,是因为它与不动产或者经营一门生意截然不同,几乎每个人都可以在任何时候购买股票。而且有很多人确实这么做了。进入股票市场几乎没有任何门槛。

花一小会儿工夫想想你所在国家的社保体系。在美国的社保养老体系中占主导地位是一个称之为401(k)的退休养老计划。在这项退休福利计划里,劳动者拿出自己工资的一部分,然后交给金融行业的"专家"投向共同基金。绝大多数的劳动者对于股票市场的风险、费用、法律,甚至对具体投资计划的基本细节统统一无所知。大家如同一个羊群,被华尔街牧羊人圈进了股票市场。

仅仅只需一些小小的常识就能让你从"羊群"的盲从中摆脱出来,然后说道:"我也许不应该将自己的钱投到我对此一无所知的地方。"但是很明显,"羊群"中具备这些常识的"羊"并不多,因为每天都有一大群"羊"受到蒙蔽。

当我们在投资中亏损的时候,原因很可能在于有些事情我们还没有搞清楚。当我回头看我的获利和亏损时,那些最大的亏损都是由于我深陷于那些自己尚未理解的事物造成的。相比其他情况,一无所知会导致更多的亏损。

幸运的是,我们要和一无所知说再见了。

有所觉悟

从"一无所知"到"有所觉悟"让人感觉不错。它预示着光明，同时也是一种发现，而且是相当不错的发现。除非我们对需要学习的东西探究得稍微深入一点点，否则不可能设定一个正确、坚定的教育目标。

我仍记得多年前我上第一节投资课程的情形。指导老师在屏幕上播放了几张股票的走势图，然后开始教我们学习"技术指标"。我当时在想："这是我见到的最令人印象深刻的事情之一。"我对自己的发现非常兴奋。我知道这就是我想要学习和进一步了解的东西。

当有所发现时，我们仅仅了解到各种可能的存在。这几乎和我作为小孩第一次去听音乐会时一样。音乐会上的主角是一个极具造诣的钢琴家，我发觉那件特定的乐器充满着各种可能。通过钢琴的演奏，我可以很容易地感受到"仅仅了解乐器"与"成为一个卓越的音乐家"之间的距离。

随着你阅读本书接下去的每个章节，你更能觉察到专业的投资者在作出投资选择时会怎么做。很可能你会想对此进行更深的钻研。自然而然地，你会慢慢地从"有所觉悟"逐渐变成具有更深程度的理解。这种理解被称之为"理论水平"。

理论水平

想象一个飞行员，尽管他通过了飞行规则的书面测试，但是依然没有机会飞上天空实际练习一下他学到的东西。想象一个音乐家花费数月在教室里学习读谱，可是依然没有拿起乐器练习。

理论水平指的就是这种程度的理解——依然没有转变成实际动手的能力。

达到理论水平表示你拥有了完成某个行为所需的最低限度的知识。但是理论水平常常代表着最低限度的水平。在大多数国家里，为了取得从事医疗或者法律方面的资格证书，你需要通过最低限度的理论水平测试。

理论水平仅代表你具有能够在一个书面测试中获得A的能力。但知道事情应该如何去做与能够实际去做，这是两码事。现实世界需要实践能力。课堂是理论水平的避风港，因为它只看重理论水平。你可以在学习如何提高理论水平中度过整个校园生活。

仅仅拥有理论水平在现实世界中的生存空间不大。现实世界更看重实践能力。毕竟说总比做容易得多。

就拿篮球来说，在黑板上画出一场比赛非常容易。这是世界上最容易的事情：就是一堆叉号和圆圈，四周画上几个箭头。而出去站在几万名观众和几个眼神极其利索的裁判面前并且圆满完成比赛——那是完全不同的。这就是实践能力。哪怕只是踏上一个规模不大的大学篮球比赛场也行，去尝试一下真正的比赛而不是仅仅停留在理论水平上，然后看看自己如何从中学到教育的真正含义。

实践能力

实践能力与理论水平密切相关。实践能力是具备理论水平之后的更高程度，两者的区别就好比能够赚钱和变得富有之间的差别一样。如果把具备理论水平比作看懂剧本，那么实践能力就是去出演这出戏。理论水平代表了你对书本知识的理解程度，而实践能力则反映了你依据对书本知识的理解而进行实际动手操作的能力。

根据我的经验，实践能力是一个不断练习、提高技能的追寻过程。我们需要不断地提升我们的实践能力。我希望你明年在股票市场上的表现会比今天变得更加老练，而且能够年复一年地继续下去。但是，如同我前面所讲，股票市场一直处于不断的发展变化之中，它变，你也要随之而变。随着市场的变化，随着经济的变化，你的知识库也要随之更新。绝不能因为具备高层次的理论水平而故步自封。

人们想知道他们在什么时候就能够成功地进行股票和期权交易。我不知道答案，因为实践能力是一个过程，而不是一个事件。在此，我将它与我小时候参加的击鼓课程相比较。我可以打几下鼓，但是刚开始时肯定听起来不那么悦耳，至少对我父母来说。今天，我可以在我的摇滚乐队里演奏了，而且演奏得相当好。但是这是经过了多年练习的一个漫长过程。"昨天我还不能演奏，可是今天我可以了。"这样的时间点似乎从未存在过。然而，里程碑确实存在。假如你从未买卖过股票，那么总有一天你会开始在虚拟账户中模拟股票交易。你使用少量现钞开始真正投资的那一天也迟早会到来。接下来会是你卖空一只股票的日子……诸如此类。

随着时间的向前推移，你将通过持续教育™提高实践能力。但是你不能将重点一直放在这些转变何时发生上。比我水平高的鼓手大有人在（对于投资者来说也是如此），但是也有更多的人基本不具备实践能力。我可以在自己的摇滚乐队里演奏，毫不费力地制作音乐并且乐在其中。因为我坚持学习和实践，所以一切水到渠成。对于大多数人来说，我的演奏听起来还是像模像样的。

混淆有所觉悟和实践能力会让你蒙受损失

持续教育™的部分价值就在于保持谦卑。它让你认识到：即使你是一名入行几年的投资者，你也要做一名学生。股票市场的危险之一就是它让人易于接近。你可以轻松地开户，入市交易，然而却很少意识到自己在做什么。我亲眼见证过一些人如何从"一无所知"跨越到"有所觉悟"阶段。接下来，他们便误以为自己达到了"实践能力"这样的水平。有时是由于自负，有时仅仅是由于被新发现所产生的兴奋冲昏头脑。如果你能在持续教育™中保持克制，你就能够避免由惨痛教训所带来的昂贵学费。

成为一个优秀学生的强烈建议

你做好掌控你自己的教育并且成为一名认真的学生的准备了吗？你当然做好准备了。你就是那个知道自己想要什么以及对什么感兴趣的人。你知道对于自己的教育来说，哪些东西是至关重要的，而哪些是无关紧要的。因此，从现在起，我们要开始学习了。

如同罗伯特经常教导的，"阅读"与"学习"之间有着显著的区别。我将通过一些活动来帮助你拓展你的阅读，使之成为一种可以应用到所有资产类别投资的学习——不仅仅是股票市场。假如你喜欢成为一名认真的学生，那么组成本章节剩余部分的建议将会让你有一个更加快速、有力的转变——与你独自阅读相比。

- 同那些与你有着共同兴趣的人一起讨论和分享你的发现。
- 设定教育目标，而不仅仅是人生目标或者财富目标。
- 开始与导师们一同学习。
- 立刻行动起来！

当你读完本章，将自己的构想写下来。记住，你现在是你学习过程中的一名积极参与者。将你的经历、故事和案例带到你的学习中去。同时，做好参与其中的准备。

与其他人分享你的发现

为了与他人分享你的发现，你并不一定成为专家。为你的所学感到兴奋吧！然后与他人分享这一兴奋感以及新学到的知识。

我发现分享是一种不错的学习方法。在你阅读本书时，不妨在手上拿一支笔，将那些能引起你共鸣或者你感觉需要回顾的地方标出来。在做读书笔记的同时，记得加上你的想法或者例子。与他人分享这些笔记会帮助你记住你所学的东西。向其他人解释某些概念会让你的学习变得更加轻松。分享时记得用自己的方式组织你的想法，连同你自己的例子与故事一起，这将会帮助你在脑海中巩固它们。你会发现与那些仅仅是自己读过的东西相比，那些你读过然后与他人分享的东西会记得更牢一些。

看看由埃德加·戴尔（Edgar Dale）开发的"学习金字塔原理"（Cone of Learning）。多年前，他发现独自一人阅读实际上是学习新事物的最无效的方式之一。

学习金字塔		
两周后我们还能记住多少		参与程度
说过和做过的还能记住 90%	实战	积极主动
	模拟	
	做一次令人印象深刻的报告	
说过的还能记住 70%	发表一次演讲	
	参与讨论	
听过和看过的还能记住 50%	现场观摩	消极被动
	观看演示	
	在展览上观看演示	
	看电影或视频	
看过的还能记住 30%	看图片	
听过的还能记住 20%	听演讲	
读过的还能记住 10%	阅读	

来源：改编自戴尔的"学习金字塔原理"（1969）

考虑与两三个和你一样也在读这本书的朋友组成一个学习小组，然后每周组织一次早餐会。大家聚在一起讨论一下正在学习的内容。注意避免在短时间内形成太多的观点。将注意力放在正在学习的课程上面，并且注意要与你所学的内容节奏一致。

现在就回顾一下你的教育目标

在任何旅程开始的时候，设立一些目标不失为一个好主意。设立人生目标的人并不少见，设立财富目标的人也并不少见，但是我很少遇到离开学校以后依然给自己设立有意义的教育目标的人。

当你读完本书的各个章节时，记住要不断设立教育目标。

人生目标

我确信你我一直都有提高我们生活质量的意愿。在这一点上，我们有着共同之处。你可以思考一下这些作为人生目标的具体意愿。当我周游世界，并在不同的活动上作演讲时，我经常让我的学生们列出他们的若干人生目标。以下是一些最为常见的目标：

- 我想辞掉我的工作。
- 我想拥有一幢位于海边的房子。
- 我想拥有一辆进口汽车。
- 我想环游世界。
- 我想获得财务自由。
- 我想帮助他人。

现在列出你自己的目标吧。不是那些某些人在某些场合告诉你应该树立的目标，而是那些能够让你自己快乐的目标。将它们写下来，不需要让别人看到它们；你也不需要向任何人解释它们。你知道它们为何重要，这就够了。将它们写下来，这意味着你在这趟将由你自己说了算的旅程上又前进了一步。你决定什么是无关紧要的，以及什么是至关重要的——你生活中的各个方面都是如此，从你的教育到你的目标。

梦想是免费的

人们花在梦想上的时间是如此之少，这让我很震惊。我去过的很多地方，对当地人来说，连生存都变得愈加艰难，人们都在为维持温饱而奔波，根本没有时间琢磨如何才能变得更加富足。人们关于自身财务状况的交谈仅限于勉强过得去就行，而不是充分挖掘他们的潜力，或者最大限度地利用他们的机会。

我想提醒大家，梦想是免费的。它是一种我们不需要为之感到愧疚的放纵。不论生活在何处，你都站在先行者的肩膀上。我肯定你能够找到借助外力助你一臂之力的机会，而且今天就能够把握这些机会。当你这样想的时候，你不仅可以开始梦想了，而且这对你来说是非常重要的行动。你亏欠那些在你之前离去的人，你需要构筑梦想并以此对他们表示敬意。你可以花时间梦想一些你在未来能够拥有的美好事物，并且充分享受梦想的时光。

让梦想来为你的决心加油，它让你充满干劲。梦想将从你的潜意识中释放出巨大力量。

把这些梦想写下来并转化成目标。

财富目标

我们同样能够设定财富目标。财富目标不同于人生目标。单独来看财富目标的话，它们没有太大意义。因为它们太模糊，太单薄了。

- 我想要1 000 000美元。
- 我想要每月有10 000美元进账。
- 我想从债务中解脱。

对于一些人来说，也许这些想法更像是愿望，而不是目标。但是当财富目标是产生自你的人生目标时，它们立刻变得更加清晰而立体了。

让我们举一个例子，比如以赚取 10 000 美元为目标。单纯来看，10 000 美元只不过是空洞的数字而已。

但是如果我们制订一个人生目标，比如给自己买一辆顶级配置的哈雷·戴维森摩托，突然间，你的心跳加快，你的梦想开始变得生动起来。你可能会拜访一个经销商并且挑中你日思夜想的那一款。你可以坐上去，触摸它，感受它。这会成为你非常难忘的一次体验。

现在是时候看看价签了。需要多少钱才能让你梦想成真呢？假如价签上标的是 11 799 美元，那么你现在有了一个明确的财富目标。在这一点上，你可以选择一次性付清全款将它买下，或者设定一个增加你现金流的目标，用以支付每月 389 美元的分期付款。现在你的财富目标变得更加明确了吧。

教育目标

你如何才能将每月的现金流增加 389 美元呢？好消息是，只需花点工夫在教育和行动上，你就能够每月赚取额外的 389 美元。一些人可能认为获得那个数量现金流的唯一途径是从每月的支出中节省出同等数量的钱。我不了解你，但我真的对任何降低我生活品质的事情不感兴趣。我想告诉你的是，有另外一条路——一条更好的路。你可以决定学习如何获取可以带来现金流的资产，以此来赚取额外的收入，而不是削减你的当前开支。

什么是构筑财富

简而言之，构筑财富就是学习如何明智地购买资产。这些资产可以是如下多种形式：

- 公司；
- 不动产；
- 纸资产（比如股票）；
- 大宗商品（比如黄金或原油）。

你知道沃伦·巴菲特（Warren Buffett）、唐纳德·特朗普（Donald Trump）以及罗伯特·清崎是如何成为富人的吗？他们变得富有的原因在于他们接受过如何购买资产这方面的教育。我想象他们早上醒来问道："今天在哪里可以找到我能购买的资产？"他们不需要热门的小道消息。更重要的是，他们不会坐等并且希望小道消息自己找上门来。他们知道如何寻找以及观察每一个机会，然后依据他们的财务知识来决定是否参与其中。

假如一个有着财商教育背景的人想要购买一辆哈雷摩托，他们不会每天早上少喝一杯拿铁咖啡然后将省下的这点儿钱放入一个储蓄账户直到凑够数目。他们不会为了买下这辆摩托而去刷信用卡，然后每月看到账单时束手无策。他们也不会多找一份工作，让自己累得精疲力竭。当你想实现一个人生目标时，你会怎么做？

- 成立一家公司然后来赚取这每月的389美元……假如我们有经商方面的教育背景。
- 收购一处租赁物业来赚取这每月的389美元……假如我们有不动产方面的教育背景。
- 卖出一些备兑买入期权（covered call options）来赚取这每月的389美元……假如我们有期权方面的教育背景。

现在你明白没有：赚取额外的收入仅需接受一定的财商教育！

当我们初步了解了那些关于各类资产的基础知识后，我们可以选择哪些是我们想要更深入了解和学习的。然后我们可以设定与所收购资产紧密相连的具体财富目标，并以此来满足我们的人生目标。我们运用教育目标来达到财富目标，进而完成人生目标。这条准则一次又一次地为这个世界上那些最富有的人所使用。你同样也可以使用。

教育给予你力量

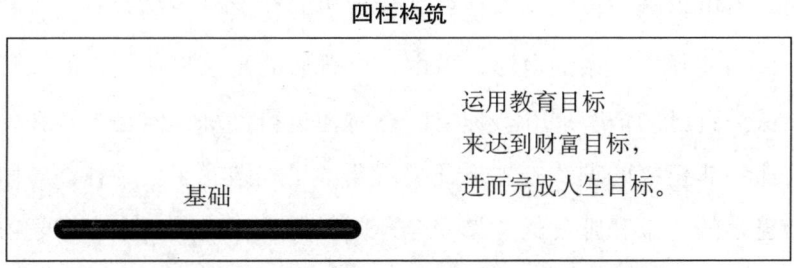

当你思考这些时，可能会发现一个惊人的事实——一旦人们离开大学，他们常常只关注人生目标或者财富目标了。许多人在被问及他们的教育目标时常常无言以对，因为他们从没有学习如何做一个积极参与到自己学习中去的人。

师徒关系是提高实践能力的最佳路径

假如你正在读这本书，你多半也读了《富爸爸穷爸爸》，这是你提高财商的重要基础。你可能注意到了这样一个事实：《富爸爸穷爸爸》这本书主要讲述的是关于一个师徒关系的故事。读完那本书以后，一个值得自我反思的问题就是："如果没有富爸爸的帮助，罗伯特·清崎有可能成功吗？"以我对罗伯特的了解，我绝对会给出肯定的回答。但是我同样会说："即使没有富爸爸，他也会找到另一位导师。"因为在他的富爸爸过世后，罗伯特同样找到了新的老师和导师，如同他今天所做的一样。

当我第一次读到《富爸爸穷爸爸》，我想找很多富爸爸来帮助我在自己的旅途中走下去。我一直在寻找那些能走得更远的人来做我旅途中的同伴。这只不过是常识。

如果你曾经看过电影《龙威小子》(The Karate Kid)，你会看到一个极好的写照——一位导师如何提升一名学生的背景。它是一部描述师徒关系的电影，借由一个普通的小孩想从别人的欺负中保护自己的情节展开。师父同意对他进行训练，但是男孩在师父那些非正统的训练方法下几乎就要产生挫败感了。为什么？因为男孩的背景和师父的背景完全不同。男孩相信成功来自于学习如何拳打脚踢。而他那充满智慧的师父，却用了迥异于男孩所期望的方法开始传授功夫。

操着一口浓重的日本口音，师父开始了他的第一堂课。他问男孩是否做好了开始学功夫的准备。

"我想是的。"男孩说道。

睿智而年长的师父让男孩坐下来和他仔细谈谈。

"要么走在路的右边，安全；要么走在路的左边，安全；要是走在路的中间，迟早会被轧烂，像葡萄一样。空手道也是一样的道理。要么你的空手道'准备好了'，要么你的空手道'没准备好'。要是你的空手道'可能好了',迟早会像葡萄一样被轧烂。现在你准备好没有?"

"是的,我准备好了。"学生说道。然后他们开始了。

师父有这样一个背景:他知道学习空手道就像是一次大冒险。这个背景远超乎他那年轻学生的想象。在我看来,这意味着新学生的急迫心情阻碍了他进一步思考的能力,他不知道这条新路究竟会通向何方。这同时也意味着"像葡萄一样被轧烂"是多么的容易。对于作为投资者的我们来说,这也是值得记住的重要一课。

要么你的投资"准备好了",要么你的投资"没准备好"。要是你的投资"可能好了",你迟早会被轧烂,就像葡萄一样。

在男孩学着接受师父非正统的训练方法之前,仍然被"轧烂"了若干次,随后他意识到学习空手道需要彻底地下定决心。于是,师父请他作出一个郑重的承诺。师父的任务是竭尽所能教授这个男孩,而男孩的任务是竭尽所能地学习,并且尽自己最大的努力。

师父强调,男孩必须听从他的教导,不要有疑问:"我说什么,你就做什么。不准质疑。能不能做到?"

"能够做到。"男孩答道。

男孩以为他马上就可以上那些很酷的关于拳打脚踢的课程,可以学几招华丽的招数,然后几天后就可以回去好好教训一下那些欺负他的人。

让小伙子感到气馁的是,第一堂课与拳脚毫无关系。取而代之的是,师父让男孩洗了几辆车,然后给它们打蜡。

"左手涂蜡，右手擦掉。从鼻吸气，从口呼气。这是基本要领。"没过多久，男孩对此产生质怀疑，而师父仅仅向男孩重复了一下他们之间的约定："我说什么，你就做什么。不准质疑。"

日子一天天过去了，男孩被要求做各种粗活累活：给汽车打蜡，给栅栏刷漆，以及打磨地板。日复一日，男孩变得越来越沮丧，因为每天他去师父的家里时都抱着能学到拳脚功夫的希望。

最终，男孩决定不干了。师父在听到男孩决定的那一刻，出其不意地对他施展了一连串的拳脚功夫。而男孩凭借本能反应成功地阻挡了各种招式。因为听从师父的话去做了那些杂活，他发展了自己的肌肉记忆，由此他便可以不假思索地保护自己。给汽车打蜡、给栅栏刷漆以及打磨地板帮助他通过非常自然的方式提高实践能力。他通过传统课堂之外那些从未见过或者经历过的方法发现并学习到一些东西。最重要的是，他的背景大幅提升了。他不仅仅在学习空手道，他正在变得更加成熟。他的处世哲学开始改变。他的世界观也开始改变和提升。

在电影的最后，我会心地笑了。当丹尼尔（男孩）拖着受伤的膝盖攀上了起重机，他不仅作为一个更强的战士——同时也作为一个更优秀的人——战胜了那些恶霸。他通过宫城先生（师父）的教育完成了转变。教育意味着转变。

我知道，没有什么办法比通过那些已经具有实践能力的人来向你展示如何操作更加有效。即便你不认可他们所走的道路。

疑虑重重

当我读完《富爸爸穷爸爸》，我的妻子与我急切地想要有所行动。我们想从投资不动产开始。但是我们仍然没有对自己的背景作出改变。与学习东西比起来，我们仍然更加关注购买东西。因为我们充满了变得富足的渴望，所以想马上拥有资产，但是我们没有对提升自己的财商教育水平表现出应有的重视。因此，刚开始时，我们的投资变得非常困难。

我们看了许多的房产，感觉疑虑重重，并因此变得沮丧。我们分辨不出哪些是好的投资对象，哪些不是。每当将要付诸行动的时候，我们就开始担心。假如有霉菌怎么办？房子看起来不错，可是我对于霉菌一无所知。假如我找不到租客怎么办？更糟糕的是，假如我找到了租客，但是他们把房子搞得乱七八糟怎么办？为什么那个家伙想用这么低的价格脱手？这房子看起来好得让人难以置信，所以一定有什么原因让他想将房子甩给我。你能明白我的心情么？我对于购买资产有着深深的渴望，但是我被这些担心所形成的迷雾重重地笼罩住了。

我想打电话给罗伯特（那时我还不认识他），然后大声嚷嚷："为什么你就不能将那些我应该买下的房产的地址给打印出来呢？！"因为那看起来更像是答案——购买合适的物业，租出去，坐下来，等待收租，收拾整理房屋然后租给下一个租客。重复这个过程，直到变得富有起来，前提是罗伯特能够告诉我合适的房产在哪里。

开始我完全不理解《富爸爸穷爸爸》这本书到底在讲什么。我完全不得要领。

但是我没有放弃。我决定对此进行学习。我重读了那本书，寻找"什么是罗伯特有的而我所欠缺的"。对！那就是封面上方那三个大大的金黄色字体——富爸爸。是的,他有一个富爸爸。他有一位导师。

我的妻子和我商量着将我们的关注点从寻找可供购买的房产转移到寻找一位导师上。虽然导师不全然是我们刚开始寻找时就马上能找到的。

导师和判断标准扫清了重重疑虑

我和妻子偶然遇到我一位旧时篮球伙伴,他叫格雷格。我们叙了叙旧,我问他最近在做什么。真没想到,他是一个不动产投资者。现在,假如我没有将我的关注点从找房产转移到找导师上面,可能即便遇到格雷格,我也会错失机遇。但是我的关注点转移了。他开始谈论,然后我的大脑就……叮!我开始问他问题。他每个星期做几笔交易,购买住宅物业,已经做了大概三年了。从那以后,我想通了三件事:第一,假如他从事此行当如此之久,他必定比我更加熟悉此行,因为他要是不知道自己在做什么,就不可能背负如此多的债务生存下来;第二,他必然有银行以外的资金来源,因为来自传统渠道的融资速度不可能这么快;第三,他肯定有方法找到这些交易,因为我看了成堆的房子,仍然没有购买一处。因此,我的结论是:他知道的比我多。

我鼓起勇气说道:"听着!伙计!我真的想去你的办公室一趟,看看你都在干些什么。"

他礼貌地转换了话题,但是我仍然坚持。我解释道我正在尝试做不动产方面的投资,但是不得其门而入。我说道:"听着!格雷格!我只是想看看,当你拿起电话时,我只是好奇你打给谁。

虽然我也有电话，但是我不知道应该打给谁。而且当你坐上汽车开到某处时，我想看看作为一位投资者，你都看了些什么。虽然我也有一辆车，但是我不知道开着它去拜访谁。我只是想看看你做了些什么。"

但是我并不想坐享其成。我没打算（或者期望）免费地从他那里获取知识。事实上，我付了他大约 10 000 美元，让他教我他的投资系统是如何工作的。

如今，格雷格做事很有条理。他拥有分析一桩交易的系统和标准，而我从没有想到过这些。更重要的是，我和妻子去他那儿的那天，他说道："这星期你要做一笔交易。"格雷格有一个需要出售某处房产的客户，只要我能与这位卖家达成一桩好交易，他不在乎我是谁。那就是第一个关键点。这位卖家关心的是交易，而不是我或者我的信用。

在格雷格的引导下，我和妻子达成了这桩好交易，在一次抵押房产（foreclosure）拍卖中我们得到了该房产，资金则来源于某家银行的再融资，然后我们找到了一个承租人。当我们完成所有这些事情时，格雷格都站在我们身旁，并为我们指引道路。有格雷格在我们身边，我们不再疑虑重重。所有的一切都感觉相当完美。

有了格雷格的帮助，我和妻子懂得了投资有着大量的工作要做，包括通过使用一定的标准衡量某次投资机会，然后接下来通过某种手段获取现金流。通过他的帮助，我们拥有了最初的能够产生收入的资产。我不敢想象如果一切都靠我自己去学习，那得花掉多少时间啊！

如今，我仍然和各种类型的导师一起工作：我有帮助我学习纸资产的导师，有商业方面的导师，有身心健康方面的导师。

没有财务问题

关于成为一名优秀学生的重要性这方面，我想在本章快要结束的时候告诉你一个事实真相：财富来自于接受财商教育。你不需要立刻接受这个观点，但终有一天你可能会意识到，财务问题的根源在于缺乏财商教育，而并非缺钱本身所导致。金钱的欠缺一直就是次要问题，从来就不是首要问题。

作为一名投资者，你会发现教育目标至关重要，因为财富正是源自于教育。

同大多数人一样，我过去时常发觉自己掉进了一个陷阱——认为自己在财务方面有问题。当我想要购买大件物品时，我常常要花掉比手头现有资金还要多的钱。在这种情形下，大家很容易就会觉得财务危机源于金钱的缺乏。

同样的危险来自这样的陈词滥调："想要赚钱，先要花钱。"这完全是捏造出来的，它严重地阻碍了许多人实现他们的财务目标。金钱不是来自金钱本身，它来自于财商教育。

再看看一些在财务方面已经获得成功的人：沃伦·巴菲特、唐纳德·特朗普以及罗伯特·清崎。如果他们被剥夺了所有的金钱与资产，会怎么样？如果他们不得不重新白手起家，又会怎么样？他们会就此一蹶不振？还是会东山再起？当然，他们会再次成功。认为他们不会的想法荒谬透顶。他们的力量来自于他们所接受的教育。正是他们所接受的财商教育可以让他们再次强大起来。

他们的成功来自于他们所知道的,而不是他们所拥有的。

让我们回到人生目标的列表上来,人们一般会列出:

- 我想辞掉我的工作。
- 我想拥有一幢位于海边的房子。
- 我想拥有一辆进口汽车。
- 我想环游世界。
- 我想获得财务自由。
- 我想帮助他人。

在我的研讨会上,我问我的学生:"为什么你们现在没有拥有这些东西呢?"

不管我身处世界上的任何地方,只要我问这个问题,回答总是一样的:"因为我没有足够的钱。"

在任何国家,我从未听到过一个人回答:"因为我缺乏财商教育。"

每当我和陷入财务困境的人交谈时,他们通常会觉得自己缺乏金钱,从没人觉得问题出在缺乏财商教育上——至少一开始没觉得。一旦意识到财富来自于财商教育,我们就能随即作出改变。

如果金钱的缺乏真的是造成财务危机的主要原因,那么,这将是影响你走向财务自由之路的一个巨大障碍。我没有寓言里那棵摇钱树可以送给你。

尽管你不能选择让人们、政府或者雇主给你更多的钱,但你可以选择是否接受财商教育。你可以选择做一名认真的学生,学习更多关于金钱的东西。迷恋金钱的人与专注于转变自己的人,他们的结局大相径庭。记住:教育意味着转变。

寓言中的"摇橙树"

当我还是小孩的时候，我祖母常常给我剥橙子。每当我闻到橙子的味道，我就会想起她。她告诉我橙子是如何的富含维生素C以及它们是如何使我健康、帮助我长大和变强壮。当我和罗伯特以及富爸爸公司其他顾问团成员一起授课时，我们经常用类比手法来举例说明财务术语。我的祖母和她的橙子帮助我理解了衍生品这个概念。

简而言之，维生素C是橙子的一种"衍生品"。

假如你每天都想要获得维生素C，你多半会四处寻找橙子。但是你很快就会感到沮丧，因为你不得不每天辛苦地寻找橙子以便得到更多一点点的维生素C。你会将时间、才干以及精力花费在寻找橙子上。有的日子你也许找到一个橙子，有的日子也许一无所获。你可能会长时间生活在橙子匮乏的日子里。

一个更加明智的方案可能是想想衍生品。是的，维生素C来自于橙子。但是橙子从何而来？橙子当然来自于橙子树。与其将心思花在寻找橙子上，不如将心思花在种植自己的橙子树上。寻找所能得到的最好的种子，最适合种植它的土壤，以及所有你需要的一切，以确保你的橙子树能结出最多的果实。现在你有了一个获取富余的橙子的计划。当然你也许需要等上个一两季，但是将心思花在树上，你很快就能拥有超出你自身消费所需数量的橙子。接下来，你所面临的问题是如何处理这些多余的橙子。你将会生活在富余好多橙子的生活状态中。

我也喜欢将金钱视作一种衍生品。我们的人生目标需要依靠金钱，但是金钱从何而来？就像橙子来自于橙子树以及一个好的收成来自于学习如何种植橙子，金钱来自于财商教育。因此，你只需花费你目前的时间、目前的天分及目前的能力，然后只需简单地转移一下你的心思。

与其将心思花费在金钱上面，不如花费在学习金钱从何而来上面。与其将心思花费在橙子上面，不如花费在橙子树的种植上面。现在你有了一个富足的计划。当你将心思转移到财商教育上面的时候，确实你将会等上一季，但你终将拥有超出你自身消费所需数量的金钱。你面临的更大的挑战也许是搞清楚应该怎样将这些多余的钱花出去。这就是比尔·盖茨（Bill Gates）今天在做的事情。他离开了微软，因为他需要将自己的时间奉献给"比尔和梅琳达·盖茨基金会"，以及寻找将他的钱花出去的最有效的途径。那是一种不错的人生境界。

本章小结

让我们来回顾一下第一章的重点：

1.我们可以以一种不同于传统学校授课的方式来发现新事物。

学习不一定是枯燥或者头痛的。实际上，当我们乐于参与其中时，对我们的头脑来说，学习可以是一种相当自然且易于完成的一种行为。发现是一种美妙的感觉；学习应该充满乐趣。

2. 我们的思考方式称之为背景。

我们可以通过关注自己所提出的问题本身来了解我们的背

景。内容则是关于细节的,即如何完成一项具体任务。背景关乎大的图景,能够回答为什么我们要去完成任务。

3. **使用持续教育™。**

一个需要避免的非常普通的错误,就是不要将有所觉悟与实践能力相混淆。在持续教育™的背景下设置你的教育目标,然后了解你正处在哪个阶段。无论什么时候,你在持续教育™上所处的位置都不重要。重要的是,你要诚实面对你所处的阶段,而且还要制订向着实践能力前进的计划。

4. **通过传授来学习。**

在你读完本书剩余章节的过程中,考虑用一支笔将那些对你而言特别重要的小节标记出来,写下那些正在学习的东西,这样你就可以逐渐积累。将你所发现的东西传授给其他人,与你仅仅阅读本书比起来,这会让你记住更多东西。记住,你不需要成为一位专家也能分享你所学的东西。

5. **教育目标有助于实现我们所设的财富目标,进而达成人生目标。**

为了提高生活质量,你可以设定阶段性的人生目标。当你真正做了研究,知道需要多少钱才能达到你的人生目标后,财富目标才会变得更加有意义。一旦设立了财富目标,你便开始尝试各种赚钱的途径,然后通过这些途径来增加每月的现金流,而不是仅仅通过储蓄和节俭,或者透支信用卡。即便你已经从高中或者大学毕业,你还是可以设定一些教育目标。教育目标应该是具体的方法——通过学习了解如何取得更多现金流,从而快速达成你的财富目标和人生目标。

6. 寻找导师。

当你将注意力放在投资上面时，你看待事物的眼光将会与以往有所不同。你会发现一些你认识的人和你所需要的人将会变成你的盟友。你会寻找对你有所裨益的导师，而且你会急切地想邀请他们加入到你的圈子中。在这个过程中，你也会变成他们圈子的一员。

7. 金钱来自于财商教育。

始终记住"摇橙树"的寓言：不要做一个寻找橙子的人，而是要做一个种植橙子树的人。关注你的教育目标，财富目标自会水到渠成。

第二章

你财富规划中的纸资产

财富构筑是一个关于学习如何明智地购买或者创建资产的问题，也是一个看似简单的财富规划：

（1）接受财商教育。

（2）购买能产生收入的资产。

（3）构筑现金流。

如果接受财商教育是你的首要目标，那么你应该从哪些方面开始学起呢？作为一名认真的学生，你可以从以下四种能够产生收入的资产类别开始学习：

- 公司；
- 不动产；
- 大宗商品；
- 纸资产。

请理解不同资产各自的优缺点。至关重要的一点是，你需要根据你的目标和优势来寻找适合的资产组合。也许最适合你的就是关注某一种资产，比如股票。也许你拥有成功开设公司的必要条件，也许你发现自己对不动产行业充满兴趣，又或者你希望通过资产组合获取多重现金流。这里既没有所谓正确的方法，又没有一刀切的答案，更没有"神奇的子弹"。对你有效的方法可能对你的邻居无效。但是懂得越多，你就越能更好地武装自己，然后制订出行之有效的计划。

为了搞清楚什么是对你最适合的,你至少需要对全部的资产类别有一个基本的认识。只有这样,你才能够找到带你实现梦想的资产组合。一旦你理解了它们,你就可以开始构想如何将它们放入到你的资产负债表中合适的资产栏内。

让我们开始简单地了解一下这四种资产类别。

公 司

"商业"是一个宽泛的主题,但是现在我们将范围缩小到两个仅仅关于公司的话题上:税收和领导力。将公司作为一种资产来看待时,这两方面对其影响比较大。

对每一个人来说,税赋都是一笔不小的财务支出。当我们将公司当作一份资产来创建时,这是需要记住的很重要的一点。因为在美国长大,所以我从小就被灌输关于自由的重要思想:言论自由、宗教信仰自由以及拥有私人财产的权利。

你可以通过政府允许你所持有的东西的多寡来衡量你所享受到的自由的程度。我有一个朋友,他总是喜欢说:"税收只不过是政府合法占有我们财产的一种伎俩。"假如你没有缴纳税款,政府可以从你的银行账户里拿走它们。而如果你银行账户里面没钱,那么政府可以拿走你的房子。

假如和我一样,你的目标是将自己的钱尽可能多地放在自己的口袋里,那么请采取积极行动来达成此目标,而减少税收负担便是一个良好的开端。

许多国家都通过提供税收优惠来吸引企业主。假如你还没有起步，那么去找一本汤姆·惠尔赖特（Tom Wheelwright）所写的《免税财富》（*Tax-Free Wealth*）来看一看，你会看到税务人员针对企业主的税收优惠方面，比对待普通的工薪阶层要友好得多。

领导力同样会影响一家公司。世界上有几十种不同的计算机程序员类型，但是微软的比尔·盖茨以及苹果的史蒂夫·乔布斯（Steve Jobs）作为非凡的领导者脱颖而出。他们都为了专注于自己的公司而中断了学业。

罗伯特常常谈到 A 等生是如何沦落到为 C 等生工作的，我自己也看到了这种情况。我甚至亲身遭遇过。有趣的是，一旦你踏上社会，分数和成绩单基本不起作用。领导力是一种非常有价值的财富，然而 A 等生不一定能拥有此类财富。

公司能够将人们和他们的才干组织起来。如果你是一位好的管理者，那么对你而言，去大公司做高管可能是一个很好的工作。如果你是一位强有力的领导者，那么拥有一家公司将使你能够借助其他人的努力尽早成功。

想想看：一个普通人每天工作 8 小时，每周 5 天，每年 50 个星期，每年大概是 2 000 小时。现在让我们设想一下，作为一名雇主，你雇用了 100 个人来为你工作。突然间，你拥有了为你工作的 200 000 小时的"努力"。你能够通过这种方式来放大你的努力，而这对于一个单打独斗的人来说显然是不可想象的。想象一下，如果你每年都有 200 000 小时可供自己支配，那么你能够达成怎样的目标？思考一下那些你可以用来为自己创造现金流和财富的途径吧！

OPEs

企业主，作为一位好的领导者，能够从我称之为 OPE（译即："其他人所拥有的'东西'"的英文首字母）的东西中获益：

其他人的教育（Other people's EDUCATION）

其他人的经验（Other people's EXPERIENCE）

其他人的精力（Other people's ENERGY）

其他人的成就（Other people's EFFORT）

其他人的专长（Other people's EXPERTISE）

其他人的一切！（Other people's…EVERYTHING!）

回想一下现金流象限中的S象限与B象限。从代表着小企业主、自由职业者或专业人士的S象限，移动到代表着大企业家（拥有500名或更多员工）的B象限，人们需要具备哪些素质呢？想想乐队指挥，他从来没有自己发出过声音。他是一位领导者。但当他举起小号或者管弦乐器的瞬间，他就不再是一位指挥了。相比之下，那些身处S象限的人，相当于发挥着自己最大能力的单人乐队。他充其量能够制造出很多的噪音，但是他无法独自演奏出整个管弦乐队所需的各种声音来。

公司的另外一个好处就是它可以仅仅凭借一个想法而成立。假如一个有着强大领导力、强大使命感以及强大团队的人做出了一份商业计划书，那么这个人首先创建了一份资产。凭借这份商业计划书就能为公司吸引到人力和资本。

如果你是一位好的领导者，同时具有解决问题的创造性思维，那么，你已经具备了成为一名企业主的必要条件。假如你是一个坚韧不拔的人，而且对筹措资金颇有一手，并且热衷于为他人的人生带来价值，那么你很可能会喜欢公司这种资产类别，尽管它是到目前为止所有资产类别中难度最大的一种，而且有着最低的成功率。

不动产

我的朋友肯·麦克尔罗伊（Ken McElroy）是富爸爸公司在不动产方面的顾问，当他教授不动产时，一直强调三件事情：

合作伙伴——融资——管理

我会将其中的大部分留给肯尼（肯的昵称）自己改天为你们解释。但是简单来说，如果公司是关于OPE——其他人的一切，那么不动产就是关于OPM——其他人的钱。它是关于融资、管理、合作伙伴以及销售这些方面的——这完全就是将负债揽上身。颇为讽刺的是，当大多数人都在试图远离债务时，肯尼正积极地试图一头扎进这些债务中去（而且他确实擅于此道）。如同对火的恐惧一样，许多人害怕被债务灼伤，因此他们宁可远离火焰。火既能够为人们带来好处，也有着它坏的一面。它既能够为你的房屋带来温暖，也可以将你的房屋烧毁。

那些像肯尼这样成功的不动产投资者用关注取代了恐惧。他们学习债务，驾驭债务，懂得好的债务与坏的债务之间的不同。

不动产对于很多投资者来说都具有吸引力，因为它利用债务作为杠杆。这种做法深受一些人的喜爱，因为能够借此直接利用其他人的钱来为自己创造现金流和财富。

如果你到一家银行去为公司申请贷款，你需要通过银行设置的重重关卡的考验,即评估这笔贷款是否值得他们去冒险。但如果是贷款用于投资不动产,情况则完全不同。银行或者私人投资者会愿意贷款给你投向不动产,因为不动产自身可以充当抵押品。一旦你无力偿还贷款,银行就会收走房产然后将之出售。这就是为什么借钱给你投资不动产的风险要小得多的原因。

通过不动产,投资者不仅拥有控制权,还可以让房产增值。这是不动产投资的一个最大优势,尤其是当你拿它与诸如股票这类资产比较时。举例来说,假如你购买了一栋公寓大楼,你可以翻新整修大楼、更新家电、提高租金,诸如此类。这称之为推动升值。而且想要达到此目的,途径无穷无尽。

大宗商品

大宗商品和对冲相关。货币贬值,大宗商品保值。

投资者能够通过很多的途径来利用大宗商品这一资产类别。举例来说,你拥有一口油井的所有权,因此你每月都能收到现金流。或者你可能凭借对玉米未来的供需趋势变化的准确预测而获得一份资本利得。你也能够通过买入一些贵金属来对冲某种下跌的货币。

大宗商品通常是那些我们赖以生存的生活必需品,或者是那些可以保值的能源、原材料等。因此当一个人拥有了大宗商品,他也就处在了一个可以交易的地位上。举例来说,假如你拥有大量的汽油,而人们想要驾驶他们的汽车,你就拥有他们想要的东西。通过拥有具备实际需求的商品,你就处在一个有利的地位上。

假如我有四条培根,你有四个鸡蛋,我们可以互相交换,然后我们就都有了早餐，甚至不必通过常规的货币交换。货币仅仅只是让交易更加便捷的一种手段。而当一种货币崩溃时，我们就不得不回到基本的物物交换时代。

这种交易到底是如何工作的？很简单。你可以拿一盎司黄金在这世界上的任何一处用它交换你想要或者需要得到的东西。黄金是具有实际价值的一种有需求的商品。因而你可以通过它所具有的价值与其他同样具有价值的东西进行交易。

纸资产

本书主要关注于股票和期权市场。当然也有其他种类的纸资产可供投资者选择，我们在此将讨论限定在股票和期权上面。

一只股票代表了上市公司所有权的一部分。上市公司的所有权被分成了一定份额的股份，每家公司的股份数量是不同的。所以当你买入一只股票，在本质上你是购买了那家公司所有权的一部分。

一张期权则意味着持有人在未来一段时间内购买或出售一定数量的特定股票的权利。

股票是流动的

当进行股票投资时，我们可以选择怎样获得利润。最为常见的两种方法分别是寻求资本利得（与我们的买入价格相比，以更高的价格卖出）和产生现金流（创造新资金）。产生现金流是我个人比较喜欢的，因为相对于仅仅买卖股票，这种方法让我可以更好地控制局面。不管哪种方法，股票市场都为我们提供了一个非常便捷的买卖纸资产的平台。

目前许多人愿意卖掉他们的不动产,但是却面临这样一个问题——很少有人能够获得融资以便购买不动产。作为投资者,当你面临某种资产很难出手的市况时,说明该资产缺乏流动性。流动性反映了将一种资产转换成现金的难易程度。资产的流动性对投资者来说很重要,因为流动性确保我们总能拥有一个有利的退出策略。这是你会喜欢上股票市场的因素之一——投资者在那里通常能够获得不错的流动性。假如你的某一只股票开始下跌,颇具流动性的股票可以让你在遭遇重大损失之前得以很快地将它出手。它也可以使你能够在一眨眼的工夫从一个不错的投资机会转移到另一个更好的投资机会上面去。

流动性的另一个好处就是,人们不需要拥有极好的销售和谈判技巧。对于经营一家公司来说,这些技巧至关重要。然而提高这些销售技巧需要花费时间以及积累大量的实践经验。

奇怪的是,很少有人利用股票市场所拥有的流动性这一优势。很多投资者年复一年地持有同样的股票以及共同基金,却从没想过将一只好的股票卖出然后换成另一只更好的,或者使用一些退出策略来使他们的收益最大化。对于那些告诉你应该买入并且长期持有的大型机构来说,这么做多多少少显得有些虚伪。股票只会因为卖的人比买的人多而下跌。然而当你持有股票时,那些大型机构通常就是卖方之一。

另一件需要考虑的事情是,市场的流动性也会带来波动性的增大。快速买卖可能会造成供需的大幅波动。所以流动性所造成的利弊完全取决于你的个人情况以及投资目标。这里没有一刀切的答案。我预测随后几年我们的市场上会出现更大的波动,但是你可以利用这种波动并将之转化为你的优势。

股票是灵活的

当大多数人想要从股票市场的行情中获利时，他们只会想到一种行情：上涨。他们没有理解这样一个概念——股票是灵活的。我们可以学习如何从一只股票中获利，不管它是上涨、下跌，还是震荡。对于公司来说，你很难通过这一策略来获利。但是在股票市场上，任何行情都无关紧要——因为我们有可以从任何行情中获利的策略。我们会在本书后面的章节中讲到这些策略。

在所有的资产类别里面，股票可能是在赚取利润方面难度最低的一类。当股票市场上涨时，我们可以买入股票；而当市场下跌时，我们可以卖空股票。通过卖空股票，你使自己处在了一个通过股价下跌来获利的立场上。如果我们能够将股票和期权有机地结合起来，那么将有很多的收入策略为我们提供现金流，即便股票行情不温不火甚至走跌。

股票让我们能够控制投资规模

大多数人普遍认为：我们需要有很多的钱才能够进行投资。其实，这是一种误解。这大概就是为什么很多人等待了很久才开始进行第一次的投资尝试。而有些人则从来就没有机会开始过。幸运的是，股票可以让绝大多数的人及早地开始他们的投资。

因为购买股票仅仅只是购买了一家公司的一个单位份额，对于一般人来说，购买股票比购买整家公司或者开设一家新公司更容易负担。而更美妙之处在于，你可以和著名的投资者（比如沃伦·巴菲特）购买同一只股票。其中的差别是，作为一个投资新手，你可能相比巴菲特所购买的数量要小得多。你想要投资的公司可能是一家市值达数十亿美元的企业，但是你可以仅仅花费25美元就能够得到它一个单位的股份。股票的成本优势可以让你在具备更强的实力以后扩大投资规模。对于普通人而言，投资股票比起花上数十年积累资金然后购买特许经营权或者一些其他的生意要来得快一些。

我经常在自己的课堂上面碰到喜欢谈论投资，却仍然没有购买任何资产的学生。关于如何构筑财富这方面，他们读了大量投资书籍，听了很多内容丰富的广播课程。然而他们的资产一栏还是空白。他们正在犯一个错误——等自己有了很多钱之后才开始投资。这就像人们花费数年阅读每一本他们能够找到的关于如何演奏钢琴的书，然而却迟迟不坐下来弹，哪怕是一个音符。这完全没有必要。对于处在每一个演奏级别的人来说，都有房间可以让他们坐下来弹一弹。教育是关键，但是要记住，自己动手实践也包括在你的教育之中。

从股票市场中获利的另一个途径是期权市场。一张期权代表了在一段时间内以一个约定的价格购买或出售一种特定标的物的权利。如同我们在股票上面所看到的一样，期权对于任何人来说，也是一种非常容易负担得起的投资。当你加深了对期权的了解和经验后，你也许会惊讶地认识到：只需通过花费相对较少的钱和承担较低的风险，就能够控制相对较多的股票。在我看来，这种可调节性极具吸引力。它允许每一个人都能够快速地将一份资产放入他或她的财务报表中。事实上，获得一份股票类资产远比其他类型的资产来得快。另外，从股票市场的研究中学到的经验和教训也可以被用到不动产和公司上面。股票市场是一个不错的地方，在那里你可以学到关于退出策略、对冲，以及"为获得资本利得还是为现金流而投资"的概念。

通过债务来使用杠杆

就像不动产市场，股票市场也有大量的机会让你利用OPM。作为股票投资者，我们可以利用一种称之为"保证金账户"的东西。使用保证金购买股票使你能够充分利用自己的钱，不过这与不动产投资者利用银行贷款相比还是有着略微的不同。在我看来，通过好的债务明智地利用杠杆应该是我们所关心的债务，而不是担心的债务。人们所担心的债务应该是那些需要通过找到一份工作来清偿的债务。

不通过债务来使用杠杆

期权市场为我们提供了比股票市场更有趣的东西。通过期权，我们拥有了不产生负债就能够将我们的钱通过杠杆放大的能力。这种类型的杠杆非常重要，因为它同样能够表现得像一类我们称之为对冲的事物。我们将会在本书接下来的章节里面学习到关于什么是对冲，以及如何利用期权来真正地保护你的股票免受损失方面的知识。

任何一类资产都不会比另一类更好

你绝不会听到我说的一件事就是，对任何特定类别资产的横加指责。我经常听到不动产方面的老师指责股票市场，而股票市场方面的老师指责不动产。拥有一家公司并不比拥有不动产"更好"。投资不动产并不比投资股票"更差"。聪明的投资者仅仅考虑想要通过投资来达成什么目标，然后据此进行投资。我相信许多成功的投资者乐于通过多样化持有跨越所有类别的资产。

一个专注于投资股票的人会错过很多企业家所能享受的税收优势。一个不动产投资者可能喜欢上将他财富的一部分投入到具有流动性的资产上面的主意。一个相信股票市场会由于泡沫而下跌的投资者可能会对于如何利用这种情况产生兴趣，而其想借此获得资本利得的想法也会因为股票市场的灵活性而得以实现。

下面有一个表格，通过不同资产类别所具有的投资特点进行了对比。这个表格并不全面，但是投资者可以借此对各个资产类别有所了解，进而利用它们来达成不同的投资目标。

公司	不动产	纸资产	大宗商品
避税	如同杠杆般有效利用债务	高流动性	保值
其他人的教育	投资者可以推动升值	不论涨跌皆可获利的灵活性	对冲通胀
其他人的经验	所有交易都是可商谈的	投资规模缩放自如	现金流（拥有一口油井）
其他人的才干	用更便宜的钱来偿还债务	借助债务杠杆（保证金）	生活必需品（玉米、小麦以及其他食物）
其他人的努力	生活必需品	无债务杠杆（期权）	

记住：这张表格不是用来说明哪种投资选择更好，哪种更差。相反，它通过每个资产类别的投资特点进行简单的比较。这

取决于你个人的情况,流动性对你来说可好可坏。能够对资产进行议价同样可好可坏。每件事情都是相对而言的。

四柱构筑

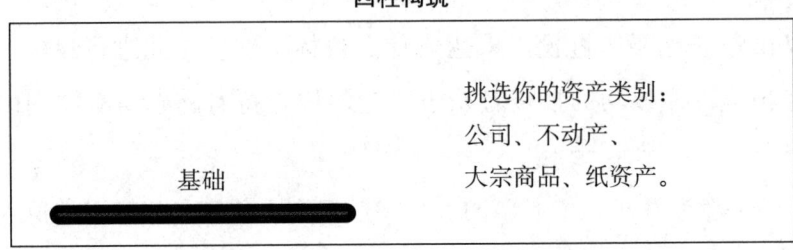

有时,对你来说,更重要的是提出新的问题,而不是得到新的答案。暂停一下,对比一下你正在思考的问题:

"我应该买些什么股票?"

或者

"纸资产适合我整体财务规划以及财务报表的哪个部分?"

两者的差别与你的背景有关,进而会对你的财务规划造成根本性的影响。

如果我们了解股票的各种优缺点,我们就会拥有一条明智的途径来决定如何利用它们来达成投资目标。相对应地,一个人对股票了解得越少,那么当他利用股票做出投资决策时,失败概率就会越大。

出 售

假如你拥有一家公司或你有一些存货,而你想将它们变为现金,你需要怎么做?出售。假如你拥有不动产,你想套现,你需要怎么做?出售。然而不是每一个人都喜欢通过换上一张笑脸和展现自己的魅力去进行推销。股票能让你不用成为推销员就能将之出售。对于大多数人来说,这是一个巨大的优势。只需点击一个按钮然后……出售啦!我曾经拥有一家公司,仅存货就挤占了一百万美元现金流。我确信,当我想仅仅通过点击鼠标就将它们销售出去,可得花上好些日子。

当然,资产类别没有所谓好坏之分,公司是我的最爱,因为我对销售很在行。我喜欢与人打交道。公司对我来说是一个充满乐趣的地方,就像一个沙坑,我喜欢在里面玩耍。但是我更喜爱纸资产的灵活性。在我看来,股票市场是一个能够让我赚钱的地方——即便经济完全崩溃,而且其中充满着各种乐趣。

本章小结

让我们回顾一下第二章的重点:

1. 资产无所谓好坏。

对于各种资产类别或者投资期权来说,并没有所谓"正确的"或者"错误的"("更好的"或者"更坏的")。它仅仅是取决于你更加喜欢什么以及什么适合你的投资策略。

2. 构筑财富就是学习如何明智地购买资产。

构筑财富就是关于如何购买资产,以及将其添加到你的资产负债表的资产栏目中去。

3. 有四种主要的资产类别。

通过添加如下资产类别中的一种或多种,你可以扩充你的资产负债表中的资产栏目，它们分别是公司、不动产、大宗商品以及纸资产。

4. 公司是与税收以及领导力有关的资产。

当你想成立或者购买一家公司时，你可以享受税收优惠。经营管理一家公司需要领导力。通过公司这一媒介，你将能够利用其他人的精力、其他人的教育、其他人的经验、其他人的努力以及其他人的一切！

5. 不动产是与"利用其他人的钱"有关的资产。

你从不动产教育中所能学到的三件最重要的事情是：学习如何寻找并且选择合适的合作伙伴，学习创新的融资手段，学习管理。不动产的巨大优势之一就是你能够将债务当作一个杠杆来使用。

6. 大宗商品是关于"对冲"的资产。

大宗商品是那些人们想要拥有或者不可缺少的生活必需品，如玉米、大豆、猪肉、原油、贵金属、木材以及棉花。这些种类的商品通常能够保存它们的价值，因为它们通常有着强劲的需求，即便货币贬值。

7. 纸资产对于所有级别的投资者都是合适的。

大多数纸资产都有着不错的流动性，这意味着它们可以被非常快速而且容易地转换成现金。纸资产通常非常灵活，而且可以用来赚钱，不管市场是处在上涨、下跌还是震荡期。纸资产规模具有可调节性，这意味着你可以用非常小的投资起步。一些纸资产也可以让你借助杠杆而不需要额外负债。

为了加强你对这些概念的理解，考虑一下怎样使用你自己的理解将它们教给你的朋友或者家人。祝你好运！

第三章
投资四柱法初探

让我来向你介绍投资四柱法。作为一名学生，你会发现我们所学到的任何关于通过股票来赚钱的方法都会纳入这四柱法之中。

在第二章，我们讲到财富构筑就是学会明智地购买或者创建资产。我们也看到资产类别包括公司、不动产、大宗商品以及纸资产（比如股票和期权）。我们了解到每种资产类别都有它自己的"语言"以及细微的差别。

那么，你如何能够学会明智地购买这些资产？当机会来临时，你如何作出正确的决定？通过学习投资四柱法，你就能知道答案。对于从事任何资产类别投资的投资者来说，无论你是为了资本利得而投资，还是为了现金流，这些柱子都包含了至关重要的信息。

为了准备创作这本书，我坐下来回顾了从导师和老师那里学来的所有关于投资的东西。它们都能够被很好地归纳到以下四个范畴：

（1）我学会了如何研究实体（基本面分析）；

（2）我学会了如何研究趋势（技术面分析）；

（3）我学会了使自己能够处在获利立场的技术（现金流）；

（4）我学会了如何管理风险（风险管理）。

这些范畴组成了我所说的投资四柱法。当你全身心地投入到学习这有关投资的四根支柱时，你将会学到能够让你审视任何资产类别的各种投资机会的标准，进而作出更好的决策。这四根柱子将会为你的财商教育目标提供支撑。你将会学习到如何明智地购买资产以及构筑你的财富。

那么，让我们从第一根柱子开始。

柱之一：基本面分析

基本面分析考察的是一个实体的实力。我们需要知晓强大的实体与弱小的实体之间的不同之处，实体可以是一家私人公司、一家慈善机构，甚至一个国家。我们通过查看财务报告来考察实体。财务报告可以告诉我们该实体的实力。

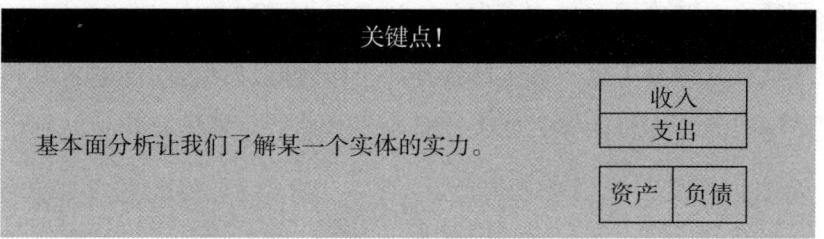

我的大学篮球教练在教授"基本规则"（译注：基本规则与基本面为同一个单词，此处语带双关）时堪称"大师"。他的球队赢了多场的锦标赛，而他本人则在狂热的大学篮球粉丝中广为人知。人们经常问我为什么我会觉得他是如此的成功。我的回答则一如既往：他对比赛的每一部分都追求绝对完美——不是要求球员拥有过人的天分，而是要求他们付出十足的努力。不是每一个人都有较高的天分，但是我们都能尽最大的努力。比赛中总是会有对任何级别的选手来说都很基础的部分,不管是大学赛还是职业赛。为了成功,你必须在这些方面不断地磨炼,以此提高自己的实践能力。我的教练对基本原则相当执着,而且他在这方面的执教做得相当不错。

想要达到财务成功,在基本规则方面需要同样的严格,而基本规则对于所有实体来说都适用——从主权国家到公司,再到个人。任何实体想要蓬勃发展,必须符合一定的财务基本原则。在本章中,你会开始了解这些基本原则是什么。你将同样会了解如何将一个实体与另一个相比较,然后马上就能够知道哪一个拥有更强劲的财务实力。

基本面分析是通过查看一些基本的财务数据,然后据此评估实体财务实力的过程。我会帮助你了解到这些数据所代表的含义,以及你在哪里可以找到它们。你将会发现,随着你对如何考察这些基本数据有了更多的了解,你作出明智的投资决策的能力也会不断提高。你将能够为此类比较画出合格线,以便更快地甄别出符合你期望的好的投资机会。

一个有助于你看待和理解基本面分析的方法是:将之看作是找医生做一套检查。医生要从基础检查开始来分析你的情况。医生可能并不关心你头发或者眼珠的颜色,因为他不能够通过这些方面对你的健康状况有进一步的了解。但是他会测量你的血压和心跳。他会轻拍你的膝盖来看你的条件反射是否正常。他会借助听诊器来听你的心跳和肺部的声音。他会记下你的生命体征。而这些生命体征恰好反映了你的基本健康状况。医生首先需要收集和分析这些数据,进而搞清楚你的整体健康状况是否存在问题。

当分析一个国家的经济或者某个人的财务状况时,首先进行一次基本面分析,你就能够对这个国家或个人的财务健康状况有一个快速的了解,看看是否一切正常。财务方面的生命体征可以告诉我们很多关于所考察实体的健康状况方面的信息。

基本面分析同样能够帮助我们确定价值所在。所考察实体的财务状况越健康,其在市场上的价值就越高。

基本面分析对于所有类型的领导者来说都是一个很重要的工具。无论是高级别的政府官员,还是一个小家庭里面的一家之主,他们都可以通过它来发现自身薄弱之处,然后制订相应的策略实现自我完善。基本面分析是一个非常有价值的诊断工具。

通过学习基本面,你将会了解到:

(1)如何考察任意实体的财务实力;

(2)如何发现实体的价值;

(3)如何通过诊断得出导致薄弱之处的原因;

(4)如何通过政策的改变来修复薄弱之处以及预测变化;

(5)如何看到任何交易的正反两面以及识别出赢家和输家;

(6)为何投资者能够预测未来。

现在,我希望我能够在学校里学到这些东西。

四柱构筑

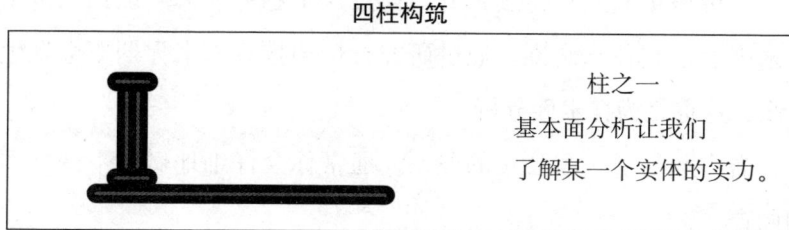

柱之一
基本面分析让我们
了解某一个实体的实力。

柱之二：技术面分析

四柱里面的第二根称之为技术面分析。简单来说就是指"技术分析"。

技术分析是行情图中供需关系的故事。供需关系变化创造趋势。

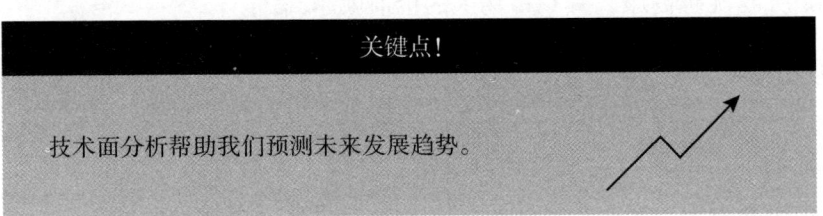

关键点！

技术面分析帮助我们预测未来发展趋势。

想象自己是一个高尔夫球场的拥有者。你将自己生意的方方面面都打理得井井有条。你的球场已经跻身于世界上最好的球场之列。实际上，有许多人都想要来你的球场挥上一杆，多到你应接不暇。旺盛的人气让你日进斗金。理所当然，高尔夫球场的开球时间陷入供应短缺状态。

这对于你的生意来说意味着什么？因为对于你球场的开球时间的需求比其他任何地方都多，所以现在你可以收取比竞争对手更高的费用。在你的电脑上，有一张显示了历史价格趋势的行情图——价格年复一年持续攀升。通过这个趋势，你可以预测价格在未来会达到什么水准。通过研究行情图推算未来你期望会发生什么，这称之为技术面分析。

当你购买了一家公司的股票，通常你会仔细地做以下两方面的调查：

自从你买入了该公司的股票，自然而然地，你就想知道该公司的财务实力究竟有多么强劲，以及如何将这些基本的财务数据与其他公司相比较（基本面分析）。

你想知道其他的投资者对于购买该公司股票究竟有多么渴望。假如该公司的股票存在一个旺盛的需求，那么这种需求就会将股价不断地推升（技术面分析）。

理解趋势非常重要，因为你将会看到：在股票市场上从来不缺少机会。在技术面分析部分，你将会学到：

（1）识别某种趋势的规则；

（2）如何读懂趋势所揭示的意义；

（3）投资者使用形态来判定接下来最有可能发生的是什么；

（4）如何使用技术工具来帮助投资者寻找机会以及看到警示。

四柱构筑

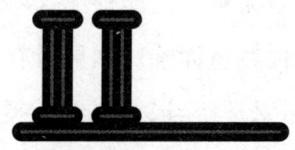

柱之二
技术面分析用于观察一只股票的供需关系（趋势）。

尽情探索

本书的前两章向你介绍了背景这个概念。那些讨论试图帮助你运用开放式思维从不同的角度去思考问题。现在你可以感受到，我们开始转到内容以及一些关于投资方面的重要指引上了。

在这一点上，我想你可以试着让自己通过其他不同途径去学习基本面分析以及技术面分析。如果你这样去做了，那么你的体验将会变得更加有趣，而且从一开始就会受到正确的启发。当你深入探究基本面分析与技术面分析的章节时,这里有几点需要记住的建议。

按照你自己的进度学习

不像学校,这里没有周末测试,没有分数,因此,对你来说,你不仅可以将所有那些从未见过的新事物、新知识全部据为己有,而且还可以去追求尽善尽美的理解,不要对此有丝毫的压力。

我记得在大学的时候,我不得不去上一门有机化学课程。教学材料相当复杂。但真正将问题变得复杂的是我不得不以很快的进度学完这门课程。我感受到了前所未有的压力,因为我不得不在短时间内理解所有那些初次见到的陌生东西。压力丝毫不利于学习这门课程。我开始感到慌乱,因为对于没能理解这些东西而遭受的惩罚是相当严重的,而且很快就将面临。如果没有通过测试,我可能就不能再去打球。而这后果是相当令人难以接受的。

甚至在离开学校以后的一段时间内,我发现自己仍习惯于作出相同的反应。假如我遇到这样一种情形——当面对一个概念而我不能快速理解时——我会变得紧张、焦虑和感到有压力。现在我学会了放松,让事情以我自己的进度来,而且这也改变了我的背景。自从卸掉压力以后,学习成为我最喜爱的活动之一。

所以当你学习基本面分析以及技术面分析的章节时,请允许自己——提醒自己——放松。你能够做到,我对你充满信心。假如你感到焦虑,将之视作需要一个深呼吸的信号……然后放松。暗示自己将学习材料通读两三遍都没问题。放慢进度?当然也没有问题。

我仍然记得我从驾校教练那里学到的一课。他通过类比来示范如何使用手动变速来驾驶汽车。我们只需听人解释一下松开离合器以及踩下油门的过程，就可以从持续教育™理论中的一无所知的阶段发展到有所觉悟的阶段，进而再到达理论水平的阶段。但是当我们真正地遵从指示，坐在驾驶席上尝试开车时，考验你实践水平的时候就到了。当我们尝试将这些概念转变成行动时，我们会不可避免地将车憋熄火。但是这完全没什么大不了的，将车憋熄火也是学习过程的一部分。这是你学习通过手动变速来驾驶汽车的过程。我们在错误中不断学习。几次尝试之后，你开始找到了某种感觉。你学会了如何慢慢地调节直到换挡时机来临，你知道了如何换挡，如何听发动机的声音，也知道了何时换到高速挡，何时换到低速挡，甚至了解了如何通过离合器和刹车的配合进行爬坡起步。不久以后，你无须思考就能做到驾驶自如。你达到了实践能力阶段。

你将车憋熄火，不代表你没有从中学到东西。当我爸爸教我学开车时，我也将车憋熄火了。我会用同样的方式教我的儿子吗？当然。这仍然是教人学东西的最好方式。让引擎停工是这个过程的一部分，对我的儿子没有丝毫的伤害。我会坐在他的旁边，直到他找到其中的窍门。

因此，请记住，当你学习这些投资观念时，不必向自己施加任何压力。深吸一口气，然后享受发现的乐趣。一旦你通过前两根柱子打下了投资的基础，就到了要了解第三根柱子的时候了。对于投资者来说，我确信那是最令人兴奋的一根——现金流。

柱之三：现金流策略

一旦我们看到了一家公司的实力（基本面），以及市场的趋势（技术面），我们就可以决定如何使我们处在一个能够获利的立场上。

> **关键点！**
>
> 现金流策略就是关于你在不同的市场环境中所处的立场：无论是上涨、下跌或者震荡。

一部分投资者置身于通过资本利得获利的立场上，这意味着低买高卖，就好比买卖一所房子那样；而另一部分投资者则置身于通过现金流获利的立场上，就好比出租一所房子那样。理解一种策略，这能够帮助你理解其他的策略。

听到现金流这一术语，大家的心跳肯定会稍稍加快。因为这就是我们作为投资者所最终追求的。当金钱随着你所作出的那些明智投资决策而自由地流进你账户时，你会体验到真正的自由是怎样一种感受。本书的目标就在于帮助你提升定期从股票市场中提取现金的能力充满信心以及对此毫无思想负担——无论市场走势如何。这就是其中的美妙之处：你将会学到如何在市场上涨、下跌以及震荡中做到这点。

现金流是解决支出问题的一种方案

每个人都有支出，比如食物、服装、居住、税收、娱乐以及许多其他的方方面面。支出是人生中基本的财务问题。我们可以通过以下四种方式中的一种来解决这个问题。

E（Employee）代表雇员

S（Self-employed）代表小企业主、自由职业者或专业人士

B（Business owner）代表大企业家（有500名以上员工）

I（Investor）代表投资人

假如你每月需要5 000美元来解决你的支出问题，那么想要从象限的左侧移动到右侧，你的财务报表必须从图1转变为图2。

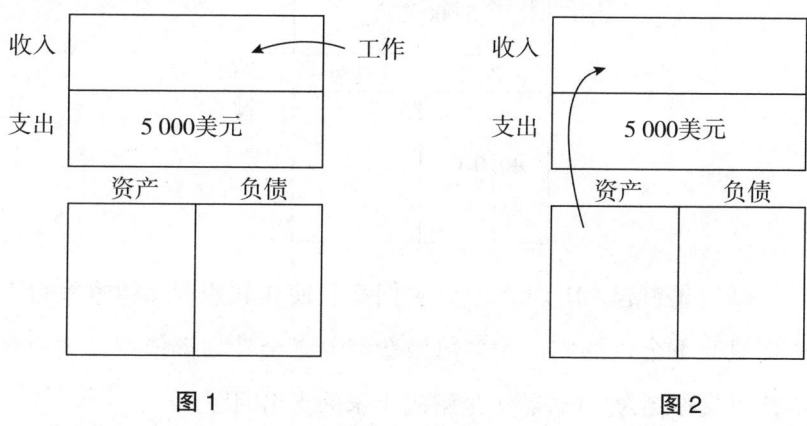

图1　　　　　　　　　　图2

最好的现金流不必依赖牛市

许多E象限的人往往将钱存入某些缴费型退休养老计划中，比如401（k）养老金账户或者个人退休账户（IRA）。而放入这些账户中的钱会通过共同基金或者单位信托基金流向股票市场，具体取决于你所居住的国家。你账户中的钱能不能帮你赚钱往往取决于股票市场的整体表现。而这些策略几乎都关注于长期投资。由此看来，

投资者如果在近期就想获得现金流,则不能指望它们。而且这里面还有一个问题:股票市场并不总是稳步上涨的。它能够——而且确实会——向上波动、向下波动或者长时间停滞不前。

在美国,占据主导地位的养老金投资计划为401(k)退休养老计划。不幸的是,这些投资的价值依赖于牛市。与其说这些计划依靠现金流取得增长,不如说是依靠净值来推动增长。然而当市场波动时,净值也会随之波动。

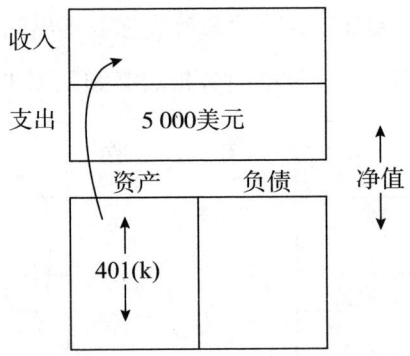

每当我想起401(k)时,它们都会使我联想起《伊索寓言》中那只会下金蛋的鹅。大多数缴费型养老金计划都依赖过去所赚的钱(我称之为"旧钱")来解决未来的支出问题。

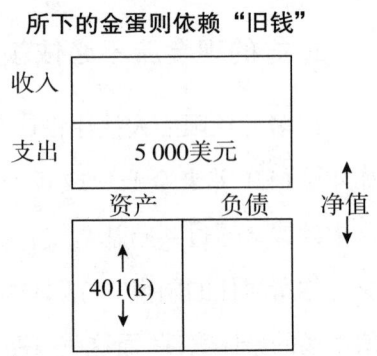

72

那些依赖"旧钱"的计划会处于一个危险的境地。相比每月都能收到现金流并且一直持续下去,投资者倒是更像拥有两只沙漏——一只装满钱,而另一只装满时间。这就是为什么人们最担心的就是退休时无钱可花。如果他们知道如何产生"新钱",那么这些担心就不会成为现实。

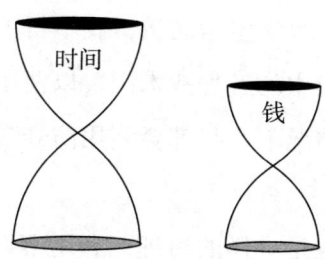

我想给你介绍一种全新的思想——一种你从未想到过的。这些新的"下金蛋的鹅"的想法与你以前那些让自己的钱躺在长期养老金账户里的想法不同。

当谈到购买股票时,基本面分析就是收集关于一家公司实力的信息的过程,而技术面分析就是收集关于一只股票供需信息的过程。当有了这些信息以后,你就可以以此来决定是将自己的钱投资到"某一只金鹅"上,还是投资到"一枚金蛋"上。你将发现:其实有很多不同的途径来利用你在基本面以及技术面上的分析所得。

在现金流策略一章里,你将会看到一些如何将这些信息转化成潜在赢利的例子,以及一些当我们需要执行特定的投资策略时可以遵守的规则。我同样将带给你一些洞察力,你可以借此了解如何判断选择某个策略而不是另一个,连同一些当你作出决策时能够给你信心的方法,以此来帮助你朝着自己的财富以及人生目标前进。

学习各种不同的现金流策略，就好比当你画一幅画时有许多不同的颜色可供使用。面对各种各样的颜色，你要思考：如何更加有效地挑选以及搭配这些颜色，才能画出符合我心中所想的画作呢？

而不利的方面在于，许多投资者开发了仅限于获取资本利得的基本面以及技术面条件。此外，许多人的工具箱中只有适合牛市的策略。作为一个大学生运动员，我不得不学习许多不同的进攻策略以及教练手册中的各种战术图，以便用来处理多种复杂的情况。不管在什么情况下，我都会利用防守带给我的机会，寻找取胜之道。

在股票市场上也是一样的道理，利用市场给你的机会（无论是上涨、下跌，还是震荡）从中寻找取胜之道。

通过学习不同的方法来使自己处于为获取现金流（甚至是资本利得，仅就此而言）而投资的立场上，你会开始了解不管市场处于何种市况下，获利机会始终存在。

下面是一些你在现金流策略章节中将会学到的：

（1）当市场上涨时如何获取资本利得；

（2）当市场下跌时如何获取资本利得；

（3）如何在无须负债的情况下使用财务杠杆；

（4）如何结合股票及期权市场来产生现金流。

四柱构筑

柱之三
现金流策略就是选择在市场上所处的立场。

柱之四：风险管理

不管你是投资不动产、股票或是其他的资产类别，你需要记住：事情可以在突然间发生转变。

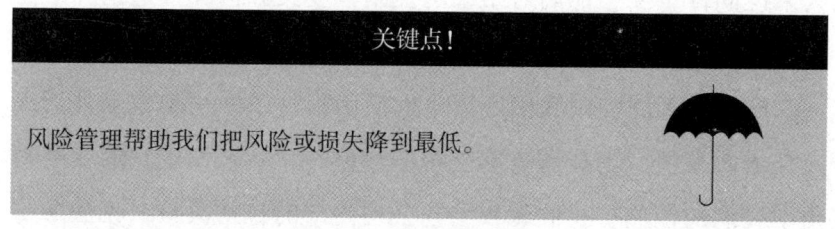

关键点！

风险管理帮助我们把风险或损失降到最低。

假如市场崩溃，导致预存的退休金没了，你是否有备用计划？
假如你存了很多钱，可是钞票却大幅贬值，你该怎么办？
假如突发洪水冲毁了你的房屋，你为其购买保险了吗？

不管你做什么，总有一些事情超出了你的控制，然而也总有一些事情始终在控制范围内。风险管理就是利用你能够控制的那些事情去对付那些你所不能控制的。我不能控制洪水，可是我能够控制是否为房屋购买保险。

风险与控制之间的关系

你可能想要暂停一下，然后思考一下这个关键点：风险控制。

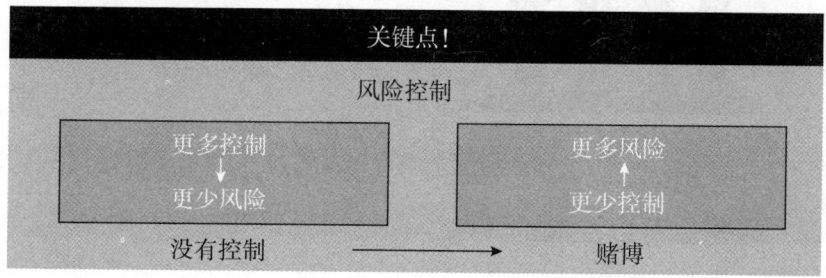

每当有人想要投资或者利用债务进行杠杆投资时，最好能够明智地考虑一下自身对投资结果有多大的控制程度。这个问题对于那些将大笔钱投入到用于进行多样化投资的传统养老金计划的人来说同样重要。他们对结果的控制程度又如何呢？这是一个需要冷静思考的问题。

投资者无法控制我们所讨论的前两根柱子——基本面分析以及技术面分析。当我们查看公司的数据时，我们发现它的业绩超出了我们的控制。我们无权参与公司内部的日常决策，无法参与销售产品。尽管我们拥有公司的部分股份，但是对公司政策走向几乎没能产生任何实质影响。当我们通过行情图观察股价走势时，我们将意识到股价的未来走势同样超出我们的控制。

不管你是多么期盼股价上涨，但是它完全在你的掌控之外。对于公司的收益来说也是如此。我们不能够对此类事物进行任何控制，如同天气或者乐透彩票一样。

记住，前两根柱子（基本面分析与技术面分析）是关于收集与分析信息的，而不是关于如何控制那些信息。

四柱构筑

柱之四
风险管理是利用你所能控制的去应对那些你所不能控制的。

那些你可以控制的事物

通过进行基本面分析（查看一家公司的财务状况）以及技术

面分析（查看该股票的供需关系情况），你逐渐了解到一些至关重要的信息，是时候思考一下现金流策略以及你想如何管理与之相随的风险了。再说一次，前两根柱子超出了你的控制范围。但是对于后两根柱子，你拥有百分百的控制能力，而且你还要对你的所作所为负全部责任。

换句话说，你确实不能控制天气的变化，但是你能够选择如何应对。你不能控制一场席卷而来的飓风，但是假如你通过收集信息发现一场飓风即将来临，就可以通过销售紧急物资给那些有需要的人而从中获益。你同样可以管理自己的风险——通过购买保险保护你的家当。这些行动完全取决于你。对你的现金流投资来说也是一样。

你同样可以控制自己的财商教育水平。在第一章，我们讨论了投资者成为认真的学生的重要性。想在投资四柱的每一根上面走多远，这完全取决于你自己。这是一个非常好的消息。假如我们认识到，我们的人生目标和财富目标有关系，而我们的财富目标是通过完成我们的教育目标来达成的，那么投资四柱就成为通向成功的光明大道。现在你知道该学些什么以及该做些什么了吧。比如如何通过种植自己的橙子树来收获吃不完的美味橙子。

你在关于风险的章节里将要学到的一些东西包括：

（1）你将会学习投资者将要面对的各种不同种类的风险；

（2）你将会扩充自己的财务词汇；

（3）你将会学习退出策略；

（4）你将会学习对冲；

（5）你将会学习仓位控制。

持续教育™中的四柱

纸资产在投资规模及流动性上的优势，使其成为一个很好的学习投资四柱法的标的。但也存在一个严重的误区，举例来说，就是人们认为不动产投资者在他们的日常投资活动中不需要用到技术面分析。可我却听到富爸爸顾问团成员肯·麦克尔罗伊多次声明他的不动产生意是一门趋势生意。

现在你对四柱中的每一根都有了基本的了解，是时候对它们的认知有所觉悟了，是时候升级你对每一根柱子的理论水平了。当你渴望在理论水平上有所提高时，你的大脑会自动搜索那些有助于你进行实践的导师以及途径，然后你会因为吸引法则而变得越来越达到实践水平。因为这本来就是我们的大脑最自然的工作方式。

持续教育™

一无所知 → 有所觉悟 → 理论水平 → 实践能力

更清晰地关注你的教育目标，它使你能够识别出合适的人和机会，进而帮助你达成目标。随着为寻求答案而产生的关注与渴望的进一步增强，你会感到这些人和机会都是被你所吸引来的。

当你学习投资四柱法时，我鼓励你思考一下：对于每一根柱子，我在其持续教育™上所处的位置是什么？这是一个评估你所处学习阶段的好方法。仅仅对财务报表有所觉悟，与具有对财务报表进行基本面分析的实践能力之间存在着巨大的差异。同样，仅仅对技术面分析有所觉悟，与具有对行情图进行解读的实践水平之间也存在着巨大的差异。在向实践能力阶段前进的过程，对后两根柱子（现金流策略与风险管理）来说更加重要。因为在这两方面所做出的决策和行动会直接对你的利润产生冲击。

现金流策略与风险管理是双刃剑：它们既能给你带来很多的好处，同时也能带来严重的伤害。作为投资者，我们的目标是在所有柱子上都具备实践水平。让我们开始这趟旅程，享受发现每根柱子所带来的乐趣吧。记住：功到自然成。让一切顺其自然吧。

本章小结

让我们来回顾一下第三章的一些重点：

1. 基本面分析有助于我们了解一个实体的财务实力。

财务报表揭示一个实体的财务健康状况。你可以通过这些数据来发现它的价值，诊断它暗含的问题，以及更好地对未来作出展望。

2. 技术面分析有助于我们识别趋势。

通过解读行情图我们能够识别趋势，看到供需关系的变化。我们可以通过模式识别来告诉自己接下来的行情很可能会怎么走。我们能够看到市场的警示。

3. 现金流策略就是我们选择如何使自己处于能够获利的立场上。

通过学习各种现金流以及资本利得策略，你就能有机会拿走市场给予你的获利以及发现在任何市况下（上涨、下跌以及震荡中）存在的潜在获利机会，而不是受它摆布。

4. 风险管理就是如何应对意想不到的情况。

每一个认真的投资者都需要一定的对策来应对那些意想不到的情况，或者当他们犯错时能够最大限度地自保。

5. 投资四柱法不仅仅针对股票投资者，它针对的是所有投资者。

不论何种资产类别，在四根柱子的运用上都具有实践能力才能够让你作出更好的决策。

第四章

柱之一：基本面分析

当你购买了一家公司的股票后，你就成了它的股东。而作为一名股东，你应该对此公司的财务状况有比较深入的了解。这就是为什么踏上旅程的第一步——从投资中产生可靠的资本利得与现金流——要从学习基本面分析开始。

再强调一次，基本面分析是通过查看某些数字，并以此来判断一个实体的财务状况的过程。你所看到的那些用来对财务状况作出判断的数字可以在财务报表上找到。

无论实体代表的是一个人、一个家庭、一间教堂、一家公司、一所学校甚至是一个国家，我们的分析都要从财务报表入手。通过查看一份财务报表，我们可以看到一个实体的概况及其本质，还可以看到它的长处以及弱点。我们可以将之与其他实体进行比较。无论是一个存在现金流的实体，还是一个处于经济崩溃边缘的实体，我们都可以进行上述分析。数字里面包含了所有我们想要了解的事情。

无须亲自登门拜访，仅通过财务报表，我们就能够了解一家公司；即使不知道某慈善机构的价值观与使命，我们也能够对它有基本的了解；即便对一个国家的政治一无所知，我们也能够对这个国家有所了解；甚至没有与对方相遇，我们也能知道他所在家庭的情况。

财务报表是基本面分析的核心

在富爸爸系列丛书中，多处提到了财务报表。罗伯特讲述了许多他从富爸爸那里学来的东西，而这些东西仅仅是富爸爸通过查看罗伯特递给他的财务报表而得出的结论。富爸爸不需要亲临罗伯特的公司去做现场调查，也不需要知道产品的生产细节或者管理团队都是些什么人。然而对于公司的财务实力，富爸爸却能够作出一个快速且准确的评估。"公司的财务状况相当糟糕。"富爸爸有时这么告诉罗伯特。他仅仅通过查看公司的财务报表就可以作出这样的判断。富爸爸通过查看财务报表并且作出前景展望，而这就是一次基本面分析。现在，轮到你来学做同样的事情了。

下面是一张财务报表框架图，大部分具有富爸爸教育背景的学生都会对此感到再熟悉不过了。类似的图片将会贯穿全书，所以让我们先来了解一下它的含义。

收入
支出

资产	负债

利润表

你可以将一份基本的财务报表分成两个简单的部分，以便让任何人都可以理解。第一部分是利润表，它包括收入和支出两栏。

当你开出一张支票时，所填写的金额就会作为一项支出从你的账户流出。而当你存入一份薪水或者分红时，它们就会作为收入流入到你的账户中去。通过这两项数字，我们可以很容易地计算现金流——只需要用收入减去支出即可。正如你所看到的，现金流有时为正，有时为负。

现金流 = 收入 – 支出

资产负债表

财务报表的第二部分是资产负债表。一般来说，资产栏上列有你所拥有的全部东西的清单，以及它们总共价值几何。现在你也许已经了解到，在富爸爸的世界里，我们期望资产可以为我们提供收入。而负债栏则列出了一份关于你欠谁钱以及欠多少的清单。简而言之，资产将钱放入我们的口袋，而负债则将钱从我们的口袋里拿走。

我们将所有资产的价值加在一起，然后减去我们的全部负债，得出的数字就是权益。有时候，人们也会将权益说成净值。

权益（净值）= 资产 – 负债

那些接受财商教育程度尚浅的人经常吹嘘他们的净值是多少，然后问你的净值有多少。但是你很快就会看到，净值这个数字的作用通常被高估，它远没有现金流重要。

到目前为止，我们在基本面分析中将用到以下六组数字：

（1）收入；

（2）支出；

（3）现金流；

（4）资产；

（5）负债；

（6）权益（净值）。

你看，是不是非常简单？只要会一点点基本的四则运算，我们就能够算出这些数字。

四柱构筑

财务报表是任何
基本面分析的核心。

当然，到目前为止，最为重要的数字是现金流。假如我们正在对一个主权国家进行分析，那么它的现金流状况会告诉我们该国政府是否具备债务偿还能力。对于一家公司而言，现金流数字可以帮助我们了解这家公司是否具备盈利能力。而对个人来说，现金流数字可以帮助我们看到这个人是否量入为出。

让我们对这三种类型的财务报表作稍微深入一点的了解：

个人

公司

国家

即便没有会计学学位，你也可以很容易对这些报表有一个基本的了解。目前，我们没有必要对报表上的所有细节都仔细地梳理一遍。只需通过对少数基本数字的了解，你就能够像富爸爸那样,对这些类型的实体中的任何一个进行一次快速而全面的分析。

财务报表与政策的关系

惯性定律提到,当物体停止受力时,物体仍会持续地以现有速度继续移动,除非有外力迫使它改变速度。这听起来就像是爱因斯坦或者一些博士才会说的猜想或假说,但这一定律想说的是,假如物体是静止的,你要推它才能使它移动;如果物体在移动中,你要推它才能使它改变方向。而使物体移动或者改变方向的因素,称之为"力"。

在经济学的世界里,最强大的"力"来自于政府所制定的政策。政策就是给出行动路线的决策。

关键点!

是什么使得财务报表看上去像这个样子?

政策!

这看上去非常令人惊讶!政府颁布的寥寥数语的政策,能够对其财务状况产生巨大影响。比如,由恐怖分子所制造的美国9·11事件是相当令人震惊的,该事件对美国的财务状况产生了巨大冲击。但是与国家政策相比,这些袭击事件造成的影响就是小巫见大巫了。实际上,只有财政政策才能为一国的经济发展打下基础,并创造有利条件,同时也很有可能为今后那些不期而至的美国甚至全球金融危机埋下隐患。

今天这样动荡不安的金融环境很显然是9·11事件后美国国会

及美联储出台的各项愚不可及且不受约束的财政、货币政策所导致的。这些政策让我们所有人都面临着潜在的麻烦。

美国前总审计长戴维·沃克（David Walker）说过："我想说，那些针对美国的最严重的威胁并非来自躲藏在阿富汗或者巴基斯坦山洞中的某些人，而是来自我们自身财政中的不负责行为。"

在历史上，各种金融危机周而复始。每隔几个年代都会不时遭遇到。但是对于个人来说，我们又能够做些什么来抵御这些金融风暴呢？而公司又能够做些怎么呢？那么政府呢？

个人、公司或者政府宣布破产通常都是出于自身不当的政策所导致。而这些由早前制定的政策所导致的后果现在正以一种非常令人不安的方式影响着那些政策制定者。另一方面，那些在风暴中幸存下来的个人、公司或者政府通常都有着扎实的金融政策。他们的决策使他们处在一个极为有利的立场上，可以抵抗外力的冲击而不会使自身严重地偏离轨道。

在本书接下来的几页里，你会发现政策是影响财务报表最强有力的因素之一。你同样会发现，通过调整在报表背后发挥影响作用的政策，我们便能够以最快的速度改善一份财务报表。我听说，罗伯特的富爸爸会给出直截了当且往往不留情面的反馈意见，他其实是针对罗伯特的商业习惯——公司政策而言。正是这些政策才导致那些出现在财务报表上的问题的发生。如今罗伯特也常常用同样的方式对待我，而我也非常乐意接受。

四柱构筑

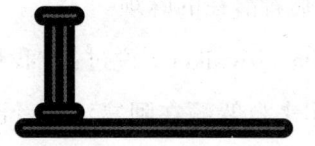

财务报表是政策的反映。

政策与基本面分析之间有着密不可分的关系。财务报表的薄弱之处反映了政策中的不足。因此我现在向你介绍 B-I 三角形。

罗伯特在富爸爸系列图书中广泛地谈及了 B-I 三角形。它是一个示意图,他的富爸爸通过使用这张图教给了他八个关键要素,也正是这八个关键要素确保一家公司正常运营。只要其中任何一个要素出现问题,公司注定失败。而问题很有可能通过财务报表上疲弱的数字表现出来。

政策的制定通常取决于领导者、团队成员以及使命。而政策的好坏将会决定财务报表是否好看。

我们将开始通过观察那些对主权国家产生影响的政策来学习基本面分析。当谈到主权国家时,其财务报表的强劲与否就是财政政策与货币政策一起作用的结果。

主权国家基本面分析

我在主权国家基本面上花费了大量时间。原因很简单：我相信在公司与个人层面发生的关于金融的一切现象都与一个主权国家的整体金融环境健康与否休戚相关。国家制定的政策，以及这些政策所产生的后果，每天都在对我们产生或大或小的影响。

我是美国人，因此请允许我从自己的国家开始做一个简单的基本面分析，进行分析的时间就在我写这本书的时候。这些数字肯定会随着时间的推移而改变。但是不论它们如何变化，这个分析的过程都会让你了解到：如何在任意时点针对一个主权国家完成一次基本面分析。重点在于如何解读一份财务报表。

主权国家基本面分析与财政、货币政策

有两种类型的政策会对主权国家的基本面产生影响：财政政策与货币政策。以美国为例，你会发现许多我们通过查看财务报表发现的问题都是由愚蠢的财政政策造成的。

财政政策是指政府选择如何花掉它们的钱。我们将要揭露的那些难看的数字在应对那些时运不济的情况或者不可预测的事件时基本无能为力。我们同样会从人口统计学的角度去看待这些政策并对未来作出判断。

财政政策

在美国，财政政策由国会制定。政治与政策这两个词语所指的是，决策是由那些位高权重的人来作出。美国国会拥有许多权

力。但谈到财政政策时，它有两个基本的、显而易见的权力可以而且会持续影响国家的财务报表：

（1）国会可以对税收作出调整；

（2）国会可以对支出规模作出调整。

这意味着美国的财务报表在很大程度上会受到国会及其制定的财政政策的影响。国会可以通过税收政策来决定其收入。它也会根据预算来决定支出。税收与支出可以创造盈余或是赤字。如果是赤字，那么国会可能借助举债来填补资金缺口，从而使债务增加。

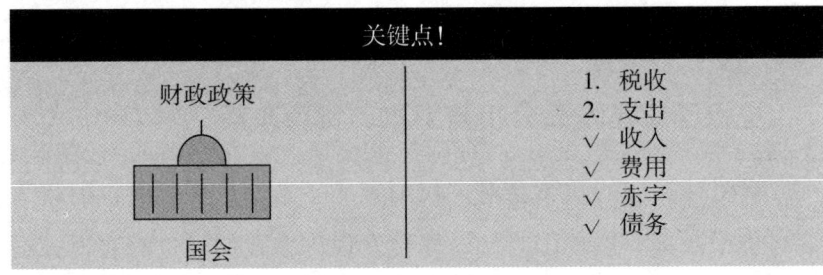

让我们逐一进行分析。共和党人和民主党人受到各自特殊利益集团的影响，提出各自的法案以及国家预算案。税收制度是一系列要求个人与公司缴纳税款的法案。《美国国内税收法》包含了长达数千页的税收政策。当我们开始还原一份美国政府的财务报表时，我们可以从税收开始，将税收放入收入一栏中，那么报表看起来就像这样：

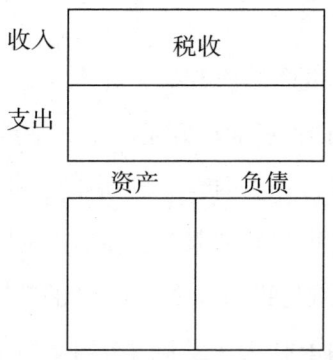

美国政府的支出活动相当复杂。通过税收所产生的收入被用于包括军事、公共道路及基础设施、教育、福利项目、偿还债务等方面。将所有这些支出加在一起，然后放进支出一栏，看起来就像这样：

接下来，我们准备讲到国内生产总值（GDP）——它也许是美国政府最大的一类资产。我在此作出的解释与标准会计实务相比会有略微的差别，我是按照先前富爸爸系列丛书中提到的观点为原则来解释的：资产是将钱放入我们口袋里的东西。当然，与之相反的，负债就是将钱从口袋里拿走的东西。记住，这不是一门会计课程，而是为了帮助你理解，从基本面的角度来看究竟发生了什么。

让我们从国内生产总值开始,先来了解一下它究竟代表什么意思。在你的投资词汇里面,它是一个非常重要的金融术语。GDP被用来描述在给定的一年内,一国所生产和提供的产品和服务的全部数量。所有这些产品和服务被加在一起,然后得出一个用美元衡量的价值,这就是我们称之为GDP的数字。

因为美国的GDP代表了美国全部生产力的价值,让我们将它放入财务报表的资产栏中。国家的强盛所反映的是其人民与公司的强盛,以及他们所创造出来的价值。从这个角度来说,我们这么做没问题。

一国民众和公司赚的钱会反映在GDP上面,而政府会以税收的名义拿走其中的一部分。这使得GDP成为我们对主权国家进行基本面分析的关键部分。GDP是一部可以输出金钱的引擎,而政府得以从中课税。

所有的税收与开支都取决于GDP的规模。让我们将GDP想象成一个大比萨。国会以税收的形式拿走其中一块。只要比萨足够大,政府就会对它拿走的那一块感到满意。但是,如果有一天,比萨的尺寸缩水了，那么，会发生什么事？突然间，政府拿走的那一块不像以前那么大了。如果在接下来的几年时间里，比萨越变越小，而政府拿走的那块也将随之越变越小。终于有一天，政府发觉自己吃不饱了。这段时间——比萨变得越来越小的这些年——被称之为"经济衰退"。

当GDP缩减时，属于政府的那一部分也随之缩减，国会就会面临真正的问题：它收不到期望的税款。当个人与企业的产出变少时，他们通常也就赚得更少，税收总量也就随之下降。结果是，国家的收入变得更少。这就是我们在经济衰退当中所看到的。

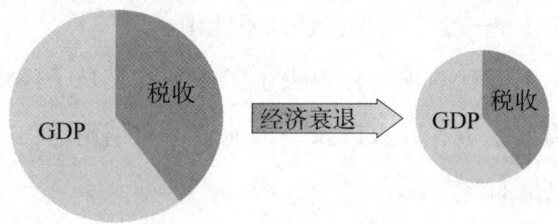

你可能想知道：为什么对于国会来说，这会是一个问题？他们可以赶紧削减支出来应对税收收入的减少，是不是？好吧！其实没这么简单。众所周知，政府会对他们的国民作出未来的承诺。而一旦作出这些承诺，再想收回去，可没这么简单了！

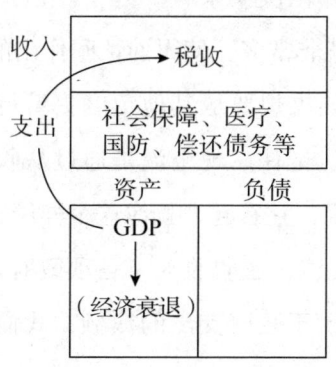

让我们来看看美国政府都作出了哪些承诺，以及当税收收入急剧下降时，想要对这些承诺作出调整有多么困难。

如果政府投入到一场战争，那么将是一次代价巨大的行动。此外，对于战争来说，很难有一个确切的结束日期。你不能因为有一天没钱了而说停就停。而且当政府承诺它会负担国民的社会保障以及医疗福利时，这些承诺也需要被履行。在任何时候，一个国家都有正在进行中的道路建设，一些基础设施建设的改善也亟待完成。还有数不清的政府官员需要随时待命以便为国民提供各种服务。加之美国政府已经负担了大量债务，这些债务同样需要政府去偿还——至少得保持还款不能中断。

如同一个家庭的顶梁柱失去了工作，可是日子还得过下去。家人依然需要吃饭、穿衣以及一个能够遮风挡雨的住处。对一个国家来说也是如此。

然而，在收入突然间低于预期的情形下，个人的反应与政府相比通常截然不同。当政府面对税收收入减少时，它有能力改变政策——与以往相比，它可以将我们的钱拿走更大一部分。国会可能会感受到压力进而想要通过增税来弥补税收收入的减少。当然，他们同样可以作出决策来减少开支。但是，参与制定决策的人非常多，观点也就非常多，使得匆忙间作出的决策显得很草率。

对我们来说，如果想要从其他角度去看待政府的现金流，现在就是一个好机会。记住，现金流是通过从收入中减去支出而得出的。对于政府来说，它看起来就像这个样子：

现金流 = 税收收入 − 各项政府计划支出

如果税收收入大于政府支出的数额，我们称之为正现金流或者盈余；然而，如果政府的支出大于税收收入，我们称之为负现金流或者赤字。

你可能已经了解到盈余和赤字之间的不同。促使我下定决心关注这个简单而又基础的话题的原因是，有相当数量的学员不知道债务与赤字的区别所在。对此我深感震惊。债务意味着偿还某笔借款的承诺，而赤字则意味着资金缺口。两者之间有着本质的区别，对于这一点，你了解得越早越好。

想象一下，你的狗生病了，你带它去看兽医。这就是一笔意料之外的开支，它可能造成当月的一个资金缺口。如果你在银行账户里有足够多的钱来支付账单，那么你可以通过填写一张支票来填补当月的缺口（赤字）。然而，如果你的银行账户里没有多余的钱，你可能只有通过刷信用卡来支付那笔开支了。这就意味着你承诺这笔看兽医所产生的费用将会在晚些时候偿还给银行（债务）。

假如政府的国库里有很多钱，那么对于一点点的支出赤字完全不用担心。它会用国库里面的钱来支付那些意料之外的花费或者弥补税收收入的不足。而在没有赤字的年景里，那些税收收入所产生的盈余会帮助政府充实国库。

但是美国政府没有盈余。它有的是巨额赤字。更为严重的是，国库空空如也，政府无钱可借。严重的赤字迫使政府通过大量举债来支付各种账单。

我们正在谈论的数字到底有多大呢？2012年，美国的财政赤字就超过了1万亿美元。

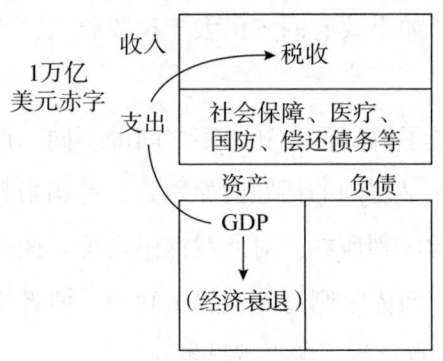

现金流变得如此重要的一个原因是,当对某实体进行基本面分析时,对于投资者来说,它可以告诉我们,该实体的现金流是否为正。或者说,该实体是否具备偿付能力。当我们察看美国的财务状况时,我们看到它的现金流为负,或者说,它不具备偿付能力。富爸爸将这看作是财务出现问题的一个迹象。凭借一个数字就能够马上告诉你可能存在的麻烦。这类简单的基本面分析有助于我们深入了解一个实体的财务状况。当然,赤字的出现有可能只是路途上的一次短暂颠簸。然而,大多数时候,赤字意味着麻烦。

美国政府的利润表表明了其赤字支出方面的政策。国会积极地作出选择,继续花掉越来越多的自己并不拥有的钱,这意味着为了支付这些开支,本已堆积如山的债务还将日益增长。即便是一个投资新手都能够很容易地看出美国政府的利润表与其财政政策之间的关系。

透过政策和人口统计学看未来

丑陋的数字遍布于美国政府的财务报表之上。就在写作本书的时候，其财政赤字再次超过1万亿美元，单单资产负债表内的债务就已经接近17万亿美元。然而，这仅仅是问题的开始。美国政府所面对的最难看的数字根本就不在资产负债表内。但在接下来的几年里，它会对资产负债表产生巨大的影响。这是人口统计学对当前的美国财政政策所带来的冲击。

2011年3月，《投资展望》（*Investment Outlook*）发表了一篇由太平洋投资管理公司（PIMCO）威廉·H. 格罗斯（William H. Gross）所撰写的题为《骗局》（*Skunked*）的文章。文中提到，医疗保险、医疗补助以及社会保障就占到联邦支出的44%，而且这一比例还在稳步攀升中。

二战后，美国经历过一次被称作"婴儿潮"的人口爆炸性增长。大多数的婴儿潮一代尚未有到达可以享受社会保障、医疗保险和医疗补助的年龄。但是这一天迟早会到来，而且美国政府所作出的一系列社会保障政策要对其曾经向这些婴儿潮一代所作出的承诺予以兑现。这些承诺的兑现需要强大的财力支持，它们并没有以债务的形式表现出来，因为它们是资产负债表外的承诺。

我们举一个例子来帮助你弄明白资产负债表外的承诺是怎样一回事情。当你向银行借钱来购买一辆车时，你向银行承诺要归还这笔债务，此笔债务出现在了你的资产负债表上。你可能同样对自己的子女作出了一个将会资助他们去接受大学教育的承诺。然而，这个承诺并不需要反映在你现在的资产负债表上。这就是一个资产负债表外承诺。这与你对银行作出的要偿还汽车贷款的承诺一样有力。承诺就是承诺。银行有权利要求你兑现承诺。你的子女同样有权利要求你兑现对他们所作出的承诺。对子女的未来过早地作出承诺妥当与否不是我们现在要讨论的重点。假如你开始审视自己的未来，考虑到教育费用上涨的因素，你可能在不久的将来面临一大笔钱要支付。但是承诺就是承诺，当他们到了该去上大学的年龄，他们会期望你能够兑现自己的承诺——不论你要花多少钱。因此，当你的汽车贷款以 50 000 美元的负债出现在你的资产负债表中时，再加上你对子女所作出的承诺（信用机构绝对不会看到），两者的总数将会超过 100 万美元。假如你的子女指望你兑现承诺时，你却没有钱，那么你不得不去借。从某种意义上说，你正在展开一场"庞氏骗局"，因为你现在又作出了一个新的且无法遵守的承诺，只是为了去试图满足先前的那些承诺。表外负债最终会出现在表内。而今，类似的一幕正在全世界主权国家的资产负债表中上演。

一些人觉得，作为一名投资者，想要变得富有，除非他们有一个能够预知未来的水晶球。实际上，你不需要这样的水晶球。通过今天的一些关于政策和人口统计学方面的信息，我们就可以看到未来。今天进行的基本面分析能够帮助你预测明天的事情。

美国的婴儿潮一代有权要求政府兑现那些关于社会保障、医疗保险和医疗补助的承诺。如果政府试图改变相关政策，无疑将会触怒婴儿潮一代。

因此，让我们来做一次简单的分析：如果目前直接花在医疗保险、医疗补助以及社会保障上的费用就已经占到联邦开支的 44%，那么当数量庞大的婴儿潮一代到达退休年龄时，事态会如何发展？到时将有超过100万亿美元的政府承诺的福利需要支付给他们。

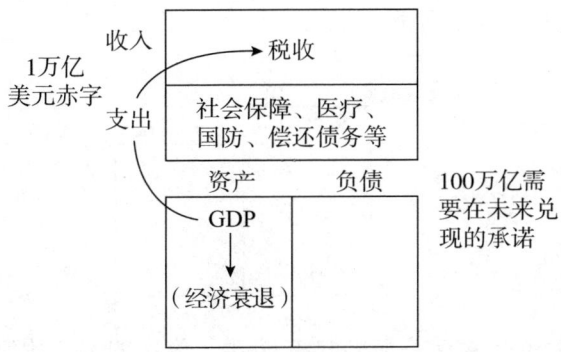

那些政客们没有好好思考过他们所作出的政策将会在未来如何影响国家的财务报表，他们就对一大群人作出了承诺——这些人的退休金以及大部分医疗费用都会得到解决——也不管这些费用最终将会变得多么庞大。

提醒：基本面分析会让你了解一个实体的实力

到目前为止，我们知道一份基本的财务报表会给出以下六个数字：

（1）收入；

（2）支出；

（3）现金流；

（4）资产；

（5）负债；

（6）权益（净值）。

对于许多人来说，有时候像画图一样画出这些数字会更加容易一些。在富爸爸公司的研讨会上这也是一种常见的做法。

随着你对基本面分析的日渐娴熟，你将能够看出数字之间的各种联系，对实体的实力也就能够作出更准确的判断。

举例来说，让我们看看美国政府财务报表中这两个数字之间的关系，以2013年1月的债务与GDP为例。

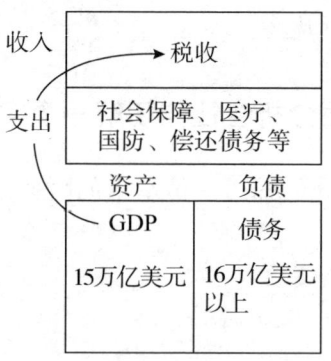

GDP对于任何国家来说都是至关重要的，因为它是一架能够创造现金的经济引擎。一国所产出的货物以及服务越多，该国创造的现金也就越多，而相应的税收也就越多。因此，一国的偿债能力与GDP密切相关。GDP是衡量一国实力强弱的一项非常重要的指标。

让我们想象一下，你是久负盛名的标准普尔金融市场情报公司的一位经济学家。标普使用基本面分析来判断公司和国家的财务实力，以帮助投资者对提供相应贷款所要承受的风险作出判断。毕竟，如果对于一个国家能否偿还借款的能力存疑，那么要我以购买债券的方式向其贷款，我肯定会三思。

如果你在标准普尔的工作是为美国给出一个信用评级，你会怎么做？

你可以从查看它的债务与GDP的关系开始，因为这样做能够帮助你回答一个问题——GDP是否足够强劲以便产生足够的税收收入用以偿还债务。

关键点！

债务占GDP比例

这个国家的GDP是否足够强劲以便产生足够的税收收入用以偿还债务？

为了更好地描述关于这两个数字的情况，我们来看看下面这个比例。

$$\frac{\text{债务}}{\text{GDP}} = \frac{16\,\text{万亿}}{15\,\text{万亿}}$$

债务占GDP的比例为106%

换句话说，在我写作本书时，美国的资产负债表上的债务已经超过了其GDP的全部体量。记住，财务报表看上去情况如何是由政策所导致的。这些数字并非平白无故产生。

审视债务与 GDP 占比

引入欧元时，欧盟为每个成员国的财务状况设定了一个标准。因为债务与 GDP 占比在很大程度上展现了一国财务状况，所以该标准规定债务与 GDP 占比不得超过 60%。

如今，欧盟许多国家的债务与 GDP 占比已经大幅超出规定标准，而那些在基本面分析上具备实践能力的投资者可以看出欧洲已经陷入一场严重的债务危机中。

这里有一些数据……记住：它们会随着时间的推移而改变。

意大利债务与 GDP 占比为 120%
希腊债务与 GDP 占比为 165%
葡萄牙债务与 GDP 占比为 107%
爱尔兰债务与 GDP 占比为 108%
欧盟平均债务与 GDP 占比为 82%

实际上，当你针对一个主权国家进行基本面分析时，你会发现有很多的数据都与 GDP 相关。如果没有涉及与 GDP 的关系，那么任何针对主权国家基本面分析的讨论都是不全面的。

如果仅仅查看一国的开支情况，你不会对此经济实体有全面的了解。你需要进一步观察这些开支与 GDP 之间的关系。单独看待一国的赤字情况也是如此：我们必须查看赤字与 GDP 之间的关系。一国税收收入也是如此：我们需要将其与 GDP 进行对比。

具备开阔的视野

本章中最为重要的一点是不要在主权国家基本面分析中巨细无遗。这样做很容易就会陷入对细节的过分追求中去。许多老师，包括我自己，都有一个将关注点逐渐缩小的趋势——越来越具体——如同其他老师所教的一样。每当我这么做时，罗伯特总是斥责道："安迪，你太具体了。"我喜欢此类斥责，因为我深知作为一名学生，在没有了解大的图景（背景）的前提下，是不能够了解小的图景（内容）的。没有装水的罐子，水几乎没有价值；而如果水罐没有装水，它对我们也毫无用处。你需要如空水罐一般起步，而且要确保水罐足够大，大到可以装下我们想要装下的水。如果你根本就没有水罐，或者你的水罐不够大，水就会洒在地板上而后消失。因此在目前的教育中，你需要留意，我仅仅是向你介绍了诸如债务与GDP占比之类的事物，以此帮助你提高全面深入领悟课程的能力。

基本面分析确实能够帮助我们发现一个实体的实力。

货币政策是主权国家基本面分析的一部分

在美国，财政政策由国会制定，货币政策则由联邦储备银行来制定。美联储的历史渊源及其所有权——连同其与我们政府的关系——悠远而且有趣，我们将在另一本书里面展开。但是请记住，对美联储以及其他央行有所研究和了解，是你的财商教育中至关重要的一部分。

为了帮助你更好地理解美联储,下面给出了关于美联储的简要描述。

■ 它不是联邦级别的,因为从技术上讲,它都不是一个美国联邦政府机构。

■ 它不持有我们通常所认为的那种储备。

■ 它也绝对不是我们所理解的那种银行。

从它自己的出版物中,我们来看看它是怎样描述自己的:

> 联邦储备系统被认为是一个独立的中央银行……美联储必须在政府制定的经济和财政政策的总体目标框架内行事;因此,将此系统描述成"政府内部的独立机构"更加准确一些。

通过声明自己是独立的,美联储承认自己不是一个政府实体。它对自己的决策负责,甚至连美国总统都不能告诉它该做些什么。它自行决定是否购买国债,是否调整利率。虽然美国国会声称对美联储拥有管辖权,但实际上,很少有人能够左右美联储的行为,即便是国会甚至美国总统都不能。

美联储有权力决定美国的货币政策。因为与本书内容有关,我们会特别关注其中的两种权力:

(1)改变贴现率(又称利率)的权力;

（2）购买债券或其他类型证券的权力。

美联储通过降低利率刺激借贷行为。借贷行为反过来会推升GDP，因为人们会用借来的钱进行购买。美联储也可以购买国债。（尽管看起来不合常理，美联储却被赋予了使用凭空印刷出的钱进行购买的权力！）这两种权力导致货币供应量的改变。

分析货币政策

实际上，世界上的所有经济体彼此之间都有着盘根错节的影响。从主权国家到公司再到个人，几乎所有的财务报表都会受到美国这一经济体系及其基本面数据的影响。当然，是美国庞大的经济规模使其具备如此影响。但是这种盘根错节同样也是由一些你也许从未听闻过的事物所造成：布雷顿森林体系。

《布雷顿森林协定》可以追溯到1944年，因为美国使用黄金对其货币进行担保，所以当时世界上的工业国家一致同意接受美元作为国际储备货币。这意味着，所有我们消费的商品——小麦、大麦、燕麦、冷冻浓缩橙汁、黄金、白银甚至石油——都将以美元计价。

为什么你应该关注《布雷顿森林协定》？因为如果你正在投资股票，你就会关注主权国家的基本面分析。你需要知道世界上的不同国家正在发生哪些事情。最重要的是，你需要随时对美元的强弱保持关注。由于《布雷顿森林协定》，美元实际上会影响当今世界上的一切事物。

美国货币历史的下一篇章始于1971年，时任美国总统的理查德·尼克松（Richard Nixon）将美元与金本位脱钩。但是直到今天，美元仍然在国际储备货币中占据超过60%的比例。这就是为什么全世界的股票投资者随时想要知道美元的表现如何。

你的未来可以是光明的

美国的赤字支出政策、增税的压力、钞票的印刷（使美元贬值），以及欧洲、日本和中国的一系列政策也都在传递着类似的信息，使得许多人都担心全球经济的未来走向，以及将如何挨过这场正朝着他们逐步逼近的金融风暴。别害怕！记住，基本面分析是一块踏脚石，可以使你更加接近你的股票市场现金流这一目标。

记住，现金流与你如何明确自己的立场有关，而与世界上其他人眼中各种或好或坏的消息无关。通过财商教育，你可以从金融风暴中发现一些极好的投资机会。这就是为什么提升你的背景很重要。

几年前，我和妻子以及孩子们正在佛罗里达州的奥兰多度假。清晨，我接到罗伯特的一个电话，他问我看新闻没有：墨西哥湾发生了一次石油钻井平台的重大事故，结果造成大量的石油泄漏。这次事故造成了严重的环境灾难，谁也不清楚问题将会如何解决，或者钻井平台要花费多长时间才能修好。几乎从所有角度而言，这都是一个可怕的消息。但是从金融的角度来看，这个消息未必很可怕。当得知这个消息时，你有两种选择：1.你可以感到沮丧然后希望事情赶快好转；2.你可以转变你的立场以回避问题甚至是从中获利。

> **关键点!**
>
> 这与消息的好坏无关。
>
> 这与你如何明确自己的立场有关!

罗伯特和我讨论了各种不同的方法——关于在这样一个事件的背景下,作为一个投资者应该如何重新调整自己的定位。对此事件负责的是英国石油公司(BP)。我们要做的第一步是评估该公司的财务实力,看看他们能否应对这场危机。

四柱构筑

柱之三:现金流
消息无所谓好坏,
只有立场的不同。

你是否开始明白基本面分析在决定你的立场方面是多么的有价值?毫无疑问,欧亚各国以及美国等主权国家的基本面都可以被用来帮助投资者决定自己的立场。当谈到个股时,基本面分析同样能够帮助你更加明智地确定自己的立场。

公司财务报表

通过前面学到的重要思路与方法,让我们来看看如何评估那些我们想要对其进行投资的股票。要做到这点,我们先来看看如何针对这些上市公司进行基本面分析。具体来说,我们要通过查看公司的财务报表来计算价值、判断风险,并以此为基础来帮助我们在股票的购买方面作出明智的决定。

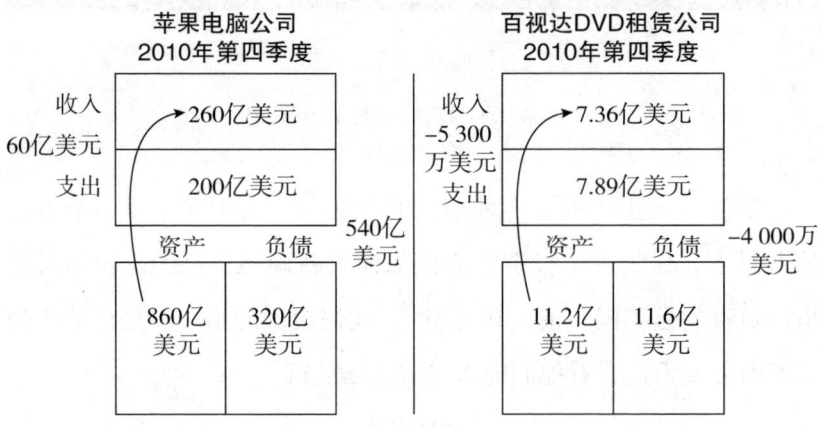

这里有两份公司财务报表。左边的是苹果电脑公司,它们开发了包括 iMac、iPod、iPhone、iTunes 以及其他各种热门消费类电子产品。右边的是"百视达 DVD 租赁公司"(BlockBuster Video),其向消费者提供电影租赁服务。你可能已经知道,百视达已经宣告破产,随后它被一家卫星广播公司以极低价格收购。它是技术革新的牺牲品。新技术的出现使百视达的业务模式显得陈旧过时。如果人们可以在家中就完成一部电影的下载,为何他们还要为了租一张电影碟片而驱车外出?

首先来看看苹果的财报。在 2010 年末,苹果拥有大约 860 亿美元资产。当然,公司同样需要花掉一些钱来维持如此规模的资产,但是所需的费用都是由这些资产本身所产生的收入来提供的,苹果在该年度最后一季的营业收入是 260 亿美元。从任何角度衡量,该营业收入的数目都很大。当然,苹果也会有各种开支,比如员工工资、租金、燃料、原材料……资产负债表上面的各种负号项目。但是苹果拥有可以赚钱的资产,即便用来维持那些资产花费了200亿美元,苹果仍然在一个季度内赚取了高达60亿美元纯利润。

现在,苹果所做的另一件事情就是通过承担一些负债来增长得更快一些。当然,60亿美元的利润已经很不错了,但是如果你又借了320亿美元,相对于目前而言,你能够显著地加快未来成长的速度,苹果就是这么做的。因此它有了320亿美元的负债。

就像我们在前面章节所学到的,注意观察债务与资产的关系总是对我们有所帮助。对苹果来说,其资产远大于负债,与我们所看到的美国财务报表相比,苹果正处在一个非常强劲的发展阶段上。在我看来,美国正在滥用其债务;而苹果却正在明智地利用其债务。

借助债务来促进增长对苹果来说是一个不错的决策——它用利润证明了这一点。与其将净利润分配给投资者,不如将它们留存下来并利用债务杠杆进一步放大净利润来得更给力。作为投资者,我们需要认识到这个原则,并且将其应用到自己的评估中去。我不介意像苹果这样的公司有一些债务,只要债务是被用来促进增长而不是用来偿还其他的负债。只要有偿付能力,那么债务就不是什么大问题。对苹果而言,每个季度高达60亿美元的利润足以证明其拥有毋庸置疑的偿付能力。

再来看看资产负债表,有人可能会想,为什么苹果不利用其巨大的资产规模去偿还掉债务。如果它这样做了,那么其资产规模会降至540亿美元。用此等小一些规模的资产去创造260亿美元营收会相当的困难。苹果善于利用债务杠杆,而且它深谙此道。

百视达的财务报表则看起来完全不同。它拥有 11.2 亿美元资产，其产生了 7.36 亿美元的营业收入。但是产生此等营业收入的代价颇为昂贵。从利润表上我们可以看到，其费用就达到 7.89 亿美元，并由此导致了高达 5300 万美元的季度亏损。就当时的情况而言，百视达不具备偿付能力。

迈向破产的第一步就是偿付能力的丧失，这意味着收入小于支出。而第二步就是违约，即一个实体不能够偿还各类到期债务。就百视达而言，它有 11.6 亿美元的负债。当我们用它的资产减去其负债来计算权益时，我们得出了 –0.4 亿美元这样一个数字。连同一个负的现金流，看起来形势相当黯淡。百视达的处境非常困难。

股票价格不能反映投资质量

你很可能听过这样一句古老格言："一分钱一分货。"好吧！当谈到购买股票时，情形多半也是如此。

有些天真的投资者将他们全部的身心都投入到寻找所谓的"便宜股票"上。但是股价往往只是投资时需要考虑的一个方面。作为一名投资者，你同样需要考虑股票的价值。价格是你为之付出了多少钱……而价值是你得到的是什么。

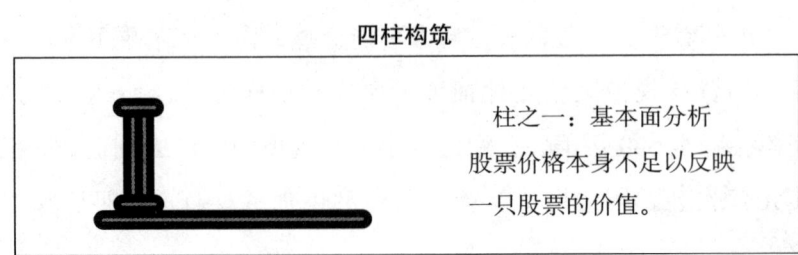

四柱构筑

柱之一：基本面分析
股票价格本身不足以反映一只股票的价值。

让我们再次看看苹果和百视达。2010年末，苹果的股价超过了300美元每股。一些人会觉得这个价格高到离谱。他们可能觉得像百视达这样的股票看起来要好得多，因为每股只要6美分。如果只是从价格方面考虑，他们很可能是对的。但是基本面分析需要我们考虑价值，而不是价格。

仔细看看苹果的财务报表，我们可以发现它有着强劲的现金流以及一个相当出色的资产负债率。它的基本面相当的坚实，其股票也给投资者提供了真正的价值，尽管实际的股价看上去非常高。对此，聪明的投资者作出的回应是——买入苹果的股票。

百视达的基本面则是惨不忍睹。即便如此，仍然有些没有在此方面接受过财商教育的投资者愿意以每股6美分的价格购买百视达的股票。我可以想象他们是如何思考的："瞧！那是百视达，它已经在那儿很长时间了。我简直不敢相信它的股价这么低，趁着价格这么低，我要买一些回来。它肯定会涨上去的。我不会有任何损失！"

投资是通过作出明智的决策来使你的钱的数目逐渐增长并且创造出正的现金流。当你作出一个糟糕的决策时，就是在破坏这个目标。股票的价格究竟是高了还是低了并不重要——我们在购买时需要关注的是股票价值并以此来帮助我们达成投资目标。

百视达已经破产了，它给我们上了另一堂有价值的投资课程。那些盯上这些垃圾股的人，成天幻想自己购买的那只股票可以一飞冲天，而通常的结果却是两手空空。当你购买了一些基本上毫无价值可言的东西时，却在一旁罔顾现实地期盼能够从中获益。这种方式并不是投资，而是赌博。聪明的投资者很少赌博。

估 值

通过基本面分析,我们获得了一些有价值的工具,这些工具可以被用来考察一个实体并对其长处和弱点进行判断。这引导我们来到下一个合乎逻辑的步骤:基于基本面的数字来判断股票的真正价值。这是一个称之为估值的关键点。

关键点!
估值

我们如何对价格做出判断?	我们如何对价值做出判断?
价格 = 你所付出的	价值 = 你所得到的
价格随供需关系而改变	价值随净利润以及增长前景而改变
价格应从技术面角度进行分析	价值应从基本面角度进行分析

你可能已经注意到了,和便利店货架上摆放的被贴上价格标签的纸巾不同,股票并没有一个可以被标注固定价格的标签。当股票市场开市后,股价全天都在波动。这些波动的出现是由供需关系的变化而导致。当投资者认为某只股票的价格很有吸引力时,他们便会争先恐后地买入,从而推动股价上涨。当股价达到一个投资者认为被高估的水准时,他们便会开始卖出,从而推动股价下跌。

作为投资者,我们需要了解:某只股票应该值多少钱?市场上该只股票的成交价格是多少?为了对股票进行估值,我们需要考虑公司的净利润及其增长前景。

市盈率(PE)

净利润代表公司净赚了多少钱。投资者愿意为一只股票出什么价格很大程度上由公司能够赚多少钱来决定。公司赚的钱越多，对投资者来说就越有价值，而这也意味着他们通常愿意为拥有该公司的股票而给出更高的价格。

当我们学会如何判断一只股票的价值时，我们就能够站在一个更好的立场上去作出更加准确的投资决策，从而实现让手中的钱增值以及创造现金流的目标。为了做到这点，让我们再来看看利润表、资产负债表以及价格与净利润之间的一些新联系。

自从为人父母以后，我的目标之一是为子女提供体验式的学习机会。对于应该选择家庭教育还是学校教育这一点上，我并不担心：因为我两者都选。当我想教孩子们认识火山时，我们飞到夏威夷去看真正的火山；当孩子们想了解太空旅行常识时，我们去佛罗里达的肯尼迪航天中心。孩子们也会去公立学校上学，他们在那儿学到了很多书本上的东西，但是我不会指望那个教育系统能教给孩子们所有我希望他们能够学到的东西（当然，所有这些都是要花钱的，而且我们已经为这些教育目标投入了大量的金钱。伴随子女学习成长对我的触动远比其他任何事情来得深刻）。

因此，当我想让孩子们对金钱有所了解的时候，我帮助他们成立了一家公司。我不想让他们的第一份收入来自于帮某人的步行道铲雪或者清洗窗户。我想让他们亲身体验开一家公司的全过程，然后让他们通过这家公司为尽可能多的人提供服务，创造价值。我想让孩子们在成长过程中逐渐熟悉公司的经营，并最终内化为他们本能的一部分。

我的孩子们在非常小的时候——甚至还没上一年级——就开始了一个名为"塔纳兄弟冰镇柠檬水"的生意。他们学得非常快，同时也因为他们非常可爱，所以人们也乐于捧场。但是如果孩子们能够提供真正有价值的东西，那么这些人就会变成回头客。因此我们花费了一些时间修建了一个漂亮的木制柠檬水小摊，让孩子们可以引以为傲。孩子们花费了一些时间来尝试各种配方，直到调配出一款口感非常不错的柠檬水。他们找到了一个风险投资家（我）以及一个薪水不高的实习生（妈妈）。一切准备就绪。

让我们来看看他们最初的财务状况。他们从一笔30美元的投资起步。拿着这笔投资，他们去商店花掉20美元购买了冰、柠檬和糖。这是他们的支出。在一个炎热的星期六早晨，小摊开张了，然后马上就有了50美元的进账。因此，他们的生意账目看上去是这个样子：

营业收入 = 50 美元

营业成本 = 20 美元

净利润 = 30 美元

营业成本：柠檬 + 糖 + 水 + 杯子 = 20美元
营业收入：销售收入 + 小费 = 50美元

营业收入 = 50美元
− 营业成本 = 20美元
净利润 = 30美元

他们现在每次出摊都能够非常容易地赚取超过30美元的数目。他们在脸谱（Facebook）网站上张贴了一张营业时间表，从而让人们得知他们何时开门营业。每当他们开门营业时，人们都在排队等候。他们建立了自己的声誉，其价值超出了他们的可爱程度（我坦白跟你讲，他们确实相当可爱），进而增加了他们生意的价值。

浅尝了生意成功的滋味，孩子们想把生意做得更大一些。他们作出决策：通过出售公司的 100 股股份给投资者来筹集更多的资本。

根据以往的经验，他们相信每个星期六都能够产生最少 30 美元的净利润。如果分摊到 100 股上面，每股可以分配到 30 美分。我们称之为每股收益。

净利润	每股收益
30 美元	
	每股的
总股本	收益是
100	30 美分

这时，假设你路过这个柠檬水小摊，就会盘算着是否应该来上一股。你应该出什么价格呢？通过查看净利润，你了解到如果买上一股，那么每个星期六都能够赚到 30 美分。请将柠檬水摊简单地想象成一部机器，即便你什么也不做，它每个星期六也会给你带来 30 美分的进账！但是仅仅只有 100 股面向公众出售，因此当你想要购买它的股份时，也会面临来自其他投资者的竞争。所以，股价将会由供需关系决定。

当股票开始面向公众出售时，你会发现股票的发行价格定在了每股 3 美元的价位上。

那么，你又该如何判断：每股 3 美元是不是一笔好交易呢？

我们可以通过比较附近其他公司所提供的价格来对目前的投资机会进行判断。如果你能够了解到其他投资者愿意为那些公司的净利润出什么价钱，那么你就能够对这个柠檬水摊的相对价值有一个大致的估算。假设你了解到附近还有其他另外两家公司，你同样可以通过购买股票对它们进行投资。

史密斯兄弟的公司提供修剪草坪的服务，而琼斯兄弟公司则为客户清洗窗户。

史密斯兄弟公司发行的股票价格是每股 2.5 美元。

而琼斯兄弟公司发行的股票价格则是每股 2 美元。

大多数人会认为琼斯兄弟公司的股价相对便宜，因而更具有投资价值。但是你不应该用如同在商店购物一般的眼光来看待股票。在股票市场，价格仅仅意味着你要付出多少钱才能拥有那些股票。价格本身并不能告诉我们买回来的股票价值几何。为此，我们需要查看净利润以便更准确地对股票价值作出判断。

投资者愿意为不同公司的股票分别出价多少？

每股收益25美分
股价2.50美元

每股收益20美分
股价2.00美元

你可以看到史密斯兄弟有着一个较高的股价，但是它同样有着一个较高的每股收益。而相比之下，琼斯兄弟的股价显得便宜一些，然而，它每股的收益也相应地要低一些。

关键点！
市盈率
投资者愿意为 1 美元的净利润出价多少？
股票价格＝你所付出的　　　净利润＝你所得到的

仔细观察你会发现：从净利润的角度来说，这两家公司的投资者所得到的价值实际上完全一样。

以史密斯兄弟的例子来看，投资者为每一股付出了2.50美元，以此得到25美分的净利润。这就是说，他们愿意付出10美元来换取1美元的净利润。

再来看看琼斯兄弟的例子，投资者为每一股付出了2.00美元，以此得到20美分的净利润。这就是说，两个公司的投资者都付出了10美元来换取1美元的净利润。

通过对市盈率的了解，在如何对柠檬水摊的股票出价这个问题上，你将别具慧眼。你了解到附近公司的情况：投资者为了1美元的净利润愿意出大概10美元的价。你明白，如果要为附近某家公司的1美元净利润花上超过10美元的价格，你需要寻找用来支撑此价格的理由。

投资者愿意为不同公司的股票分别出价多少？

塔纳兄弟 冰镇柠檬水
每股收益30美分
股价3.00美元

史密斯兄弟 修剪草坪服务
每股收益25美分
股价2.50美元

琼斯兄弟 清洗窗户
每股收益20美分
股价2.00美元

现在，当我们看到塔纳兄弟3美元的股价时，更加心中有数。

通过观察其他的公司以及了解投资者愿意为1美元的净利润出价多少，塔纳兄弟便能够对他们自己公司的股票价值多少钱做到心中有数。对塔纳兄弟来说，3美元的股价，与之对应的每股盈利是30美分。所有这三家公司的市盈率都是10倍。

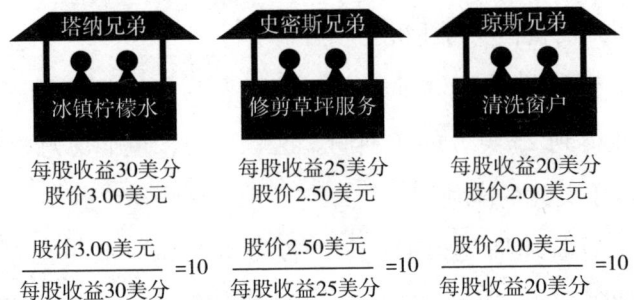

你会发现,从净利润的角度来讲,较低的市盈率也意味着股价更加划算。可是,在现实世界里,人们会愿意接受高市盈率吗?如果投资者觉得公司具有增长潜力,那么他们绝对愿意接受高市盈率。

市盈率相对盈利增长比率(PEG)

在科技网络股泡沫期间,你能够发现人们往往愿意购买那些有着200倍甚至更高市盈率的股票——这意味着为了得到1美元的净利润,他们愿意花上200美元。还有一些公司压根儿就没有任何盈利可言,市盈率也就无从谈起。这些人都疯了吗?这些投资者为什么会这么做?答案是"未来的成长预期"。

每家公司在它的初创时期都要经历一段没有任何盈利的日子。20世纪90年代,许多投资者在狂热的科网股泡沫中遇上了那些刚刚起步的新公司,他们没有将注意力过多地集中在盈利上面。他们从未来的成长中看到价值,并且愿意为此埋单。从科网股泡沫期间人们所表现出的贪婪本性当中,我们可以学到很多。

从下面的示意图中不难看出:从净利润的角度来看,ABC公司正在给投资者带来更多的价值。

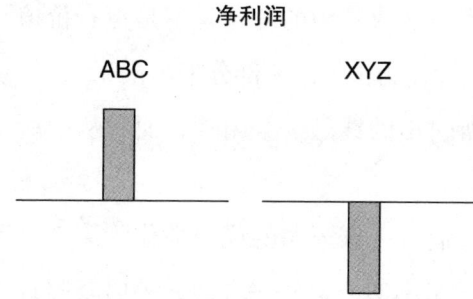

但是股票市场看重的是未来的预期。投资者购买的是公司的未来，而不是当下。假如同样是上面那两家公司，现在从成长性的角度来看，对于想要购买哪一家公司，你是不是有了不同的想法？

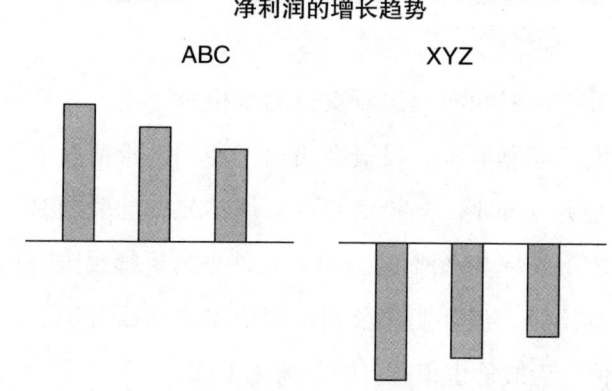

今天，ABC公司正在产生盈利，而XYZ公司却还在亏损。缺乏经验的投资者只看到了眼前的情况，而我们则想要通过观察趋势来对未来的盈利前景作出判断。

XYZ公司的净利润增长趋势告诉我一些关于价值的东西。净利润是价值的一部分，因此我买入一只股票，是在为它的净利润付钱。但是关于公司未来成长的那一部分呢？与一家停滞不前的公司相比，一家正在成长中的公司是不是更有价值一些呢？我们又该如何将成长性作为价值的一部分来衡量呢？

我为股票所付出的钱是一个因素，而我从中所得到的净利润是另一个因素。

现在，让我们将一家公司的成长性作为第三个因素来看待。让我们回到那三家小型公司——塔纳兄弟以及附近的另外两家公司，看看他们是如何成长的。

投资者愿意为不同公司的股票分别出价多少？

当查看投资者为净利润所支付的价格时，我们看到每家公司相对于它们的净利润都为投资者给出了相同的价值。但是从成长性来看却是另一回事。当投资者购买塔纳兄弟的股票时，他们得到的是一家增长率为20%的公司。此外，分析师预测公司明年也会有类似的增长。假如明年公司赚得更多，那么投资者花的钱将会更有价值，而股价也很有可能会随之上涨。

你现在可以了解到，为什么投资者愿意为净利润而付出，以及为什么他们同样愿意为成长性而付出。

> **关键点！**
>
> **市盈率**
>
> 投资者愿意为1美元的净利润出价多少？
>
> 股票价格 = 你所付出的　净利润 = 你所得到的

市盈率相对盈利增长比率（PEG）给了我们综合全部三个因素的信息：股价、公司的净利润及净利润的增长率。

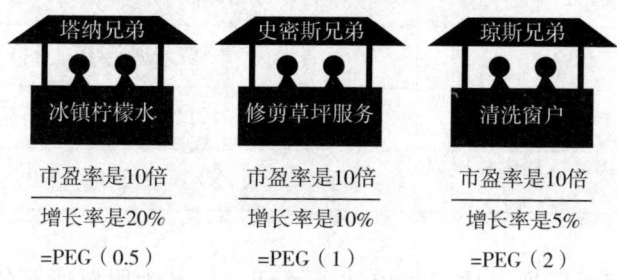

塔纳兄弟的PEG比率非常低。这说明，作为一位投资者，相对于你所付出的价格，你所得到的价值会更高。

从大的图景去看待问题很重要，请将这一点牢记于心！

在讨论主权国家基本面的时候，我们发现比率对于更好地理解两个数字之间的关系很有帮助。我的数学很糟糕，真的不想去做大量的计算。对于分数、分子、分母以及所有那一类的东西也一概不喜欢。我只是想学会如何去讲述财务报表所包含的意思。

在主权国家基本面的讨论中，我们了解到GDP与财务报表中的其他数字之间的关系经常反映在比率当中。当谈及公司基本面分析时，我们也经常遇到描述价格与其他数字之间的比率。为什么会这样？因为价格只能单纯反映我们付出了多少，而我们同样也想搞清楚能够得到多少。将价格与财务报表的不同部分相比较时，我们就能够知道究竟为了什么而付出。这就是我们在寻找的大的图景。

关键点！	
价格比率帮助我们了解究竟为何而付出	
市盈率（PE）	告诉你为净利润所付出的价格
市净率（PB）	告诉你为净资产所付出的价格
市销率（PS）	告诉你为销售收入所付出的价格
市盈率相对盈利增长比率（PEG）	告诉你为净利润及其增长率所付出的价格

我们可以通过比率简单地了解到，自己为股票所花的钱与公司在财务报表的不同方面的表现之间的关系。

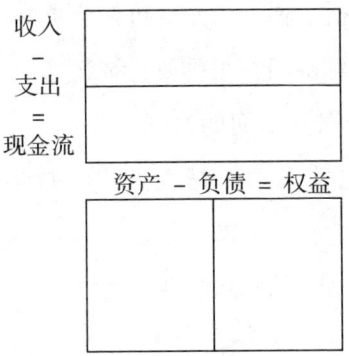

作为一名股东，你需要了解每股的市盈率、市销率及市净率分别是多少。价格本身确实不能说明太多的问题。只有将价格与财务报表相比较时，它才可以帮助我们了解究竟得到了哪些不同的价值。

你打算怎样将这个利用到实际中去？

前一段时间，苹果计算机的股价创出了年内新高。当天，罗伯特打电话给我，讨论了关于苹果股价快速蹿升的事情。起初，股价看上去不像还能够继续创新高的样子。从股票行情图上看，价格几乎呈直线上涨。许多人都对于涨势能否持续感到怀疑。也许，是时候改变立场，卖空股票，从下跌中赚点钱了（我们将会在后面的章节里面谈到当一只股票气数已尽转而下跌时如何通过卖空来赚钱）。

记住，仅仅通过价格本身来看，其传达不了很多信息，即便是每股400美元或者500美元。实际上，苹果净利润的增长速度，为其股价提供了支撑。创年内新高当天，苹果的市盈率大概在13倍上下。也就是说，投资者为1美元的净利润支付了13美元。纳斯达克市场里股票的平均市盈率大概在17倍上下。这意味着，在纳斯达克市场里购买股票，投资者为了1美元的净利润平均会花费17美元。从净利润的角度来看，即便苹果股价已经达到500美元每股，但其仍然很便宜。

其后，苹果股价继续攀升至700美元每股。直到公司基本面显示出增长放缓的迹象后，它的股价才开始下跌。如果你平时只关心股价，那么也应该看一下基本面。在后面的章节里，我们同样会看到第二根柱子（技术面分析）如何成为另一个需要被考虑的因素。

市　值

如果你打算买下一家公司（比如甲骨文或者埃克森美孚）所发行的全部股票会怎样？你能够想象到，这些公司发行了数以亿计的股份。你要花上数十亿美元才能买下所有这些股份。有那么大一笔钱也许非常困难，但是要搞清楚价签上标示的总价却非常容易。我们称之为市值。只需做一点小小的研究工作去获取当前已发行的股份数量以及当前的成交价格，我们就能够计算出市值。

回到之前我们那个小小的柠檬水小摊的例子上，你当前的预算应该能够对这个小摊发起一次全面收购。

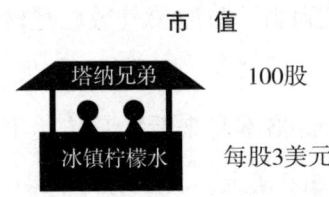

我们能够很容易就计算出反映市值的数值，并以此来判断整家公司的价值。对于塔纳兄弟的柠檬水公司，我们用股价（3美元）乘以已发行的股份数量（100）便可得出其拥有300美元的市值。

市值 = 股价 × 已发行股份数量

市值是你想要买下所有的股份以便拥有整家公司所要支付的价格。

苹果公司是一个极端，它的市值高达数千亿美元，称得上是全美最大的公司之一。不同的公司有着不同的市值，投资者按照市值将这些公司分为以下几类：

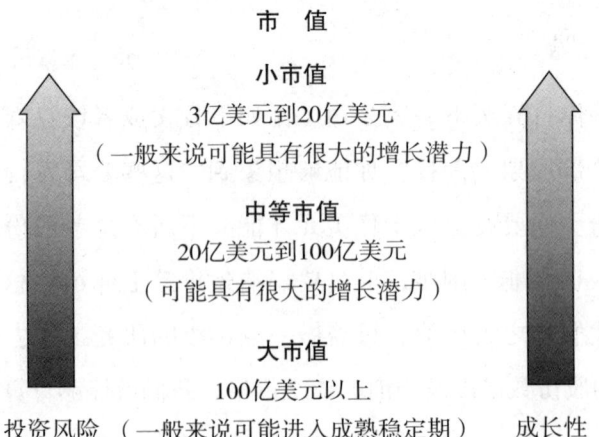

是否大市值的公司会好过小市值的公司？

通常的看法是：大市值公司成熟稳定，它们的资产负债表规模庞大，而且，至少从理论上讲，它们的投资风险更小。小公司具有更大的成长空间，它们有成为一流公司的潜力。但是小市值公司的投资风险更大，它们可能永远等不到成功的那一天。小市值公司可能有一天会变成耀眼的明星，也可能如大海中的浪花，从此无迹可寻。它们有可能非常优秀，也可能非常糟糕。为了推测出最有可能出现的情况，你需要对它的净利润、股价、总股本和市值有所了解，以及它是否表现出增长的迹象。

一些有价值的投资词汇

我们试图帮你学习一些词汇，这些词汇可以帮助我们理解一些信息的真正含义。如果不了解这些词汇，那么在观看财经新闻、阅读报纸杂志、与你的理财顾问交谈以及购买股票时，你可能没法对信息进行深入的理解。每一个资产类别（公司、不动产、股票、大宗商品）都有它们自己的词汇表。

本章将为你的投资词汇表增添几个新词：市盈率（PE）、市盈率相对盈利增长比率（PEG）、市值（market capitalization）等。理解这些词汇能让你成为一个更加明智的投资者，并且能够在持续教育™方面取得进步。

现在让我们来做一个构筑财富的教育活动，以此来为这些数字和词汇赋予一些含义。

教育活动

在第一章里,我建议你不要仅仅只是阅读本书,而是就所读到的内容与其他人展开讨论,以此开展一些活动来促进你们的学习。你可以通过比较几只不同的股票(如它们的价值、市盈率以及市盈率相对盈利增长比率),来实践到目前为止我们讨论到的所有东西。你可以用自己所持有的股票或者随机挑选的一些股票来实践。如果你没有一款自己偏爱的股票投资软件,那么可以直接利用诸如雅虎财经或者谷歌财经这类的免费服务来获取此类信息。

教育活动

市值	
企业价值	
历史市盈率	
预期市盈率	
市盈率相对盈利增长比率	
市销率	
市净率	

收入
−
支出
=
净利润

资产 − 负债 = 权益

这看上去很像一场竞技或者寻宝游戏,游戏内容便是寻找表格里每一项指标的数据,同时试图勾画出这些指标与财务报表的哪一部分相互关联。当你关注某只股票时,通过相关网站寻找其关键统计数据获取此股票的基本信息。

我们首先了解一下市值,即股票的市场价值。选择一家上市公司,看看你能不能找到它的市值。

企业价值（enterprise value）与市值类似，不过它包括了负债。如果拥有了某家公司的股票，根据企业价值我们可以知道其对应的现金和债务分别是多少。

市盈率是股票价格和每股净利润的比率。历史市盈率（trailing P/E）是这个比率过去的数值。而"TTM"是"Trailing Twelve Months"的缩写，即"过去12个月"，它意味着该数值是日内价格（当前交易日的平均价格）和以过去12个月的净利润为基础得出的每股净利润之间的比率。

通过预期市盈率（forward P/E），你可以预测未来财年的情况。然而股票价格未来可能变得更加昂贵，但这不构成你拖延股票购买的必要理由。

来看看未来五年预测的市盈率相对盈利增长比率。该比率如果是0.5或者更小，这预示着公司将有着不错的增长前景。而如果是2或者更大，则意味着前景不太乐观。

我们要进行的下一项统计是什么？市销率（price/sales）。它可以通过用股价除以每股销售收入来得到。市销率反映了股价与销售收入之间的关系。这不是关于净利润的指标，我们并没有从销售收入中减去支出。它并不反映公司的盈利或者亏损，只是销售收入而已。市销率让你知道，对应每1美元的销售收入，你在股票上面花了多少钱。

市净率（price/book）又是什么呢？这个指标告诉我们净资产的会计价值。这是你为了最近一个季度资产的账面价值所付出的价格。

对于接下来的两个比率我们暂时不需要过多地关心……但是

先给出定义。企业价值总收入比（enterprise value/revenue）简单地反映了公司价值与其收入之间的关系。而企业价值倍数（enterprise value/EBITDA）则是反映了公司价值与其未计利息、税项、折旧及摊销前的利润（EBITDA）之间的关系。

你可以用这种方法观察任何一只股票，学到一点关于价值、基本面分析以及公司实力的东西。

接下来，看看如何在不同股票之间进行比较。

股票比较

宝洁 2012 年 7 月 8 日		苹果 2012 年 7 月 8 日	
市值（日内）	1679.1 亿美元	市值（日内）	5665.4 亿美元
企业价值（2012 年 7 月 8 日）	1984.1 亿美元	企业价值（2012 年 7 月 8 日）	5380.0 亿美元
历史市盈率（ttm，日内）	18.79	历史市盈率（ttm，日内）	14.76
预期市盈率（2013 财年，截至 2013 年 6 月 30 日）	15.67	预期市盈率（2013 财年，截至 2013 年 9 月 24 日）	11.18
市盈率相对盈利增长比率（5 年预期）	2.45	市盈率相对盈利增长比率（5 年预期）	0.6
市销率（ttm）	1.97	市销率（ttm）	4.01
市净率（mrq）	2.62	市净率（mrq）	5.56
股价（2012 年 7 月 8 日）	61.28 美元	股价（2012 年 7 月 8 日）	605.88 美元

让我们比较一下宝洁和苹果。它们都是市值超过 100 亿美元的大公司。但是苹果股价的表现不同寻常，当它在 600 美元附近交易时，宝洁的股价却在 60 美元附近。

宝洁 2012 年 7 月 8 日		苹果 2012 年 7 月 8 日	
历史市盈率（ttm，日内）	18.79	历史市盈率（ttm，日内）	14.76
市盈率相对盈利增长比率（5 年预期）	2.45	市盈率相对盈利增长比率（5 年预期）	0.6

就算股价有着 10 倍的差距，苹果仍然相对于其价格给了投资者更多的净利润。基于这个分析，从增长的角度来说，苹果比宝洁更具价值。因此，为什么要选宝洁？

传统上，宝洁的股票有一个大约 3.7% 的股息率。苹果近来才开始分红派息，过去则从未有过。

所以，当问到哪一只股票更好的时候，答案取决于你的个人目标。假如你的目标是为了收入，那么你可以采取购买高股息率股票的策略。因此，如果你确实能够以股息的形式从投资中获得回报，那么你可能愿意接受稍微高一点的市盈率。

不要忘记使公司业务面临淘汰的那些风险，它们非常可怕！在本例中，宝洁不太可能面临此类风险，它的产品不太容易因为日新月异的技术而遭淘汰。

有些投资者则对于成长性更感兴趣。在这种情况下，像苹果这类的股票对他们更具有吸引力。苹果将很大一部分净利润投入到新技术的研发上面，以便让自己的产品保持领先地位，进而有助于公司业务的持续增长。正因如此，它用来分红派息的钱就会相对少一些。但是公司的股价却会持续上涨——如果公司的增长势头同样能够持续。

正如我们所看到的，对于投资者而言，苹果与宝洁的股票分属两种非常不同的类型。是选择收入型还是增长型，这完全取决于你自己的财务目标。你还可能会对一只或多只股票感兴趣。无论如何选择与组合,都是以实现自己所追求的目标及改善个人财务报表状态为基础。

现在,让我们看看苹果的股票,将它与同属科技股板块的其他个股进行比较。

科技股板块 2012年7月	
历史市盈率(ttm,日内)	17.35

苹果 2012年7月	
历史市盈率(ttm,日内)	14.76

我们可以看到,苹果的市盈率低于科技股板块的平均市盈率。所以一些人对于购买一只价格高达数百美元的股票感到不那么自在,但是当他们通过市盈率了解到自己花在这上面的钱其实要比花在其他科技股上面更值的时候,感觉就会好多了。

个人基本面分析

在本章的开头,我说过,通过基本面分析,我们可以了解到任何实体的财务实力。

　　个人
√ 公司
√ 主权国家

现在,我们已经分别了解了主权国家以及公司的基本面分析,现在将注意力放回到个人身上。当使用同样的工具和数字分析自己的财务报表时,我们才可以认识到自己真正的财务健康状况。通过对这方面的了解,可以帮助我们调整自己的政策(决策),以便尽早达成自己的财务目标。

这么做同样可以提醒我们自己关于财务报表以及政策（决策）之间的关系。

> **关键点！**
> 是什么使得财务报表看上去像这个样子？
> 政策——（决策）

虽然我们不能够改变政府的政策或者公司的政策，但是我们却能够改变自己。这是一个好消息。你能够掌控自己的命运。不管世界经济表现得多么糟糕，只要你的个人财务报表很健康，你就会很安全。而你完全能够掌控自己的财务报表。

> **关键点！**
> 如果你对自己目前的财务报表看上去不满意，
> 那么就改变自己的政策（决策）！

来自不动产的经验

让我们通过不动产投资的类比作为对个人基本面分析讨论的开始。作为一名投资者，我们能够通过三种途径来利用不动产实现我们的目标。

■ 资本利得：购买一处新的房产然后通过转手售出赚取资本利得。

■ 现金流：购买一处新的房产然后通过出租来赚取持续的现金流。

■ 对冲：购买财产保险来保护自己的财产免遭各种不测风险。

所有以上这三种措施都是有效的。在其他任何资产类别上，我们都可以采取同样的措施。各资产类别之间没有优劣之分，孰优孰劣完全取决于你的个人投资目标。但我们有必要了解这些不同选择各自的特点，这样就可以充分结合自己的实际情况来作出明智的决策。

在此提醒一下，让我们看看这些不同的投资方法是如何体现在我们的财务报表上面的。

当你买下一所房产，然后希望它的价格上涨，这样就能够赚到资本利得，那么房产的价值应该放入你的资产一栏。从那时起，基于市场行情的变化，你对这一房产的投资价值将出现上涨或者下跌的可能。而价值的起伏也会影响到你的净值。知道了这些，你可以问你自己几个重要问题："我的投资目标是什么？使我的净值增加是其中之一吗？如果是，那么为了达到这个目标，我应该如何进行投资？"股票投资者面临着类似的选择。如果他们想要通过股票来增加他们的净值，那么可以在自己的投资组合中买入并且持有股票，然后希望他们的价值能够增长。许多人已经在通过诸如401(k)退休金计划、个人退休账户及共同基金来做到这一点。

然而，如果你决定将房屋出租，那么你的资产就会开始为你产生现金流。现金流对你来说很有意义，因为它使你得以养家糊口，以及支付各种生活开销。仅仅拥有资产，只会令你的净值有所增加，而不会对提高你的现金流有任何的帮助。这就是为什么罗伯特鼓励我们换一个角度去思考，去寻找并且购买那些能够给他们带来现金流的资产。当我们拥有了能够产生现金流的资产，那么从现在开始直到退休以后，我们都始终能够从中获得帮助。

记住：净值本身并不能对你的退休有直接的帮助；现金流才是关键。认识到它们的区别很重要。如果你将房屋出租，进入到你的利润表之中的正是现金流。它对你的利润表是一个重要的补充，最终能够转变你的人生。

我们的第三个投资选项是对冲。在不动产的世界里，这称之为保险。对冲需要放入资产负债表中的负债一栏，因为它既不能增加你的净值，也不能产生任何现金流收入。这仅仅只是一次购买行为——为了保护你的主要投资免受任何意外造成的损失。

在罗伯特所著《富爸爸不公平的优势》一书中，他问我："专业投资者与业余投资者相比，最大的不同在哪里？"我回答道："业余的投资者总是盯着资本利得不放，而专业的投资者则着眼于现金流；业余选手总是试图通过分散化投资来对冲或者保护自己，而职业选手则利用保险一类的合约。"

资本利得还是现金流？

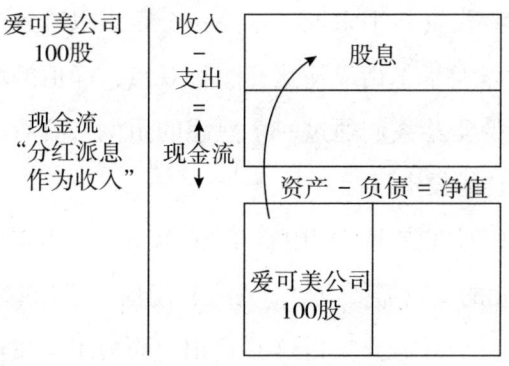

这个不动产的简单例子同样可以照搬到股票上面。也许你想购买爱可美的股票，你的成交价格是100美元每股。也许你能够

在200美元每股的价格上卖出。现在,你的净值上升,而你也有了更多的钱。你的资产也出现了增长,但是爱可美并没有给你带来任何的收入,它没有产生任何现金流。

但是,想象一下,你购买了一只定期支付股息的股票。现在,即便你什么事情也不做,你拥有的资产也能够给你带来现金流。如果类似这样的资产足够多,你就将有足够的现金流收入让你去做任何想做的事情——现在或者退休以后。在我看来,这应该就是投资的最终目标:随心所欲地生活。

今天有代表性的退休金计划,比如401(k),并不能给我们提供现金流。这些计划通常试图构筑一个足够大的净值来支撑退休后的开支——要做到这点很困难。许多人担心,在他们的有生之年,这些钱根本就不够。

许多共同基金成立的目的也不是为了给我们提供现金流。它们只是在我们的净值上做着简单的加法,有些时候甚至是减法。它们没法带给我们收入。

对于一些投资新手来说,这是一个很难以理解的概念。我们一直被媒体以及华尔街灌输这样一种观点:净值的增长等同于投资的成功。但是让我们通过一个熟悉的示例来看看为什么净值并不一定是最佳的投资目标。

假设你每月在支出一栏中有4 000美元。也就是说,你每个月有4 000美元的支出需要应付。看吧!净值的增加或者减少与此毫无关系。你每个月需要支付这些费用。而为了应付这些费用,你需要能够产生收入的资产来为你提供现金。假如你能够从资产里面得到这4 000美元的现金流,那么这些钱就可以使你免受工作的制约。现在，这就是你的目标！

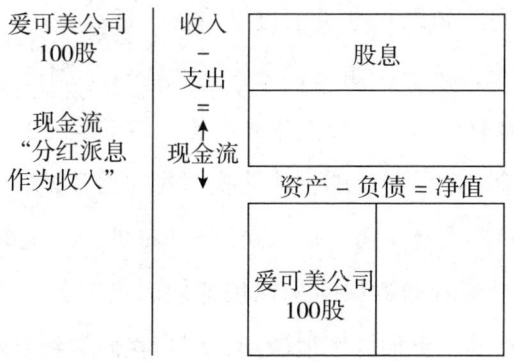

这就是财商。财商就是你不需要工作也能够得到的"被动收入"（passive income），你可以用这些"被动收入"来应付那4 000美元的支出，而不是每月从辛苦工作中赚取那4 000美元的"主动收入"（active income）。

我相信现金流就是通向财务自由的钥匙。如果一个人拥有高净值，他或者她也许很富有，但是仍然需要工作。你能够因为净值而变得富有，但是只要停止工作，便不能够支付你的账单。你能够在410（k）退休金计划中拥有百万美元，却不能够解决你余生的生活开销问题。但是，如果你拥有的资产给你提供的"被动收入"超过了你的支出，那么你就是一个真正富有的人。换句话说，你拥有的财富可以使你不需要工作也能够过自己想要的生活。

对 冲

现在，让我们快速地了解一下对冲。对冲本质上就是为投资购买保险。当我进行一笔投资之后，比如买入一处房产，当然不希望这笔投资出现任何问题。不管我出于什么理由买入，我都需要保护这笔投资。假如房产被大火烧毁，那么我买入的保险可以赔偿我的损失。如果我是买来自己居住，那么我可以用保险理赔重新购买一所新房子。如果我是为了获得资本利得，那么理赔款项可以用于修复房屋，以便在未来出售。如果是为了获取现金流，那么有了保险赔款，我能够更快地找回我的租客。

购买保险不会产生可以放入自己口袋的收入。它是一项支出。但是聪明的投资者通过保险来保护他们的投资。关于这些，我们晚些时候会在书中更加详细地谈到，即当我们学到第四根柱子"风险管理"时。

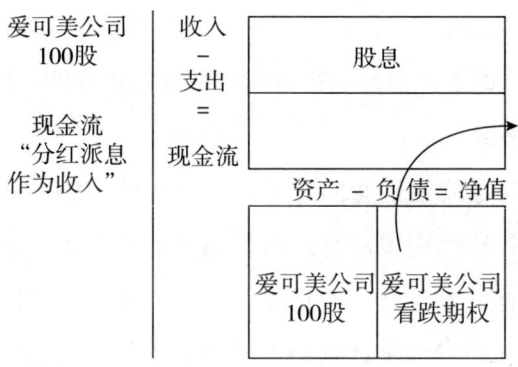

个人财务报表

所有这些我们所学的课程适用于各种财务报表，尤其适合用于对个人财务报表进行基本面分析。这就是为什么当公司层面，尤其是主权国家层面的数据遭遇凛冽寒风时，许多投资者却仍然如沐春风般生活的原因。因为你可以在个人的层面上为自己制定政策（决策），而不像针对公司或者主权国家进行基本面分析那样，即便发现了问题所在却也无能为力。许多人都会抱怨他们国家的政府或者某家公司所制定的政策，但是你很少看到人们评估自我的个人财务政策（决策）。现在是一个非常好的时机，我要再一次提醒大家，我们在本章早些时候所提到的一个关键点。

> **关键点！**
>
> 是什么使得财务报表看上去像现在这个样子？
>
> 政策（决策）！

为什么美国的财务报表看上去如此糟糕？因为美国的财政和货币政策。为什么在同一时期，某公司的财务报表看上去却非常不错？因为公司政策。那为什么你的财务报表看上去像现在这个样子？你猜猜？——答对了，因为你的个人财务政策（决策）！

如果你想要改善甚至改变你的财务报表，那么请改变你的政策。就拿收入来说，你可以选择实施一项你为钱工作的政策（决策），或者让钱来为你工作的政策（决策）。而对于财商教育来言，你可以实施一个罔顾事实却祈祷上天眷顾的政策，或者是一个积极进取接受财商教育的政策（决策）。实际上，当你查看自己的财务报表时，上面所列的每一个数字都与你的个人财务政策（决策）紧密相关。问问你自己，财务报表上的各个部分都受到了来自你的哪些政策（决策）的影响。还是拿收入来说，你实施的是你为钱而工作还是让钱为你工作的政策（决策）？通常而言，更好的生活品质需要更多的支出。那么你会实行什么政策（决策）来支付这些增加的支出：收购资产还是希望薪水上涨？检查一下你的财务报表上出现的下列项目，针对它们中的每一项反思你的政策（决策）。

- 收入
- 支出
- 现金流（收入减去支出）
- 资产
- 负债
- 权益或净值（资产减去负债）
- 信用评分
- 购买力

购买力与教育

对于我们每一个人来说，想要变得富有，只存在两个真正意义上的约束：

- 我们是否有能力去明辨某项优质资产？
- 我们是否有抓住机会所需的资源？

换句话说，以上两点可以归结为洞察力以及购买力。这两点缺一不可，否则我们的投资可能陷于困境：

"我应该趁着谷歌首次公开发行的时候买上一些它的股票——要是早知道就好了！"

或者

"我就知道黄金的价值会翻倍，可是我没有钱去买。"

关键点！

购买资产的两个限制因素：
1. 我们想要接受教育以便分辨出交易的好坏；
2. 我们想拥有能够抓住机会的购买力。

你的购买力有多大？换句话说，你今天能够买下多大规模的资产？肯·麦克尔罗伊可能是富爸爸公司顾问团里面最擅长此道的人，他在此方面堪称典范。如果肯的购买力仅限于他的储蓄账户的规模，那么他可能要错过很多的投资机会。因此，他与很多投资者以及银行建立了联系以便借助他们提高自己的购买力。他在筹资方面称得上是一位大师，他在投资方面很少受到因自身资金有限的束缚。让我们暂停一下，思考下面这句话：

富人的投资让他们看起来似乎没钱可用一样。

事实上，超级富豪的终极目标就是绝对不使用他们自己的钱进行投资。他们是使用财务杠杆以及融资方面的大师。

假如罗伯特或者金失去了他们所拥有的一切，我相信他们很快就能够恢复如初，因为他们深谙投资之道。

明确针对自己的购买力来对你的个人财务报表进行一次基本面分析，看看如何通过现金、信用、人际关系或者其他类型的资金来提高你的购买力。对于购买力，你会采取什么样的政策？剪断你的信用卡会降低你的购买力。又或者，你的政策是明智地使用信用卡？金·清崎使用信用卡为她的第一处租赁房产支付了定金——一处从第一天起就开始产生现金流的房产。

看一下你自己目前的境况，理所当然要问自己下面这个问题：

我需要改善这些数字中的哪一个？

你的经营处于亏损当中吗？你的净值为负吗？你的收入依赖一份工作吗？你是否有需要支付的抵押贷款、普通贷款以及税款？你的信用等级不佳吗？对于一些人来说，需要找到并作出决策解决赤字问题，让现金流转正。而对于另外一些人来说，也许希望能够增加自己的购买力，提高自己的教育程度。有许多的策略可供投资者考虑和选择。这些策略会成为你自己的政策(决策)。

当我们看到一份疲弱的财务报表并想要改善它时，应该从哪里入手？人们通常认为，通过赚到更多的钱，他们的问题就能够迎刃而解。我们常听到诸如"要是能赚到更多的钱，我就会比现在过得更好"之类的话。

两种最常见的得到更多钱的方法可以归结为"得到一份工作"以及"节俭度日"。这些也是政策（决策）。

如果你想要更多的钱，就去找一份工作。这是再寻常不过的一种想法。去找一份全职工作，再去找一份兼职工作，努力工作，延长工作时间，这样做就会增加你的"主动收入"。在任何情况下，你的支出将会保持不变。如果为了支付那些支出，你实行的政策（决策）是去找一份或者多份工作，那么你将一直需要那些工作。假如我将打一份工作为我的收入来源，我就总是需要那份工作来维持我在食物、服装、医疗以及住房方面的开支。我看不出得到一份工作如何能够解决长期的支出问题。

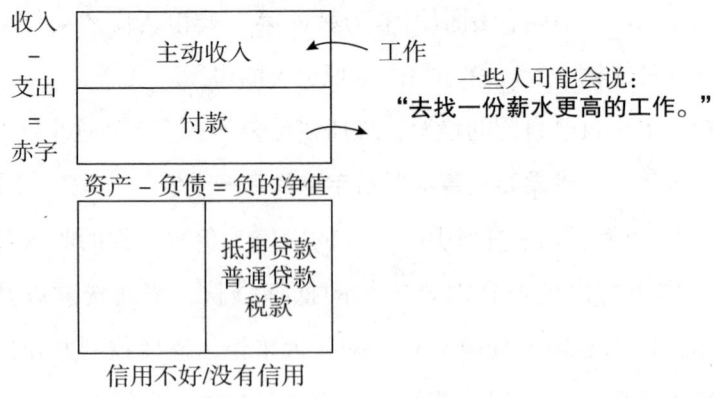

而另一种常见的想法就是节俭度日。"精打细算",我听到过这种说法。削减开支,剪下优惠券,少买一点,降低你的生活标准。既无创意,也不能给人启发。做到这点无须财商,只需要自律就足够了。好吧,我不喜欢这个主意,因为现在我不得不量入为出,这意味着我的生活方式取决于我所做的工作,而我没法作出任何的改善。现在我生活中的每一件事情都受到那份工作的限制和约束。如果我的工作不是丰富多彩的,那么我的人生同样也不会丰富多彩了。我不得不做各种类似剪下优惠券购买折扣商品的事情,过着拮据的生活。这种政策(决策)降低了我的生活标准。它的目标是"节俭度日"。我不喜欢这个主意。让我放弃一个东西来换取另外一个东西,这种想法对我来说非常荒谬。

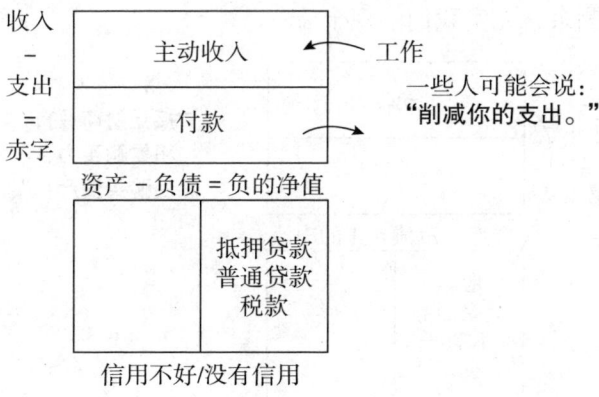

你必须弄明白你是一个怎样的人,以及现金流象限会将你的个人财务政策(决策)引向哪一边。

E（Employee）代表雇员

S（Self-employed）代表小企业主、自由职业者或专业人士

B（Business owner）代表大企业家（有500名以上员工）

I（Investor）代表投资人

是剪下优惠券还是剪断你的信用卡？这些都和投资扯不上关系。

作为一名投资者，我们的目标是不用工作也能得到"被动收入"，并且使这部分收入大于我们的支出，以便在支付了各种开支以后还有剩余，充实我们的现金流。

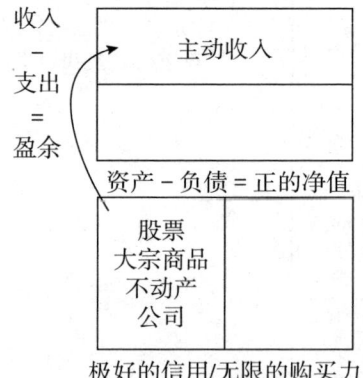

富爸爸说：
"接受财商教育，
积累购买力，
然后购买资产！"

为了达成这些更高的目标，你将会实行一些截然相反的政策（决策）——与你从父母或者学校老师那里学来的相比较而言。我们的政策（决策）将会增加我们的购买力，而不是使其降低。我们的政策（决策）是辞掉工作，提高我们的财商。与那些所谓"专家"

鼓吹的那一套——剪断你的信用卡比起来——有着强烈的反差!

关键点!	
这些政策如同现金流象限的左右两侧一样互相对立!	
无视财商教育的政策: 让其他人来管理我的钱	关注财商教育的政策: 我对自己的钱负有责任
降低购买力的政策: 我准备剪断我的信用卡	提高购买力的政策: 我将会发展更多与银行以及其他渠道的关系
主动收入的政策: "我想要一份工作。"	被动收入的政策: "我想要一份资产。"
减少支出的政策: 我将会减少开支以及降低自己的生活品质。我将会少喝几杯拿铁咖啡。我年老时会通过减少收入的方式节税。	增加支出的政策: 我准备增加我的支出以提高我的生活品质。我准备再购买更多的资产。因为通胀因素,我准备在年老时赚取和消费更多的钱。

结 论

在本章中,你对基本面有了一个基础的了解。现在你知道了,任何类型的机构都有自己的资产负债表和利润表,你可以据此进行分析以便对这些机构的财务健康状况作出判断。在你进行投资之前,可以对主权国家、公司甚至是你自己进行分析。

记住,就你所读到的和学到的知识与其他人进行探讨,或者将自己学到的东西教给所爱之人。

贯穿全书,我都会提醒你在持续教育™上不断评估自己。

持续教育™

一无所知 → 有所觉悟 → 理论水平 → 实践能力

当谈到基本面分析时,你对于各种可能性是否变得更加"有所觉悟"?你现在对一些技巧和策略的理论水平是否达到了更高的水准?你是否有想要寻找导师以及其他的教育资源以便使自己早日具备实践能力的冲动?

在下一章,我们将会看到投资的第二根柱子:技术面分析。这将会给你带来更多的投资技巧以及洞察力。

记住:掌握这些知识是你的终极目标,它们可以让你沿着持续教育™之路走下去,最终成为一位具备实践能力的投资者。罗马不是一天建成的,对你的财富来说也是同样的道理。花上一些时间来学习这些基本技巧,你将能够用自己的方式来创造属于你自己的投资收入。

本章小结

让我们来回顾一下第四章的一些重点:

1. 投资者可以对三个种类的实体进行基本面分析,它们分别是主权国家、公司以及个人。

我们可以通过查看这三种实体类型中的任意一种的财务报表,来对实体的实力及价值有一个大致的判断。

2. 是政策使财务报表看上去像现在这个样子。

当然,诸如地震和海啸这样的天灾,或者恐怖袭击之类的政治因素会对一些经济体产生一定的冲击。然而,你会发现通常是决策者所制定的政策让财务报表看上去像现在这个样子，不论这些政策是针对一个国家、一家公司或者一个家庭。

3. 主权国家基本面受到财政政策与货币政策的影响。

当我们查看一份财务报表上面的数字（收入、支出、债务和赤字）时，这些数字通常是由诸如税收或者支出之类的财政政策所决定的。而货币政策是由像美联储或者欧洲央行这样的中央银行来决定的。它们通过调控货币供应来试图影响一国的经济或者国内生产总值。

4. 政策加上人口统计等于未来。

我们并不需要一个水晶球来预测未来所要发生的事情。我们只要将主权国家甚至是公司的政策运用到一定数量的人口上面，就能够看到清晰、完整的未来，甚至连时间和期限都一览无余。

5. 对于主权国家基本面分析来说，最重要的数字就是债务与GDP 的比率。

我们可以通过这一简单的数字对任何国家的财务实力产生深刻的领悟。

6. 与你所持的立场相比较而言，消息的好坏无关紧要。

一些人看到国家或者公司在灾难的边缘挣扎时，他们就会变得恐惧或愤怒。真正的投资者却会将关注重点集中在他们应该如何决定自己的立场以及个人的财务报表将受到何种影响上面。真相是，在每一次金融危机的背后，那些接受过财商教育并且为此做好了准备的人，都能够发现机会并从中受益。

7. 基本面分析帮助我们对公司进行估值。

股价本身并不能传达很多的信息。这是因为就价格本身而言并不能反映出股票所具有的价值。对公司进行一次基本面分析，能够使我们对这家公司有一个更清晰的了解。

8. 市盈率（PE）和市盈率相对盈利增长比率（PEG）是公司基本面分析中最重要的两个数字。

这些数字为单薄的股价赋予了更多的含义，并使我们能够看到，投向公司的钱能够换来多少净利润以及保持怎样的增长速度。通过这些数字，我们就能够把自己所持的公司股票与市场上的其他公司比较，看看是否物超所值。

9. 如果你对基本面感到不满意，请改变政策（决策）。

糟糕的财政政策以及货币政策让一些国家（比如希腊）陷入了可怕的金融困境。而那些挣扎在金融灾难边缘的国家（比如美国），只有通过大刀阔斧地改变它们的政策才能避免崩溃。对于公司政策来说也是一样的道理。惠普CEO梅格·惠特曼（Meg Whitman）针对公司进行了一次基本面分析，然后据此决定公司需要削减27 000个工作岗位。这就是对公司政策作出的改变。

但是最重要的政策是你的个人财务政策（决策），这个政策（决策）完全由你掌控。如果你想改变自己的财务基本面，那么请改变自己的财务政策（决策）。

10. 教育程度以及购买力是对你购买资产行为产生影响的两个制约性因素。

为了向你的资产一栏中放入一份资产，你需要作出判断：在为数众多的交易中,怎样才能独具慧眼甄别出一个好交易?同时,你还需要拥有足够的金融资源来抓住机会。

11. 你的新政策可能与那些你从学校里学到的或者从当今那些所谓的财务"专家"那里听到的形成强烈的反差。

第五章

柱之二：技术面分析

在基本面分析中，我们通过查看财务报表中的数字对财务状况作出判断；而在技术面分析中，我们需要学会解读行情图并从中领会它们所讲述的故事。

基本面分析让我们了解一个实体的实力，而技术面分析则让我们了解市场的力量。股票市场的上涨取决于供需关系；不动产市场的上涨也是取决于供需关系；任何事物的上涨都取决于供需关系。

四柱构筑

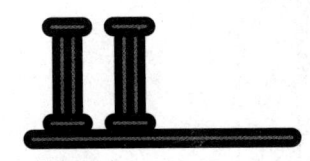

柱之二：技术面分析
技术面分析让我们
了解市场的力量。

作为技术面分析的关键，你将要通过学习来培养对市场的感觉。你对股票的感觉如何？你对这处房产的感觉如何？你对那个新的高科技玩意儿感觉如何？如果你喜欢一个东西——那就买下来！技术面分析就是从供需关系入手，研究人们的想法。

股票行情图传达不了太多关于公司的信息。它既不会告诉你公司的产品是什么，又不会告诉你公司的业务是什么；它既不能告诉你公司盈利与否,又不能告诉你公司业务正处在增长还是收缩中。它只会简单地告诉你公司现在的股价情况及其历史的走势。而价格只是供需关系的一种反映。股票行情图记录了过去以及现在人们对公司股价的种种反应。

在这个章节里面,你将从以下几个方面学习技术面分析:

■ 如何解读行情图,我们将从一些基本的知识点起步,介绍人们刚接触行情图时需要了解的一些入门知识;

■ 如何对一些案例股票的价格行为从行情图上进行分析,然后将所学到的知识和技巧应用在你自己的股票上面;

■ 如何通过使用计算机技术来查找以及识别信号;

■ 用来解读行情图以及进行技术分析的词汇;

■ 用在股票分析当中的各种技术工具;

■ 用在股票交易中的一些准则。

你应该能够回想起来,我们在前面章节学到的一点——我们不能够控制一个主权国家或者一家公司的基本面。对技术面来说也是如此。然而,接下来你会知道,我们能够使用技术分析来选择现金流策略,并对其进行风险管理。

为什么我们需要同时对基本面分析以及技术面分析有所了解

几年前,《商业周刊》(*BusinessWeek*)刊登了一篇文章,报道了关于从安然前任 CEO 杰夫·斯基林(Jeffrey Skilling)辞职到继任 CEO 肯·雷(Ken Lay)接手之间的过渡期所发生的一些事情。一则公司 CEO 辞职这类消息可能引发股价的波动。对于安然来说尤其如此，因为投资者已经在怀疑公司很可能有什么事情正在发生。下面是《商业周刊》采访肯·雷时针对当时情形所提出的问题：

一些投资者担心导致他（杰夫）辞职的原因可能没有看上去这么简单。也许公司在财务或者其他方面存在一些不为人知的问题。你对此有什么想说的吗？

对于这位新上任的CEO肯·雷来说，这是一个相当直接的问题。下面是他的回答：

绝对没有任何问题导致杰夫的离开。不存在财务方面的问题，也没有贸易方面的问题，更不存在资金方面的问题。我们手上有充足的资金。没有任何未被发现的遗留问题。公司正处在历史上最强劲的发展时期以及最佳的状态中。不会出现任何意外。我们已经提交了季报……

雷所提到的季报是美国证券交易委员会要求所有上市公司每个季度都要提交的一种文件。季报中包含了公司的基本面信息。雷继续说道：

我们几天前已经向美国证券交易委员会提交了公司季报，如果存在任何严重的问题，人们可以在那里面找到。如果有任何未报告的重大事项，这么做可是违法的。我们不会做违反法律的事情。

事后看来，我们知道公司当时确实违反了法律。但是在当时，一个投资者仅看到安然的基本面，会觉得公司各方面运转得相当不错。他们对股民撒了弥天大谎！

但是股价行情图不会撒谎。即便一家公司对政府提供了虚假的数字，它无法隐瞒市场的看法，因为股价总是能够反映一切。

为什么同时了解如何进行基本面分析以及技术面分析如此重要？只有一个原因：两种方法从不同的角度向你讲述了同一个故事，一个你需要知道的故事。

> **关键点！**
> 技术面分析帮助我们研究市场的力量。
> 市场的走势由供需关系决定。

一旦我们得知接下来很有可能会发生什么，那么，自然而然地，我们就想要知道事情会在何时发生。

不管消息是好是坏，我们都想要了解详细情况。如果我告诉我儿子，接下来有什么事情，比如去看牙医，他马上就会问什么时候动身。

如果我告诉孩子们准备计划一次全家出行，目的地是迪士尼度假酒店，那么他们就会想要知道什么时候动身。十分钟内就出发还是十天后才出发，对孩子们来说，意义截然不同。

你将会注意到，基本面分析给我们带来的远远不止展示实体的实力。现在，我们学到了更多关于如何进行基本面分析方面的东西。你可以看到，它同样能够帮助我们搞清楚，那些花在购买公司股票上的钱能否换来我们所期望的价值。它帮助我们通过政策来诊断问题，无论是在个人层面、公司层面，还是在国家层面。它帮助我们看到事物的正反两面，比如，将你的抵押贷款出现在你的个人财务报表上的情形与同样一笔贷款出现在银行财务报表上的情形相比较。通过从这两个不同的角度来观察你的抵押贷款，这笔交易中的赢家与输家显而易见。在上一章节里，你可能也注意到了另外一件事情：对于接下来将要发生什么事情，基本面分析同样给了我们敏锐的洞察力。

举例来说，假设我们仔细观察美国政府的基本面。随着美联储推出了更多的量化宽松政策，我们可以想到接下来最有可能发生的事情：通货膨胀、系统性风险的增加、美元的走弱以及波动加大。所有这些都很有可能发生。在这些条件下，我们可能考虑为了抵御波动以及利用通胀而进行一些投资。但是，我们应该在什么时间以及什么价位出手呢？

观察股票行情图以及使用一些技术面分析策略能够帮助我们了解出手的时机。不仅仅是股票，对于任何类型的投资都是如此。对行情图进行技术分析可以让我们了解股价运行的状态：盘整、加速向上或者动能衰竭。

技术面分析就是通过查看行情图，找出正确的时点，然后决定是进场还是出场。我们将在本章中对此进行更深入的探讨。

让我们从观察导致股价变动的力量开始。

引入做市商

如果你曾经看过财经新闻频道，或者在纽约时报广场上看过一些电子显示屏，那么你很可能见过股票行情。

如同世界上所有被标价的事物一样，股价的变动也是由于供需关系变动所导致。有成千上万的投资者参与股票市场进行各类交易。供需的法则主导着一切我们需要购买的东西，从汽油到白砂糖再到汽车保险，在股票市场里面也是同样的道理，所以你大致能够想象得到供需法则是如何在股市中起作用的。在任何开放的市场里，我们发现：如果卖方多于买方，价格就会下跌；反之，如果买方多于卖方，价格就会上涨。

然而，你的股票并不是直接从另一个投资者的手中购买。这不同于你来到邻近的水果摊上，给摊贩一点钱，买上几斤桃子。股票交易并不是直接的交易。你是通过中间商——被称为"做市商"的人——来完成股票的购买。

做市商

做市商是指愿意持有特定公司一定数量的股票并承担相应风险的公司或者个人，其需要随时准备从其他卖家手中买下或者卖给其他买家该特定公司的股票。

为什么做市商很重要？因为他们为市场上的投资者提供了一定程度的流动性。

作为一名股票交易者，一个合理的问题就是："如果我决定卖掉手中的股票，我如何能够找到市场上那些愿意购买这些股票的人？"

答案就是，因为做市商随时准备在任何时候买卖股票，所以你也得以能够在任何时候买卖股票。做市商的工作就是维持市场流动性。

在第二章，我们花了一些时间谈到，让股票市场别具一格的特点之一就是它具有很高的流动性。通过点击按钮就想卖出一处房产或者清空库存是非常困难的。但是股票交易者每天都是这么干的——有时一天还干上很多次。因此，对于做市商如何保持市场流动性这个问题,我们值得花一些时间来了解一下。

假设你拥有 100 股 IBM 的股票,如果你想卖掉它们,你如何知道有人愿意购买?对了!市场的一个作用就是——始终存在着处于相对均衡状态的买方和卖方。

让我们来看看做市商是如何维持这种均衡的。现在,让我们假设你想买入某一只股票。你第一步要做的就是(当然是在完成了基本面分析之后)去查看做市商对该股票的报价。相比过去而言,我们现在能够很容易地获取此类报价。不像数十年前,我们不得不打电话给经纪人,而今,我们能够从个人电脑甚至是智能手机上查看实时股票报价。

为了购买一只股票,你通过智能手机查看股票的报价,看到做市商当前喊出的价格是 52.17 美元每股。这称之为卖出价,就是做市商愿意卖出股票的价格。如果你想卖出同一只股票,那么你可以看到做市商给出的价格是 52.15 美元每股。这称之为买入价。

你注意到买入价和卖出价之间存在一个 2 美分的差价没有?这个称之为价差,这就是做市商赖以生存的收入。当股票的成交量很小的时候,价差通常会非常的小,就像上面这个例子中一

样。但是当股票的成交量很大时，价差一般都会更大一些。

做市商总是会买下你的股票，也总是会有股票可以卖给你。他们的目标是成交量，通过对价格作出调整，不管股价如何剧烈波动，他们都能够实现成交量。

> **关键点！**
>
> 做市商针对一个特定的证券随时做好买入或者卖出的准备。
> 他们为市场上的投资者提供了一定程度的流动性。

做市商维持买卖双方的均衡。如果买方数量太多，做市商就会将价格一路抬高直至到达卖方愿意出手的价位。如果卖方数量太多，每个人都在争相卖出自己手中的股票，那么做市商就会压低价格直到一些人开始觉得："天哪！这个价格便宜，也许我应该冒险买进！"

更多地了解技术面分析，可以使你很容易地破译出价格走势图中所暗藏的玄机。一个大而强的公司，比如宝洁或者沃尔玛，其净利润可能持续增长，股价也随之会上涨。然而，直接推动股价上涨的因素并不是净利润的提高，而是对该股票需求的增多，从而使供需关系发生了变化。在本例中，价格的变动与基本面有着间接的联系，但事情并非总是如此。有很多因素可能导致价格的变动——新闻、谣言、媒体的小道消息、获利了结、空头回补、板块轮动……或者压根儿就找不到任何显而易见的原因。

> **关键点！**
>
> 股票行情图反映的是供需关系的变化，不一定能够反映基本面。

做市商对于股价的高低并不关心。他们只关心如何保持买卖双方的均衡，以便在买入价和卖出价之间维持一个价差。那些打算长期持股的人对此会感到不安。有一点，你要记住：从长期来看，要维持股价的上涨趋势，需要其他人愿意出比你更高的价格去买进。但人们喜欢低价，而非高价。因此，在你投资的大约30年期间，一家公司必须有足够且稳定的增长来维持一定的市盈率以便在基本面上对高股价提供支撑。然后，你必须依靠其他的投资者作出实际的购买行为以便在技术上将股价推得更高。

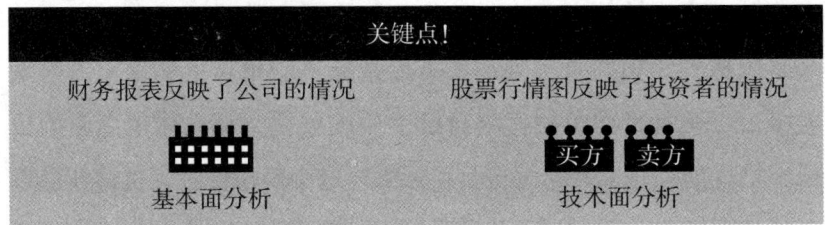

趋势的类型

通过基本面分析，我们看到如何通过财务报表来了解公司的情况。现在，我们将要通过观察一段时期内投资者的行为以及他们对股价的影响来了解一只股票的情况。

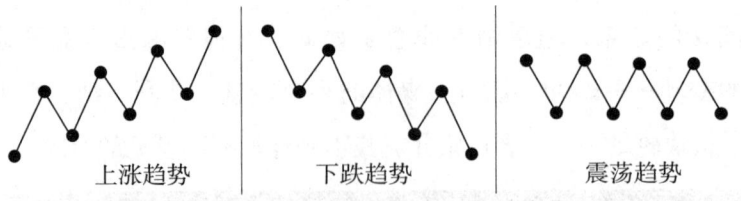

上涨趋势会在股票供不应求的情形下出现——通过价格的上涨来说服持股人卖出。

下跌趋势会在股票供过于求的情形下出现——通过价格的下跌说服投资者买入股票。

有时候股价既没有上涨也没有下跌，我们将这种情形称之为震荡或者盘整。

最值得注意的一点就是，技术面分析对于了解任何市场的供需关系都很有帮助。我们可以利用行情图去监控任何可以被定价而且其价格受供需关系影响的事物。对于投资者来说，查看各种商品的行情图（例如原油、玉米或黄金）是司空见惯的事情。我们能够通过查看不动产的价格变化来判断趋势，也可以研究包括道琼斯工业平均指数或者纳斯达克指数在内的各种指数的趋势或者各种不同市场的趋势。一些人认为只有从事股票交易的人才需要去学习技术面分析。从来没有这回事！因为投资者必须要对趋势有所了解，所以不管你投资了何种资产类别，罗伯特都极力倡导你学习技术面分析！全部四种资产类别——公司、不动产、大宗商品以及纸资产——都存在所谓的趋势。因此，对于所有类型的投资者来说，技术面分析都是至关重要的。大宗商品的投资者可以利用行情图来跟踪包括黄金、原油以及大豆在内的所有品种的价格走势。企业主可以借此判断他们所在行业的所谓的趋势。而不动产投资者则可以利用行情图来追踪租金、房价、就业趋势及其他数据变化。所有这些针对供需关系变化进行的追踪都有一个共同点：追踪人们愿意付出的价钱，以及在什么价位时人们会说"不行"并且拒绝接受该价格，而在什么价位时人们又会说"没问题"并且愿意接受该价格。

支撑位与阻力位

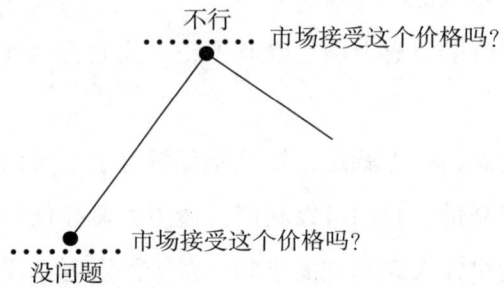

接下来的例子将让你从更多的方面了解技术面分析,让我们来看看一家名叫爱可美(ACME)的虚构上市公司。

你可以看到,一旦爱可美的股价触及底部虚线,价格就会上涨。投资者对该价位说"没问题",他们认为在此价位上,股票具备良好的投资价值。他们在此价位上的购买行为客观上对该价格形成了"支撑"。事实上,做市商开始将价格抬高,使我们了解到在此价位上,想要买入的投资者比想要卖出的多。底部虚线代表了支撑线,在此价位上人们愿意购买股票。人们继续对持续上涨的价格说"没问题",直到价格触及一个人们不再能够接受的价位。在此价位上,人们改变主意,并对该价格说"不行",并且拒绝接受。在这个时点上,在顶部虚线阻力线那里,没有足够的投资者愿意进场,因此做市商调低了价格。投资者不愿意接受更高的价格了,股价因此下跌。

支撑位和阻力位代表投资者态度发生转变的地方,因此投资者对这些点位非常感兴趣。通过对行情图上面的这些点位进行观察,我们能够看到投资者会在什么时候以及什么价位上转变态度。

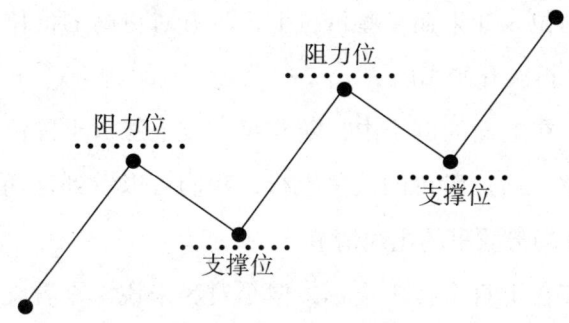

在上面的示意图中，我们能够看到价格上上下下地反复波动。注意，在这个例子中，当价格调头向下时，并没有回到前次支撑位的水准上。随着时间的推移，股票行情图告诉我们什么时候投资者对价格形成了一个新的观点。因此，当我们查看股票行情图时，可以看到随着情况逐渐发生改变，新的支撑位和阻力位渐次出现。

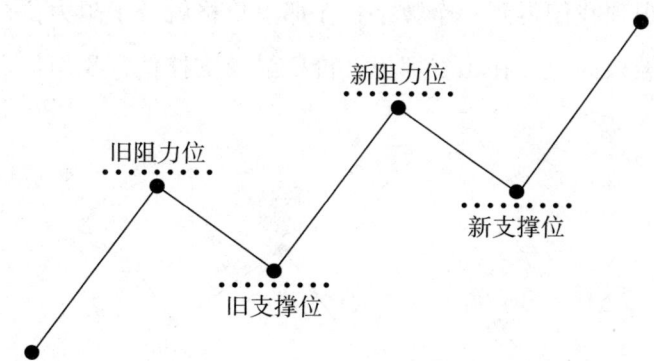

在上面的示意图中，我们可以看到一个具有更高价格水准的新支撑位。这是投资者觉得爱可美的股价很便宜，因此再次出手买入所造成的。这种在更高价格水准上买入的行为形成了一个新的支撑位。

随着买方力量持续超过卖方，价格会形成一波上涨直到触及下一个阻力位。如果在某些价位上,买方对更高的价位失去了兴趣,他们会再次开始卖出。

注意,在上面的例子中,随着每一波上涨,支撑位和阻力位都逐渐上移。通过股价的震荡上行,我们可以看到这期间一个关于典型上涨趋势故事的主线情节。

虽然存在上百个技术指标,但是对我来说,查看支撑位与阻力位是技术面分析中最重要的组成部分之一。而且你练习得越多,你的分析水平就越高,最终也会发现自己能够下意识地在任何你所研究的行情图中识别出支撑位和阻力位。

波段高点与波段低点

另外一种查看图表的方法是将它看作一系列山顶和山谷的轮廓。在山顶我们得到一个数字,在那里价格触及了阻力位,我们称之为波段高点。在山谷那里,价格触及支撑位,我们称之为波段低点。

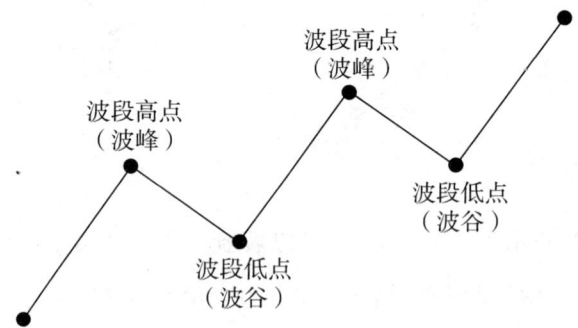

说一只股票处在上涨趋势中看起来很容易。但是职业股票投资人的目光非常挑剔,他们对于上涨趋势的定义非常具体。一只

股票要被认为处于上涨趋势中,波峰和波谷必须不断抬高。因此,上涨趋势就是由一系列向上的波段高点与向下的波段低点所组成。每一个波段高点都要高于前次高点,而每一个波段低点也要高于前次低点——波段新高与波段新低都要较前次上移。

> **关键点!**
>
> **上涨趋势**
>
> 行情图显示出波段新高与波段新低都较前次上移。

通过上涨趋势,我们发现投资者喜欢爱可美的股票,他们愿意出越来越高的价格买入这只股票。技术派投资者喜欢尽早识别出发生在波段高点那里的突破,这样一来他们就能够从一段持续上涨的趋势中获利。对于价格首次冲击新高失败的情形,投资者也会格外留意。假如股价没能创出波段新高,至少就当时而言意味着上涨趋势终结。

实际上,如果市场出现阻力,股价没能创出新高,这是下跌趋势可能出现的第一个迹象。假如,股价在创波段新高失败以后,转而下跌形成一个更低的波段低点,那么股票现在就处在一个下跌趋势中。

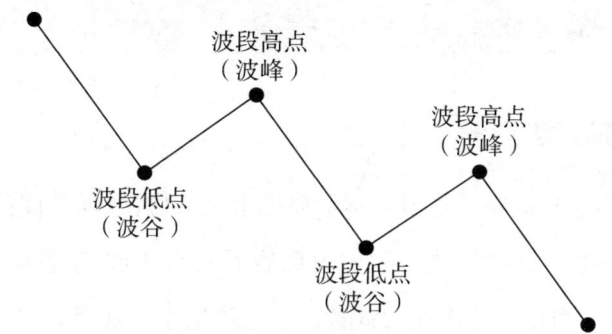

在一个持续的下跌趋势当中，我们可以看到一系列逐渐下移的波段高点和波段低点。如同上涨趋势一样，技术派投资者对于及早识别出下跌趋势非常感兴趣，这可以让他们尽快获利了结或者从下跌趋势中获利。

关键点！
下跌趋势
行情图显示一系列逐渐下移的波段高点和波段低点。

最后，我们也可能遇到一个震荡市场。在这种市况下，股票非常不活跃，波峰和波谷各自处在同一价格水准上，股价始终在一个区间内震荡。

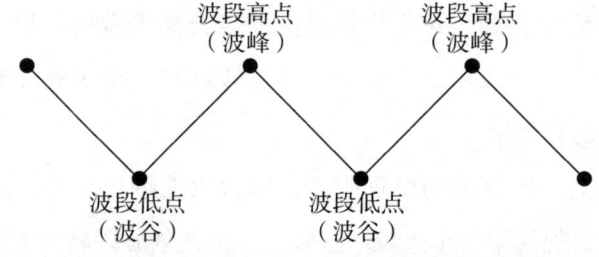

关键点！
震荡趋势
行情图显示波段高点和波段低点始终在一个范围以内浮动。

跟随趋势

对于技术面分析来说，将趋势分析应用到各种不同的市场里面是一种很常见的手法。我们可以查看标普 500 或者纳斯达克行情图然后问自己："现在投资者是在买进股票，还是在卖出呢？"

趋势反映了当下市况,而我们想要跟随趋势。

在投资者查看个股之前,他们首先识别整体市场的趋势。在了解了市场的整体走势以后,他们接下来能够找到和整体市场走势相一致的个股的投资机会。

你不能改变基本面或者技术面,也不能控制趋势,更不能推动股价上涨。股价超出了你的掌控。

但是对于自己的策略——比如在市场上采取何种立场——你拥有完全的控制能力。你可以决定什么时候进场,什么时候离场,是做多还是做空。这些术语将会在现金流一章里详细解释。但是简单来说,做空就是让你在下跌趋势中拥有与在上涨趋势中做多同样多的获利机会。

四柱构筑

柱之二:技术面分析
趋势是你的朋友。

关键点!

投资者想和趋势保持一致。
趋势是你的朋友。

因为我们想要与趋势保持一致,那么当趋势发生改变时,我们也同样需要意识到这种改变。当改变发生时,技术面分析能够发出识别信号。然而,许多人都有这样的坏毛病——总是认为他们可以根据行情图的形态来完美地预测未来。他们会说:"我知道接下来会发生什么。"可是没有人可以完美地预测未来。投资者应从"可能性"的角度看待和使用技术面分析。

通过对行情图进行解读,你需要利用获得的信息来帮助自己形成一个强烈的观点:接下来最有可能发生的是什么。但是解读行情图不同于算命,一个在庙会上遇到的算命先生会告诉你"很快你就会遇到桃花运"。解读行情图更像是在预报天气,即明天下雨的概率是多少。天气预报不是对未来作出准确的预言,而是根据某些指标计算得出接下来的天气情况可能会如何变化,然后将这种可能性通知我们。

趋势的延续

让我们再次回到爱可美公司上面来。根据它的行情图,看看我们能不能找出趋势可能发生转折的地方。

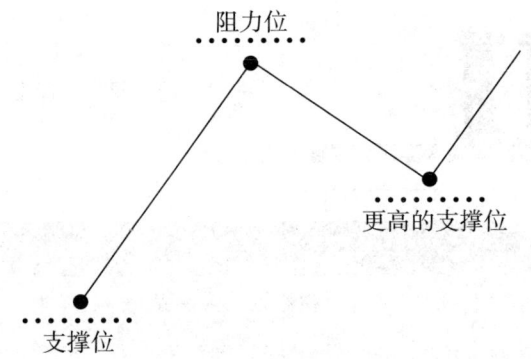

在上图中,我们可以看到:爱可美从阻力位完成回撤之后,触及了一个更高的支撑位,在此价格水准上,投资者觉得该股具有不错的投资价值。他们不等股价回探至前次低点就出手买入。现在他们觉得爱可美很便宜,所以持续买入,进而形成了一个新的更高的支撑位。

我们还可以看到,在上一波上涨中,当价格触及某个点位时,投资者说"不行"并且拒绝继续买入。我们必须问自己一个问题:目前这一波新的上涨,投资者是否愿意在前期阻力位水准上方继续买入,还是再次回到观望之中?

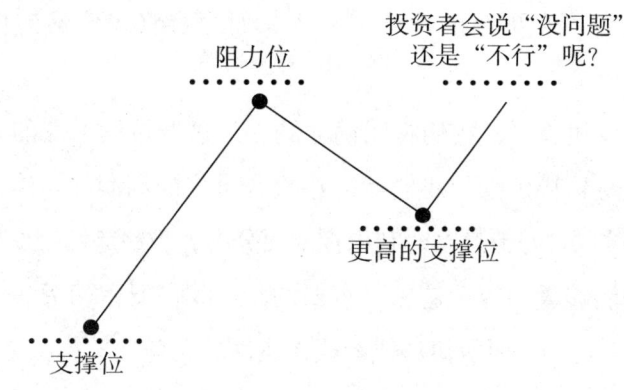

在这个时点上,我们缺乏足够的信息来作出好的决策。我们甚至都不清楚接下来可能会发生什么。记住,上涨趋势意味着波段高点的上移以及波段低点的上移。在这种情形下,我们需要等待市场通过走势来告诉我们其他投资者的想法。投资者的买卖行为很快就能够通过行情图反映出来,我们也就能够了解到行情的发展趋势。

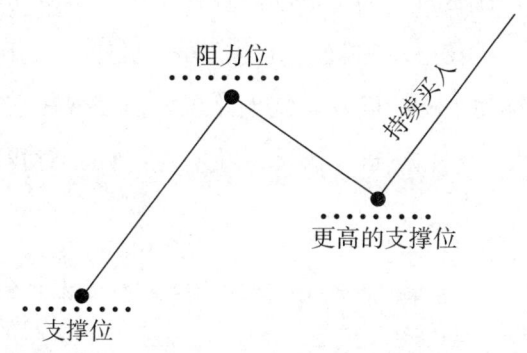

我们可以看到，投资者推动爱可美的价格穿越了阻力位。我们同样看到，这只股票符合上涨趋势的条件——突破前高，创出波段新高。不管新的阻力位在哪里，我们现在都有了一个更高的波段高点，同样也有了一个更高的波段低点。我们可以肯定的是，现在投资者正在更高的价位上买入，而且会将股价推向更高的水准。

如果跟随趋势，我们将明确立场，从这波持续上涨的趋势中获利。只要趋势延续，我们就能够收获更多的利润。当然，趋势可能随时终结。好消息是，利用技术面分析，当趋势发生变化时，我们通常能够看到警示迹象。重要的是，我们要密切关注行情的发展，等待适当的时机离场或者改变我们的立场。

何时"不行"是真的"不行"？

好吧！说了一大堆复杂的金融知识，现在，我们来看一个很简单的例子。金融世界和现实世界确实很相像。我们人生的哲学和商业世界的一样，只是在商业世界里的规模更大一些。

在我的人生里，也许你能够猜得到，三月对我来说是非常特别的一个月。有趣的对阵竞猜以及各种令人兴奋激动的事情占据了整个月份。从我记事起就一直是这样。虽然"疯狂三月"[①]在过去意味着跑动、跳跃以及燃烧卡路里，但是现在它却意味着沙发、电视以及"本和杰瑞"牌冰激凌。这三件套对我来说已经不

[①] "疯狂三月"指繁忙的美国大学篮球冠军赛季，而本书作者在大学时代是篮球运动员——译者注。

仅仅是习惯了，而是神圣的传统。

我试图减掉几磅体重已经有一阵子了，我也得到了妻子的帮助。我知道，如果想要看到自己的体重下降，就得改变自己的"疯狂三月"政策（决策）。但是当她建议我戒掉"本和杰瑞"牌冰激凌时，我在想："你干脆杀掉我算了。"不过，在经历了数月都毫无进展的减肥之后，我答应了她。我的新政策是听从我妻子的建议。在真正领教到妻子的态度有多坚定之前，就已经作出了承诺，我表示愿意尝试。

因此，我和妻儿围坐在家庭影院前一起观看篮球比赛。对我来说一切都很好，除了没有"本和杰瑞"牌冰激凌。我决定看看她是否为了这个特殊的场合破例一次，只是违反一次，让我能吃到冰激凌。

然而她说道："不行。"

但是销售的第一条规则就是绝不接受"不行"这种回答，而我喜爱销售，因此我给自己找了一套说辞。我说道："噢，亲爱的，不要这样嘛！"同时我试图用楚楚可怜的眼神打动她。

出乎我的意料，她说道："没问题。"她说我在坚持自己的饮食计划方面做得不错，而且她也理解我对"疯狂三月"的热爱，所以每年只准有一次……因此她对我网开一面。

然而我太长时间没有碰过任何冰激凌了，因此不到20分钟，就已经狼吞虎咽地消灭掉了一整盒。比赛只进行到了一半，比分也相当接近，而我的冰激凌却已经没有了。因此我想要再吃一些。

她说道："不行。"

我摇尾乞怜地说道："拜托！"

啊！这次，连篮球之神也在微笑。我的妻子再次说道："没问题。"但是，我再次在终场哨声响起以前就解决掉了那些冰激凌。

时间所剩无几，比分仍然胶着。比赛进入到了加时阶段！我却再一次地手上没有冰激凌吃。我决定再试一下我的运气。这次，我妻子斩钉截铁地说道："不行，绝对不行，请你适可而止！"

如果我将妻子的回答做成一张行情图，你能够看出一种趋势。她第一次说道"不行"时，我尝试了一次，通过了。她第二次说道"不行"，我又积极尝试，再次通过了。但是，当我第三次提出要求时，触及到了她的底线，因此我遭遇到了非常强大的阻力。我知道是时候不要再继续问下去了。

人们对于高价的反应也常常是这样。

现在，让我们再来看一个例子。在这个例子中，我就是那个说"不行"的人。设想一下，已经过了正常的睡觉时间，可是我的孩子们却一点行动的意思也没有。面对自己的孩子时，我是一个很心软的人，但是我知道他们明天早上有一场练习比赛，因此他们晚上需要好好地休息一下。当孩子们向我恳求再多玩一个钟头时，我和蔼地告诉他们"不行"，然后向他们解释为什么他们需要休息。不过，孩子们一个个都是出了名的优秀销售员，而且有时候他们就像是听不懂"不行"这句话的意思一样。

在我第一次说"不行"以后，孩子们继续尝试。而且，这一次他们向我保证他们明早会早早地起来，脸上带着微笑而且做好出发的准备。但是，我加重语气再次说"不行"。我仍然是微笑着说这句话的，因为我想让孩子们知道我爱他们，但是我通过语调向他们清楚地传达了我的意思——你们是不会让我改变主意的。

让我们通过查看一张行情图来了解孩子们的提议是如何不止一次地被否决了。

"不行,你们需要休息。"　我的回答是"不行"。

当孩子们两次在同一个水准上遭遇到了阻力,这让他们知道我是"认真的"。而且在这个问题上,我不太可能会做出让步。对于市场和投资者愿意支付的价格来说,也是一样的道理。

因此,通过技术分析对于行情图上只出现过一次的阻力位可能没法作出过多的解读。但是,如果我们看到阻力位在同一价位上不止一次地出现,这意味着就目前情形而言,在投资者愿意进场的价位上,市场遇到了一个极限。

双顶警报——两次"不行"远比一次更加有效

投资者在同一阻力价位前再次退缩意味着什么?他们在同一价位上已经连续两次止步不前。显然,他们不愿意为了这只股票出更高的价钱。不管出于什么原因,市场在该价位上看不到任何价值的存在。这被称之为双顶形态。

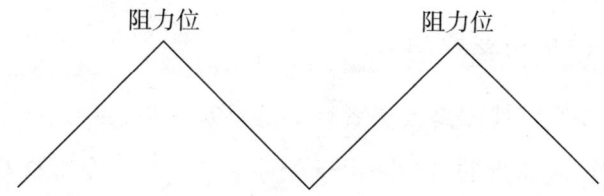

双顶形态告诉我们，当阻力位第一次被触及时，投资者对这个价位小声地说"不行"。当价格在回撤后反弹，重新接近阻力位时，这次投资者加重语气说"NO"，说明他们是认真的。他们对在这个价位上购买股票不感兴趣。当然，也有可能当价格再次触及这一阻力位时，投资者改变了他们的主意。但是，我们是利用自己的智慧针对目前所掌握的信息去判断一种情形出现的可能性有多大。而就我们所知，短时间内，股价不太可能创出一个波段新高。

> **关键点！**
>
> 行情图不能预知未来。它们仅仅给出了可能性。

但是仅仅依靠双顶形态能不能得出趋势将会改变的结论？不能。

仅仅因为买家在特定价位上说"不行"，并不意味着趋势将会调头向下。再说一遍，得出结论为时尚早，但是这种形态引起了我们的关注，而且我们知道，接下来趋势改变的可能性比较大。基于此，双顶形态被看作是一种警示。如同火警响起并不意味着火灾必然发生，但是却可以引起我们的警觉。

这是一个很好的例子，我们可以通过查看在行情图上所发生的事情，对投资者的态度有更好的了解。

支撑经常转变成阻力

因为股票行情图是投资者行为的反映，观察双顶形态出现后投资者的反应非常的有趣。由于天性使然，我们全都喜欢更低的价格。从心理角度看，如果价格跌得更低，我们就会认为有一笔好的交易在等着我们。股市上也是同样的情形。在爱可美这一案例的行情图中,我们能够想象投资者会对他们自己说:"哇!仅仅几天以前价格还在更高的位置。现在的价格看起来真的很便宜。"

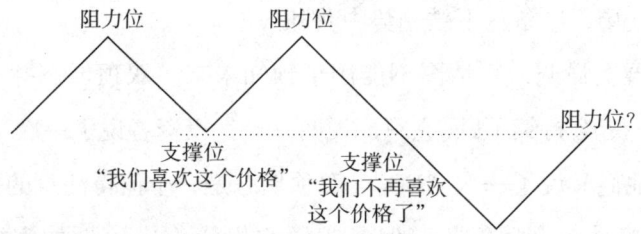

随着价格跌落到前次支撑位下方,一个非常有趣的情形出现在投资者面前。通常,他们会看到一个极好的买入机会,进而开始在这个看上去很低的价位上购买爱可美的股票。这种购买行为当然会再次推升股价。当价格再次来到前次支撑位时,我们将这个点位称之为"一个小小的吻"。问题是,这究竟是哪种类型的吻?它可能是一次"吻别",反弹就此结束,曾经的支撑位现在变成了一个新的阻力位。如果是这种情况,那么价格还要再跌上一阵子。

在上面的例子中,我们能够看到一个完整的"吻别"形态。这里举例说明了前次支撑位是如何转变成当前阻力位的。投资者不愿意在此价位上方买入并对此说"NO"。支撑位变成了一个新的阻力位,这种现象帮助我们认识到:趋势发生了真正的转变。

现在，爱可美的股价正遭遇一个真正的下行压力。投资者在阻力位那里拒绝进场，理所当然价格会随之下跌。接下来就是更低的波段低点，以及一个更低的波段高点。现在，我们决定改变我们的立场，准备从下跌趋势中获利。

我再次强调，行情图不能用于预知未来。双顶形态并不能保证股价一定会持续下跌。它只能说明一点：投资者说了一次"NO"，接下来他们又说了一次"NO"。双顶形态是一个值得注意的警报，有时可能是一个假警报，但是起码它提醒你应该更加密切关注形势。

假设你看到股票正处在一种上涨趋势中，你也开始考虑进场买入，希望从价格的上涨中获得资本利得。此时如果出现一个双顶形态，你应该观望一下，看看这是不是一个假警报。作为一个警报，它可以帮助你重新考虑趋势真正的发展方向。

在这一点上，需要重点关注的是，对于学习技术面分析来说，双顶这类技术形态仅仅只能用来提醒你"前方可能有危险"。

不管是一本讨论技术分析的书，还是一本只讨论技术分析某一个方面的书，确定讨论范围都是写作难点之一。你目前是否掌握双顶形态或者"吻别"形态并不重要，重要的是掌握技术面分析的总体思路。这样你就能够通过查看行情图来更好地了解其他投资者的心思。

你能够想象得到，作为一名投资者，如果对隐藏在市场背后、能够左右行情的那些事物有更深入的了解，你将获得难以想象的巨大优势。不论你是不动产投资者，还是大宗商品投资者，抑或是企业主或股票投资者，这都是你值得拥有的技能。在前面的章节中，通过对世界上主要经济体进行的一次简要的基本面分析，并结合其货币政策及财政政策，我们看到，世界经济步履维艰。我们对行情图的解读能力可以帮助我们洞悉所有这些因素是如何通过市场表现出来的。

更多的技术形态

现在，我们了解了诸如双顶、支撑位以及阻力位这几个技术分析方面的概念，接下来让我们继续了解更多的概念，以便帮助我们作出更加明智的投资决策。

我的目的是带你快速浏览一下这些技术形态，有经验的投资者利用这些技术形态在市场上获得了利润以及稳定的现金流。你向自己的词汇表以及个人知识库中添加这些技术形态和工具以后，就能够在投资中快速地识别它们。更为重要的是，这些知识为进一步的财商教育打下了基础，帮助你向具备投资实践能力的方向前进。

头肩顶

在上面的示意图中，你可以看到，这个形态看上去像一个人的头和肩——头在中间，肩在两边。这是一种常见的技术形态，它提醒我们一个即将到来的下跌趋势。

下面的例子是美元的一个头肩顶形态。这张行情图展示了美元对一揽子其他货币汇率挂钩的交易所交易基金的走势情况。

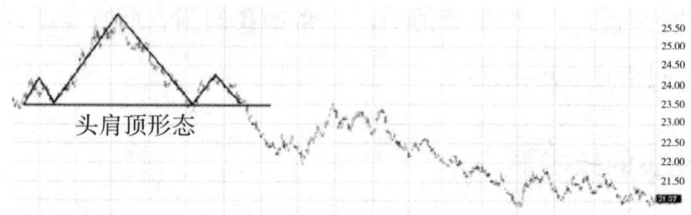

通过对此形态的观察，我们能够看到市场在形态的底部对价格形成了支撑，然后在左肩的顶部遇到阻力，接下来在头部的顶部以及右肩的顶部分别遇阻。然后，当投资者对价格再一次测试右肩上方价位说"NO"以后，价格击穿了支撑位，随之而来的是沉重的抛盘。

随着行情图的继续，我们需要对其进行仔细观察，以便理解它要告诉我们的故事。记住下面的规则：

　　　上涨趋势一波比一波高。下跌趋势一波比一波低。

头肩顶形态提醒我们：行情很有可能转入下跌趋势中。如果通过行情图，我们看到了波段新低，则我们的猜想得到证实。

双　底

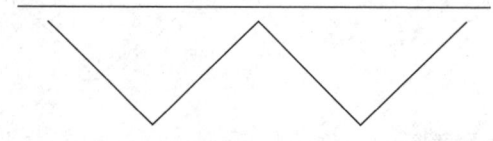

如同双顶能够给我们一个"上涨趋势可能很快就会转折"的早期指示那样，双底能够提醒我们"下跌趋势可能终结"。

如同双顶看起来像一个大写字母"M",双底看起来像一个大写的"W",所以这种形态很容易辨识。你对双底做出的反应和遇到双顶时截然相反。这个形态显示,价格两次从支撑位反弹。在这个时点上,许多职业投资者都在等待形态被证实——价格突破阻力位。一旦下跌趋势反转得到证实,他们就会在阻力位上方进场买入。

头肩底

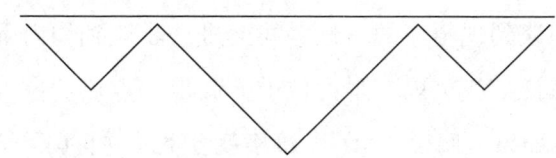

这个形态是头肩顶颠倒过来的样子,它提醒我们"下跌趋势可能反转"。头肩底通常是一个牛市行情形态,当阻力位被突破时,投资者就可以下单买入股票。

上升三角形

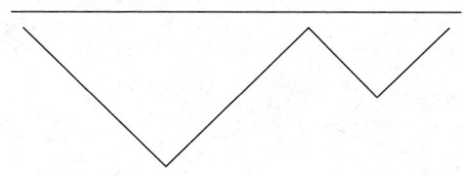

上升三角形既不是一个上涨趋势,也不是一个震荡趋势。它的波段高点并没有上移,但是波段低点却抬高了。投资者接二连三地说"NO",但是每次这么做之后,他们又在更高的水准上说"没问题"。这种形态的美妙之处就在于它不可能永远持续下去。

顶部阻力位保持稳定，支撑位却被越推越高。这就是为什么支撑趋势线不是水平的。我们应该能够勾画出一条斜率向上的直线。这代表股价正在遭遇的情形好比一个压力锅，我们正等着压力从锅顶喷射出来。

但这是不确定的，任何价格的走势都是不确定的。但是，如果我在阻力位上方下了一个买入止损单，那么当价格没有突破而是又回到底部时，我没有任何损失；而一旦价格突破阻力位，其充足的上冲动能就会使我获利颇丰。

当我们谈到现金流的时候，我会进一步谈到如何下单购买股票。举例来说，我可以在阻力位上方高出一点点的位置下一个买入止损单。如果他们说"NO"，价格就会下跌并且向下突破，那么订单不会被执行，我也就没有进场。如果他们说"没问题"，价格一飞冲天，机会就被我逮到了。呼！我喜欢这个主意——当人们一直说"不行"然而最终说"没问题"时，我适时加入其中。抓住这样的机会乐趣多多。

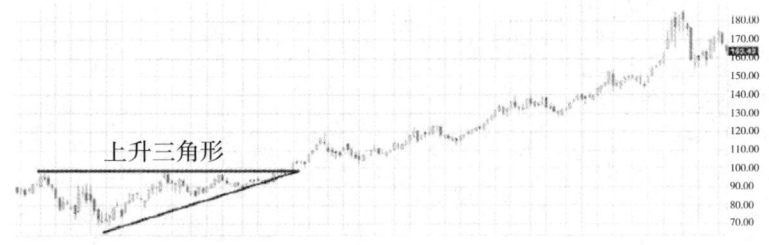

黄金就是这样一个充满乐趣的上升三角形形态的例子。你可以在上方的行情图的最左边看到有一个上升三角形形态。行情图显示了一个与黄金交易价格的十分之一挂钩的交易所交易基金（当金价在 1 000 美元每盎司的时候，基金的价格就是 100 美元）。在 1 000 美元每盎司的价位上，买家持续说 "NO"。过了很长一段时间后，当阻力位最终被突破以后，投资者开始在更高的位置上说 "没问题"，之后阻力位快速抬升。呼！

你可以学到更多

还有许多其他的技术形态和指标可以用来帮助我们更好地理解行情图上所发生的一切。你也可以在自己的技术面分析中用到蜡烛图形态甚至特殊的技术指标。当然，本书的目的是为了将技术面分析介绍给具有初学者水平的投资者。对这些形态和指标进行全面的探讨超出了本书的范围。

如果你想对这些指标进行更加深入的探讨，请访问 www.stockmarketcashflow.com 以获取更多资料。

我们在本章涉及了许多方面。我们学习了一些新的概念及方法以便理解市场上股价变动背后的原因。

记住，我们不能够控制市场运行的方向。但是我们能够利用自己的智慧对其进行监控，观察并发现一些提醒我们注意市场里那些可能发生变化的形态。

为什么学习基本面以及技术面非常重要？因为这是为我们的投资收集信息的一个过程。现在，我们知道了收集和分析这些信息的途径和方法，我们做好了通过它们来赚钱的准备。而且，我们已经做好了准备——学习如何从市场里产生现金流。

本章小结

让我们来回顾一下第五章的一些重点：

1. 技术面分析帮助我们得到关于市场力量的信息。

价格的变动取决于供需关系的变化。股票行情图仅仅只是记录历史，投资者可以通过它看到一段时间内股价在交易中的各种变化。任何能够被标价的事物都可以通过行情图给投资者提供此类信息：不动产、货币、股票、大宗商品（比如黄金和原油）及其他。

2. 做市商随时做好买进和卖出特定证券的准备。

做市商随时做好买进和卖出股票的准备，客观上为市场提供了一定程度的流动性。做市商不关心价格的上涨或者下跌。他们简单地通过供需关系的变化撮合买卖双方。

3. 股票行情图反映了供需关系变化的情况，它不一定和基本面分析有关联。

因为供需关系变化涉及投机行为和情绪变化，投资者可能会买入那些没有良好记录的股票。买入这种股票时，他们会憧憬股票在未来会变得更有价值。然而，他们同样可能会出于压力而在市场的一片恐慌之中卖掉一些具有优秀基本面的股票。

4. 基本面分析通过财务报表讲述一家公司的故事，而技术面分析通过股票行情图讲述故事给投资者听。

投资者能够利用基本面分析及技术面分析，对于自己采取何种立场作出更有依据的决策。

5. 在上涨趋势中，行情图显示行情一波高过一波。

职业投资者利用趋势来判断对于一只股票应该采取何种开仓方向。

6. 在下跌趋势中，行情图显示行情一波低过一波。

如果股票正处在下跌趋势中，投资者通常会建立一个空头仓位，这意味着投资者将会从股价下跌中获利。如果股价趋势改变，投资者可以执行一种退出策略。

7. 在震荡趋势中，行情图显示行情始终在一个区间内震荡。

8. 投资者想和趋势保持一致。

有一句老话叫"趋势是你的朋友"。许多职业投资者首先分析整个市场的趋势，然后再寻找与市场趋势保持一致的个股。

9. 行情图不能预知未来。它只是指出最有可能发生的是什么。

专业的技术分析师就像天气预报员。他们很少使用"绝对"这一字眼，更多的是讲述各种可能性。

第六章

柱之三：现金流策略

通过之前的章节，你学到了一些股票投资知识并掌握了一些投资工具的用法，通过发现和了解有关公司及其发展趋势的一些有价值的信息，你能够作出更加明智的投资决策。你学会了：通过基本面分析获取关于某个实体的有价值的信息；通过技术面分析洞察投资者的想法，让你能够紧扣供需关系的脉搏，对接下来最有可能发生什么以及什么时候发生作出自己的判断。

有了工具箱中的这些工具，你现在已经做好了投资准备。让我们明确自己的立场，通过股票市场来提高自己的资产净值或者从中获取稳定的现金流吧！

通过明确立场方向将信息转化成利润

当你开始迈出通向下一阶段的步伐时，考虑以下步骤对你很有帮助：利用前两根柱子（基本面分析及技术面分析）作为信息收集阶段的手段；而后两根柱子（现金流策略及风险管理）则作为明确立场方向阶段的手段。

关键点！	
第一阶段是收集信息	第二阶段是明确你的立场方向
基本面分析	现金流策略
技术面分析	风险管理

前两根柱子（基本面分析及技术面分析）帮助你得出对前景的看法。后两根柱子（现金流策略及风险管理）则帮助你根据从上一阶段得出的信息作出进一步判断，针对最有希望产生变动的特定资产价格明确自己的立场方向，以便收获利润。

四柱			
信息		立场方向	
基本面分析	技术面分析	现金流策略	风险管理
某个实体实力的信息	市场力量或者"趋势"的信息	通过明确立场方向从可能发生的情况中获利	为意外做好准备
财务报表	图表和技术指标	获取资产	保护资产
家庭 公司 政府 政策 人口	多种市场指数 资产类别 板块 个别投资标的	多头仓位 空头仓位 净值仓位 现金流仓位 债务杠杆 合约杠杆	合约对冲 保险对冲 退出策略 仓位规模 非相关资产 税务筹划/法律

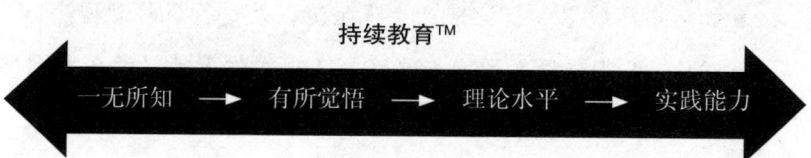

持续教育™

一无所知 → 有所觉悟 → 理论水平 → 实践能力

通过收集分析信息进而利用其获利的观念对你来说具有深远的意义，从此你不再需要盼望市场总是表现良好，或是祈祷经济形势一片大好。这种利用信息的能力能够让你不论是面对正面信息还是负面信息时，不再依赖那些超出你掌控的国家政策、一份辛苦的工作或是总体而言需要市场长期增长来支撑的401（k）退休金计划。

同样值得一提的是，你在信息收集阶段对收集到的信息没有任何控制权。你仅仅只是一个观察者。你获取的那些基本面以及技术面的详细信息就是它们原本的样子。从另一个方面来说，当处于明确立场方向阶段时，在充分利用你所掌握的市场情况进而做出的投资方向这一点上，你具有完全的控制能力。因此，你有责任去尽可能明智地定位自己的投资方向。

你以前可能听到过这种说法："生活不能尽如人意，自己努力去做到最好。"也许，在股市上也是如此，"行情不能尽如人意，熊市中也要努力赚钱"。这就像是魔术，它让你能够将任何信息——好的或者坏的——统统转变成利润。

当来到本书的后半部分，我们将要学到一些我最喜欢的课题。

■ 通过举例说明如何在任何市况(上涨、下跌或震荡)下赚钱。

■ 如何更加明智地设立投资目标，以及决定如何让资本利得和现金流与你的计划相一致。

■ 如何搭配股票和权证来产生现金流以及进行风险管理。

■ 沃伦·巴菲特最喜爱的策略之一（现在你也可以学会并掌握了）。

因为我想给你举出一些真实例子，其中一些来自我自己的真实交易。你应该从实战中而不仅仅是从理论上观察这些交易是如何进行的。我想这对你的启发会更大一些。但是对于这种做法，我需要郑重地提醒一下。

警告：当我展示自己的交易时，我不是在推荐你应该使用与我一样的交易方式。同样，我也不是在推荐你参与交易与我相同的股票。记住，展示这些交易的目的是为了对来自现实世界的案例进行剖析，以帮助你更好地理解具体概念。

教育和建议之间有着巨大的差别。本书严格地指向教育方面。

你的目标应该是向着持续教育™的方向前进。记住，太多想凭借一条有关某只股票的小道消息而一夜暴富的人最后都成了市场的牺牲品，他们想通过一次交易就成为股市大赢家。这些人不太可能成为真正独立的人，他们总是指望其他人——那些能够给他们带来小道消息的人。随着你对股票市场理解的不断加深，你将能够知道如何进行交易及掌控自己的人生。

投资是为那些愿意花时间接受教育来提高自己的人们准备的，而不是为那些想要拿自己的钱去赌博的那些人。证券投资显然是有风险的。如果我亏掉了钱，那就是我自己的责任。请你也记住以上这些话。

在建立仓位之前，请你记住：不是所有的收入都被视作等价的

大多数人设立了自己的投资目标之后，便很少思考不同的仓位带给他们的不同结果。钱并不是等价的。举例来说，在美国政府眼里，来自工作所赚取的钱与同样数目但是来自投资所得有很大的差异。从一份工作中获得的报酬或者作为一个小企业主的收入被认作是劳动收入。通过低价买入高价卖出的手段，从长期的股票投资组合中赚来的钱被认作是资本利得。在美国，我写作本书时，劳动收入会被征收高达 39% 的税率，而资本利得仅仅被征收 15%～20% 的税率。因此，钱并不都是等价的。

几乎所有的国家都会对你的收入以劳动收入、投资组合收入或被动收入三种名目中的一种进行征税。当你设立自己的财富目

标时，必不可少的一点就是利用良好的税务筹划，有策略地规划自己的收入来源与形式，你就能够最大限度地利用税收优惠。想要了解这方面的更多信息，我极力推荐你看富爸爸顾问汤姆·惠尔赖特所著的《富爸爸免税财富》（*Tax-Free Wealth*）一书。我听汤姆说过，通过正确的税务筹划以及正确的定位，人们可以将几乎所有收入都变成被动收入的形式，除了那些劳动所得。

然而，为了配合写作本书的目的，我想将我们在股票市场以及期权市场上建立的仓位按照目的分成三个不同但是却非常重要的类别：资本利得、现金流和对冲。

> **关键点！**
>
> 在股票市场以及期权市场上，投资可以为三种不同的目的服务：
>
> 资本利得
>
> 现金流
>
> 对冲

假如你是一个"富爸爸"迷，你大概会对罗伯特·清崎和金·清崎推出的一款名为《富爸爸现金流》的财商教育棋盘游戏再熟悉不过了。游戏者可以从中了解到产生资本利得收入的机会与产生现金流收入的机会之间的差异。

资产定位

当我在世界各地授课时，人们总是向我寻求建议："安迪，我应该购买黄金吗？"

人们只想要我告诉他们具体应该怎么做。而对于此类问题，我的回应通常让他们颇感不悦："唔，我只是你的老师，因此我不能给你具体的理财建议。但是我很好奇你要黄金做什么？"

"我只是想要赚点钱。"他们回答道。

这些家伙完全没听明白，我真正想要问的是，他们购买黄金的目的是为了获取资本利得还是现金流，抑或是针对某个下跌中的货币进行的对冲？

一个有经验的投资者能够理解我不是在试图敷衍他们。黄金可能是用来抵御通胀风险的一个极好的对冲工具，这取决于当时的基本面及技术面条件。但从现金流的角度来考察，黄金的表现却非常糟糕。它不太可能为投资者带来超出每月支出费用的被动收入，因此如果人们想要通过购买黄金来实现财务自由，恐怕这是行不通的。黄金就像那个众所周知的金蛋，它的价值可能上下波动，但没法生出一只新的金蛋。

然而，如果人们有一个数额很大的现金头寸[①]，并且担心通胀会逐渐侵蚀这些现金的价值，那么对于他们来说黄金可能就是一种合适的选择。他们通过贵金属来保存部分财富，这种做法应该是可行的。

显而易见，我所接触的大多数人都处在其投资教育的初始阶段。学习个人基本面分析以及利用个人财务报表设立一个财富目标，这应该是一个不错的开始。

掌握主动权

记住，风险与控制有关。无法控制股票走势是股票投资中众

[①] 头寸指投资者拥有或借用的资金数量。——编者注

多令人沮丧的事情之一。在针对基本面以及技术面的讨论中，我们可以非常清楚地看到这一点。买入某只股票以后，如果你拒绝根据市场的变化调整自己的立场，那么你就只能任由市场摆布。

那些拥有401（k）养老金账户的长期投资者不能控制账户中资产价值的涨跌。他们只能盼望它上涨，他们也只能如此。他们不仅对基本面以及技术面的变化束手无策，而且缺乏调整自己立场的技能。当命运送给这些家伙一个机会时，他们不知道如何利用。

关键点！			
你不能左右从信息中了解到的那些事情		你可以选择想要采取的立场	
基本面	技术面	现金流策略	风险管理
（财务报表）	（股票行情图）	（多头或空头）	（投保或不投保）

另一方面，你可以借助基本面分析和技术面分析来获取自己需要的详细信息，以便根据情况变化随时转变自己的立场。虽然我们完全无力控制市场的走势，但是我们却可以通过控制仓位规模将风险控制在一个自己能够接受的水平上。你可以随时对这些仓位进行调节。假如情况发生改变，而你对仓位也作出相应的调整，这就能给你带来新的投资机会。经济形势不好或者工作岗位短缺都无关紧要。市场上涨、下跌或者盘整也无关痛痒。在任何市况下，你都有机会获取可靠的收入。

让我们将焦点集中到"现金流策略"这一部分吧！

现金流策略		
获取资产		
多头仓位	净值仓位	债务杠杆
空头仓位	现金流仓位	合约杠杆

你将会根据基本面以及技术面的情况来作出一些决策。你准备持有多头仓位、空头仓位还是中立仓位呢？你想要获得不错的资本利得从而使净值增加呢，还是想通过持有一个仓位并且让它每月都给你带来现金流呢？你想要持有杠杆仓位吗？如果你打算这么做，那么你会选择利用债务还是合约？

多头仓位和空头仓位

一般情况下，如果基本面以及技术面指出某些东西的价值将会上升，那么你肯定想要拥有它们。在投资领域，拥有一些东西——任何东西——意味着你持有一个多头仓位。

对于任何你购买以及拥有所有权的东西来说都是这样。

- 如果你买入一些黄金，你就是做多黄金。
- 如果你买入一些股票，你就是做多这些股票。
- 如果你的储蓄账户中存有一些美元，你就是做多美元。

当来自基本面以及技术面的情况发生改变以后，你可能希望对仓位作出相应调整。通过买入某只股票，你就建立了一个多头仓位；接下来，通过卖出这只股票，你就结清了该多头仓位。

- 通过买入黄金，你建立一个多头仓位；接下来，通过卖出黄金，你结清了该多头仓位。

- 通过买入股票，你建立一个多头仓位；接下来，通过卖出股票，你结清了该多头仓位。
- 通过出让商品或者提供服务而收到美元，你建立了一个美元的多头仓位；通过花掉这些美元，你就结清了自己的美元多头仓位。

四柱构筑

柱之三：现金流
多头仓位通过买入而建立，通过卖出而结清。

每个人都知道什么是多头仓位。如果你有钱放在银行，你就是持有现金的多头仓位。如果你有一辆汽车，你就持有那辆汽车的多头仓位。

对于一般人而言，持有空头仓位就没这么容易理解了，甚至有些人还会产生误解。当我的第一位股票导师向我解释如何建立空头仓位以及这意味着什么时，我承认当时我没能完全理解。这概念听上去完全违背常理。

关键点！	
多头仓位	
为了建立多头仓位，你需要：买入并拥有一些东西。	为了结清多头仓位，你需要：将买入的东西卖掉。

让我们从了解建立空头仓位的三个重要事实开始吧！

（1）你将使自己处在一个"通过从某些东西价格下跌的过程中获利"的立场上；

（2）你将卖掉一些不属于自己的东西；

（3）你将改变先买后卖的交易次序——将次序完全颠倒过来。

换句话说，你先卖掉某些东西，然后再买回来。我不知道你的情况，但是当我第一次听到这个概念时，大脑完全转不过弯来。但是我还是很想理解这个概念。我对于如何建立这样一个仓位并从中获利很感兴趣！

如前所述，如果我们认为某些东西的价值将会上涨，那么可以通过买入它们而建立多头仓位，然后通过卖出它们而结清多头仓位。因此，我们应该能够找到一点感觉，如果我们相信某些东西的价值将会下跌，可以通过卖出这些东西来建立空头仓位，然后通过将它们买回而结清空头仓位。

但是，如何卖掉并不属于自己的东西呢？答案很简单：首先，从别人那里借来，然后再卖给另一个人，以此来建立空头仓位。等到价值下跌以后，再以新的价格（希望价格比卖出时要低）买回来并物归原主，以此来结清空头仓位。

关键点！			
多头仓位		空头仓位	
为了建立多头仓位，你需要：	为了结清多头仓位，你需要：	为了建立空头仓位，你需要：	为了结清空头仓位，你需要：
买入并拥有一些东西。	将买入的东西卖掉。	借入一些东西然后卖掉。	将卖掉的东西买回来并归还。

作为一名老师，我想重复一遍，我拥有将这个概念教给

千千万万个人的机会。我要说的是,在人们来上他们的第一堂课以前,只有不到1%的人完全理解建立空头仓位是什么意思。

四柱构筑

柱之三:现金流
要建立空头仓位,你需要借入一些东西然后卖掉;要结清空头仓位,你需要将卖掉的东西买回来并归还。

为了进一步帮助你理解这个概念,我想给你举几个关于空头仓位的小例子。如果你仍然对理解这个概念感到有点困难,可以回过头来再看一遍。

大部分的美国不动产投资者都拥有美元的空头仓位

即便是仅对大范围内的财政政策、货币政策、主权国家基本面以及技术面分析有一个初步的了解,也能看出美元很有可能会进入长期衰退中。事实上,回过头来看看过去的30年,你会发现自己多么希望已经建立了一个美元的空头仓位。所以,当这一预期成为现实时,我们如何能够有效地明确自己的立场呢?

如果你决定存钱,记住你就是在持有美元的多头仓位。通过出让某些货物或者服务,你在美元价值比较高的时候交换回来一些美元现金。如果你现在就拿这些美元去购物,你能够买到一大堆不错的东西(30年前用同样的价钱你甚至能够买到更多)。但是如果你一直持有美元的多头仓位(将钞票存在床底下),而美元却在未来贬值,突然间,你发现同样数目的钱再也买不回和现在同样多的东西。这就是美元随着时间的推移逐渐贬值的后果。

让我们来设想一下，你决定建立一个美元的空头仓位。记住，为了建立一个空头仓位，我们需要借入一些钱，然后与一些有价值的东西进行交换，比如不动产。在美国借钱的好处之一，就是你经常能够以固定的利率贷款，这就是说，以后每月的偿还数目是不会发生变化的。当美元贬值以后，我们需要为具有价值的东西花上更多数目的钱。我们要花费更多的钱去购买食物，因此食物价格上涨。因为购买衣物需要花费更多疲弱的美元，因此表现为服装价格上涨。对于不动产来说也是同样道理。如果美元贬值，为了让自己能够继续住下去，你的那些房产的租客需要支付给你数目更多的美元。年复一年，你每月偿还给银行的贷款数目并没有发生变化。然而，这些钱与当初你向银行贷款的时点相比，价值已经大为缩水。

当不动产投资者说到"房产倒手者"（house flippers）以及"周末武士"（weekend-warrior）这类字眼时，他们是在谈论房产。他们谈论翻修、抵押物业拍卖以及诸如此类的事情。我听到像肯·麦克尔罗伊及罗伯特·清崎这类专业不动产投资者的言论几乎总是和债务、美元的贬值以及税收有关。他们几乎从来不谈及房产！为什么？因为对于一个通过现金全款购买不动产的人来说，他就是建立了一个不动产的多头仓位。但是，对于一个通过负债购买不动产的人来说，他建立的是一个美元的空头仓位！许多不动产投资者都没有看到硬币的另一面！因此，美元的基本面及技术面对他们来说，与不动产市场的基本面以及技术面同等重要。

也许，比起"出售"这个词，"交易"更为合适一些。当你出售某些东西时，实际上你是在拿这些东西与美元进行交易。

通过买入不动产来做空美元	
建立一个空头仓位，你需要： 　　从银行借入美元 　　然后 　　出售或者"交易"这些美元以换回 　　一处房产	结清一个空头仓位，你需要： 　　向承租人收取租金 　　然后 　　将具有更少价值的美元归还给银行

对于持有多头仓位的投资者而言，最糟糕的事情就是他们持有的东西价值下跌。反过来说，这也就意味着对于那些持有空头仓位的投资者来说，借来的东西的价值在归还之前发生上涨就是最糟糕的事情。

想象一下，如果美元的价值上涨，对于我们的不动产投资会造成什么影响？这意味着，美元会具有更强的购买力，因而会导致不动产价格下跌。美元"疲弱"时本需要花上 1 000 元才能支付的租金却在美元"强劲"时只需要 500 就足够了。为什么？因为强劲的美元比疲弱的美元具有更强的购买力。然而美元的抵押贷款偿还数额却不会没有发生任何变化。因此，如果不动产投资者借助了债务杠杆，那么强劲的美元可能会使自己面临一个现金流为负的局面。

为了在股票市场上建立一个空头仓位，我们只需向自己的经纪商借入股票，然后拿到公开市场上出售以换取现金。一旦股价下跌，我们可以在公开市场上以更低的价格买回这些股票，然后将它们归还给经纪商并将赚到的钱放进自己的腰包。

做空股票	
建立一个空头仓位，你需要： 从经纪商那里借入股票。 在公开市场上出售或者"交易"你的股票。	结清一个空头仓位，你需要： 买回股票。 向经纪商归还股票。
卖出 ⎱ 50美元 　　　⎰ 40美元　　1. 从经纪商那里借入股票 2. 以50美元卖出借入的股票	买入 ⎱ 50美元 　　　⎰ 40美元　　1. 以40美元买回股票 2. 归还股票
你现在有了50美元；但是欠经纪商一股股票。	你现在有了10美元利润。

当然，空头仓位有其自身的风险。如果你建立的是多头仓位且股价跌为零，对你仓位的打击确实是毁灭性的。但是，如果你建立的是空头仓位，而股价的上涨是没有限制的——对你而言，危险性更大。

盘点一下你的资产：你是如何明确立场方向的？

当你问自己想从投资中赚取什么类型的钱时，我推荐你通过查看自己的利润表以及资产负债表来获得引导。利用你从本书中学到的东西来进行一次个人基本面分析。然后，你会对自己想拥有什么类型的投资有更好的了解，以及你如何用这些投资去改变你的财务报表。

> **关键点！**
> 投资目标应该源自你的财务报表。

你在投资中所采取的立场，会根据投资类型的不同而对你的财务报表上面的数字产生不同的影响。你想让自己的资产负债表上的净值有所增加，还是想增加利润表上的月现金流？

当你设立自己的目标时，可能要检查一下就纸资产方面而言你当前所处的位置，以及你的目标是否依赖资本利得。你是否今天买入股票，然后指望明天能卖出一个好价钱？你的纸资产定位于给你月复一月带来稳定的现金流吗？

通过购买并持有股票或者共同基金的长期策略都是将希望寄托在资产增值上面。假如市场的发展如你所愿，长期来看，这种策略能够帮助你的资产净值实现增长，但是不能每月给你带来体现在利润表上的可靠的现金流。请将那只能下金蛋的鹅与一只金蛋之间的差别牢记于心。"金蛋策略"是通过收集许多的金蛋然后寄希望于金蛋的价值上涨。"金鹅策略"关注于那些总是能够产生新的金蛋的资产。

显而易见，本书的目的是要告诉你如何从股票市场里面获得稳定的现金流。这是一条完全不同的利用市场来获利的途径，而你的朋友和家人很可能不会谈及——很简单，绝大多数情况下，他们根本就不知道。

回到那些你先前设定的目标上面。你可能设立了一个每月能够获得稳定现金流的目标。可能你想要得到至少能够支付每月所有开支的数目。如果是这样，你需要设定一个每月能够争取达到的目标数字。

因此，让我们来看看如何产生足够的现金流，使其能够支付你每月全部的账单。花点时间写下那个数字——能够让你每月生活下去的那个数字。如果你不知道那个数字，那立即停下来，先搞清楚再说。

这是你的支出数字——你为了实现财务自由而获得的现金流所需要达到或超过的美元数字。与其将钱塞进一些退休金账户，然后盼望着有一天你到了一定岁数之后，这些退休金账户里会有足够的钱供你花销，不如为了你的财务自由而设立目标。后一条途径明智得多。

大多数人通过工作来获得他们所需要的收入，以便支付每月的花销。转变一下观念，看看富人们都是怎么做的。

如果你现在能够识别出自己的投资目标，那么在构筑现金流以便达到你想要的数字方面，你就前进了一大步。随着每月来自市场的现金流逐渐增长，你越来越不需要依赖于某份工作，而且在自己有能力赚取所需的钱这方面越来越有信心。

想象一下，从朝九晚五的工作中解脱出来时是什么感受。所需的仅仅是能够将你的劳动收入取而代之的足够的现金流，你可以用它来支付自己的开支。从那一刻起，你将会以一种完全不同的角度来看待自己的人生。与其琢磨着如何存上一大笔钱以便在20年以后退休，不如好好想想，如何通过资产带来的被动收入使现金流达到一个你所渴望的数字。

为了方便讲解，让我们假设你每月需要达到的数字是10 000美元，这是每月你需要支付的数目。通过订立出清晰的目标，接下来你可以制订计划，去买入一些股票，然后赚取1美元，接下来赚取10美元、100美元……然后继续扩充你的资产规模，以便为你提供更多的收入。随着你按照这个计划不断地扩充资产规模，总有一天，你会拥有每月10 000美元的现金流，甚至更多。不经意之间，你发现自己实现了财务自由。而在每月都有15 000美元现金流入账的水平上，你的人生会发生翻天覆地的变化！

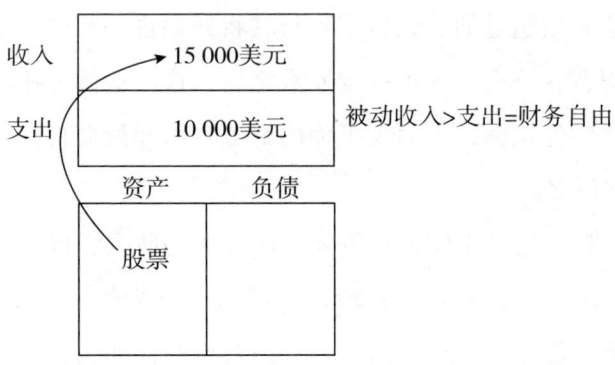

注意，在上图中，你的资产净值没有被反映出来。为什么？因为财务自由与你在银行中有多少钱无关，也和资产净值无关。财务自由指的是，你可以从资产中获得足够的现金流来维持日常开支，并且不用操心钱的事情。

在传统的思维方式下，财富的积累是试图在退休时拥有数百万美元——"金蛋"。但是有一条更好的、也更明智的道路。如果你掌握了相应技能，知道如何取得能够产生收入的资产，然后持续学习如何让这些资产给你带来更多现金流，那么你设定的那个目标数字就变得完全无关紧要了。从那以后，仅仅只需扩大你的资产规模就能够达到你想要的数字。对于更大的目标而言，其本质上也是相同的。

从现金流的角度去考虑，而不是从资产净值的角度。能够做到这点，你就已经从根本上改变了自己在理财方面的价值观。从拥有足够的被动收入去支付所有开支的那天起，你就已经能够去做任何自己想要做的事情，而不必辛苦积攒一大笔钱，等到65岁才退休。这种方法被一些人称之为"提前退休"，而我称之为"自由地过我们一直所梦想的生活"。

使用杠杆

在市场上，合约可以用来帮助我们获得杠杆效应。合约给了买家选择权，使其能够以预先约定的价格买入或者卖出某只股票，或者什么也不做直到交易结束。这种类型的选择称之为"期权"。

我们可以使用期权合约来达到三个投资目标中的任意一个：资本利得、现金流、对冲——或者以上三种的任意组合。

回报率

投资者将钱用来投资的目的是期望投资数额得以增长。这种增长称之为"回报"，它是在一个特定时间段内从投资中得到的利润。下面是它的计算方法。

> **关键点！**
>
> $$\text{回报率} = \frac{\text{收回的钱} - \text{投入的钱}}{\text{投入的钱}}$$

用奇特的数学语言来表达，我们可以写成这个样子：

$$(V_f - V_i) \div V_i$$

V_f = 投资的最终价值

V_i = 初始投资额

对我而言，更简单的办法就是将它分成两个部分，然后我就可以用计算器来完成计算了。

首先,我算出从投资中收回的钱的数目,然后减去我最初用于投资的数目。

$$收回的钱 - 投入的钱$$

然后用这个数值除以投入的钱:

$$回报率 = \frac{收回的钱 - 投入的钱}{投入的钱}$$

让我们通过一个例子来说明。假设我们从购买100美元的股票开始进行第一笔投资。

$$投入的钱是100美元$$

晚些时候,你将股票以110美元卖出,然后将这110美元从股市中取出。

$$收回的钱是110美元$$

要计算你的利润,我们从收回的钱(110美元)中减去投入的钱(100美元),得出的10美元就是你从最初投资中获得的回报。

要计算回报率,你只需用投资回报(10美元)除以初始投资额(100美元)来得出0.1或者10%,这个数字就是回报率。

当我们对不同投资机会的回报进行比较时,回报率提供了一种不错的角度用以评估不同的投资。想想看,如果从一个投资中产生了300美元的回报,而从另一个投资中产生了500美元的回报,哪一个更好?

在不知道初始投入的规模时,仅仅凭借这些回报金额很难作出判断。而通过百分比的形式,我们便可以在不同的投资之间作出客观公正的比较。

增加投资回报率

对于那些依赖某份工作的人来说,想要增加收入,他们必须要求老板加薪或者另谋高就。但是对于投资者来说,他们能够通过增加投资回报率这一方式来增加收入。

有两种方法可以增加投资回报率:

(1)**获得更多的利润**。这种方法看起来简单,做起来却很难。为了使你的投资回报翻番,仅仅通过在每一笔交易中投入双倍的钱是不现实的。而且你在一定程度上仍然要受到市场的摆布,所以依靠这条途径来定期增加收入是不切实际的。

(2)**减少初始投资规模**。根据我们刚刚学到的投资回报率计算方式,我们能够看到,如果你可以将初始投资额减少到尽可能接近于零,那么回报率可以变得非常大。事实上,你的投资回报率可以变得无限大。

神奇的数学

可以看到,当减少在某笔投资上进行冒险的初始投资金额时,我们可能遭受的损失也会下降,而潜在的回报率却会上升。事实上,为一笔投资进行冒险的资金的理想数额是零。因此,当投入的资金数额为零时,你的潜在回报率会是多少?

关键点!

如果投入的数额是零,那么你的回报率将会是无限。

$$\frac{\text{收回的钱} - 0}{0} = \infty$$

当我向人们解释这个无限回报率的概念时,通常会看到他们一脸茫然的表情。大部分人都不相信会有无限回报率这回事。让我们通过一个例子来向你说明这是如何做到的吧!

方案一

初始投资 = 100 美元

最终价值 = 110 美元

(110 美元 – 100 美元)÷ 100 美元 = 10% 的回报率

方案二

初始投资 = 10 美元

最终价值 = 110 美元

(110 美元 – 10 美元)÷ 10 美元 = 1 000% 的回报率

方案三

初始投资 = 1 美元

最终价值 = 110 美元

(110 美元 – 1 美元)÷ 1 美元 = 10 900% 的回报率

方案四

初始投资 = 10 美分

最终价值 = 110 美元

(110 美元 – 10 美分)÷ 10 美分 = 109 900% 的回报率

方案五

初始投资 = 1 美分

最终价值 = 110 美元

(110 美元 – 1 美分)÷ 1 美分 = 1 099 900% 的回报率

对于上面这些方案,你能够看到最终的价值都增长到了 110

美元。这些方案的区别在于初始投资数额的不同。随着我们尽可能地降低初始投资数额，回报率如火箭般地蹿升至超过百分之一百万。如果初始投资数额完全降到零，则我们会得到一个无限大的数字。

方案六

初始投资 = 0

最终价值 = 110 美元

（110 美元 − 0）÷ 0 = 无限的回报率

根据上面这些方案来看，通过尽可能降低初始投资额，理论上我们可以获得一个无限大的回报率。但是，我们理所当然会存在这样一个疑问：真的可以用很少的钱去进行这样一笔投资吗？回答是肯定的！你可以利用杠杆原理来做到这一点。

杠杆原理 vs 寻找十倍股

一些投资者花费大量时间进行基本面分析，希望能够找到一块未经雕琢的璞玉。他们梦想通过购买股价只有几美分的那些股票，然后坐等它们的价格如火箭般蹿升。他们梦想通过打出一记本垒打而一战成名。

彼得·林奇（Peter Lynch）是一位著名的共同基金经理，他为富达投资集团工作了多年。在退休前，他就已经成为历史上最成功的共同基金经理人之一。我不知道彼得·林奇是否赞同，但是我觉得与今天的市场环境相比，在20世纪90年代的牛市氛围下，做一名共同基金经理要容易得多。

20世纪80年代中期到90年代中期，因为相关法案鼓励人们将钱投入到401（k）养老金计划中，巨大的资本浪潮涌入股票市场，连同强劲的经济增长及信息时代的到来，再加上计算机和互联网的出现，个人投资者可以通过向墙上的股票清单掷飞镖来挑选牛股。一些股票价格翻番，有些涨了三倍，有些甚至涨了十倍。谈到那些股价涨了十倍的股票，彼得·林奇创造了一个新词——"十倍股"。

今天的投资者偶尔也能找到十倍股。但是和过去相比，这类情况十分罕见。当今市场的动荡环境，使得那些有着十倍涨幅的股票很难维持高位运行。如同一个孩子的玩具火箭，它掉下来的速度和升上去时一样快。

当然，指望通过利用基本面分析以及技术面分析，如水晶球一般来告诉我们哪些公司的股票可能成为十倍股——这种想法不错。但是，这不是一条成为成功投资者的切实可行的途径。

另一个方法是利用杠杆。让我们用另一个不动产的例子来说明，这例子很容易理解！

有两个人是朋友，他们都想要成为不动产投资者。第一位投资者的名字叫"现金先生"。他对于负债感到非常害怕。由于他未能对债务获得很好的理解，因此他对债务就像瘟疫一样唯恐避之不及。"现金先生"购买了一处100 000美元的房产。他使用了100 000美元的现金全额支付，因此不需要申请抵押贷款。六个月后，不动产的价值上涨，某人出价110 000美元想买下这处房产。"现金先生"接受了这个价格，并以110 000美元的价格出售了这处房产。现在，让我们来计算一下：

$$投入的钱 = 100\ 000\ 美元$$

收回的钱 = 110 000 美元

（110 000 美元 – 100 000 美元）/ 100 000 美元 = 10%

第二位投资者的名字叫作"信用先生"。实际上他和"现金先生"一样节俭，但是他对于债务有着非常清晰、正确的了解。他接受过财商教育。从任何角度来看，他都不是一个轻率的人，相反，他是一个诚实正直而且信守承诺的人。因此，他获得了银行的信任，得到了很高的信用评分，因此可以借由银行的贷款来帮助其提升购买力，因为他得到了银行在授信方面的信任，所以他只需自己承担 10 000 美元的款项来支付房产的首付，而银行则为他提供了剩余的 90 000 美元。

当他的房产在市场上可以卖到 110 000 美元时，他同样卖出了此房产，并偿还了银行的 90 000 美元贷款，剩下 20 000 美元作为自己的回报。让我们看看，如何将他的交易与"现金先生"的交易相比较：

投入的钱 = 10 000 美元

收回的钱 = 20 000 美元

（20 000 美元 – 10 000 美元）/ 10 000 美元 = 100%

上述例子很简单，但它所传递的意义却很重大。因为两处房产是以同一价格购买的，而随后又以同一价格售出，因此获得了相同的利润。关键之处在于，当一个投资者从中获得了 10% 的回报时，另一个投资者却获得了相对于初始投资金额一倍的回报。这说明，如果投资者学会了如何利用杠杆，那么他可以在相同的市场条件下获得难以置信的回报。在本章的后面，你将会看到在没有负债的情况下，如何通过股票市场来做到这一点。

> **关键点！**
>
> 获得巨大回报的两种途径
>
> 试图寻找"十倍股"　　　　　减少你的初始投资
> 　　（碰运气）　　　　　　　　（使用杠杆）

在不动产投资方面，专业的投资者使用债务作为杠杆。但在股票投资方面，投资者却利用债务缩小初始投资规模。如果你找到一种能够缩小控制一份资产所需的初始投资规模的方法，那么不管是通过债务还是其他什么形式，你都是在利用杠杆。

期权市场同样可以让投资者减少投资规模。利用杠杆的一个额外好处就是我们不需要负担任何债务。如同债务一样，许多人都对期权持有一个错误的负面印象。关键在于不要怀着恐惧的心理去和期权打交道，而是要用理解的态度去面对它。

大多数投资者都理解做多的基本概念，他们基于良好的基本面分析以及技术面分析，以当前的市场价格买入股票，寄希望于股票的价值会增加。然而，以市场价购买股票可能是昂贵的——尤其是当我们想买很多时。这就是为什么那些接受过良好财商教育的投资者知道如何通过股票期权的买卖来利用股票市场上的杠杆。

杠杆与期权

杠杆原理让我们可以通过很小的努力来实现很大的成绩。你是否尝试过驾驶没有助力转向的老款汽车？驾驶这种汽车有点困难，需要花上一点力气去改变车轮的方向。助力转向系统能够让你轻松地将车辆保持在正确的方向上。对绝大多数人来说，徒手将生锈的钢钉从木头中拔出是不可能做到的。但是，使用一把羊角锤，利用其 V 形口那一端，就可以将钉子毫不费力地起出来。恰当地利用杠杆原理，生活就会变得更加简单轻松。

即便再次提醒一次也不为过——杠杆的威力相当强大。古希腊科学家阿基米德有一句至理名言："给我一个支点，我可以撬动地球。"

不管你现在的处境如何，杠杆都能给你带来无限的可能。很遗憾，学校没能把这个概念正确地教授给你，杠杆是众多让人可以脱贫致富的关键之一。它可以让一个人从勉强温饱到丰衣足食。杠杆值得你花时间去学习和实践。

在股票市场上，期权是有着非常独特形式的一种杠杆。通过期权，我们可以不用直接买卖股票。期权是一种协议，我们可以通过做市商与其他交易者达成这种协议，而协议给了我们一个在预先商订好的价位上买卖某只特定股票的权利。

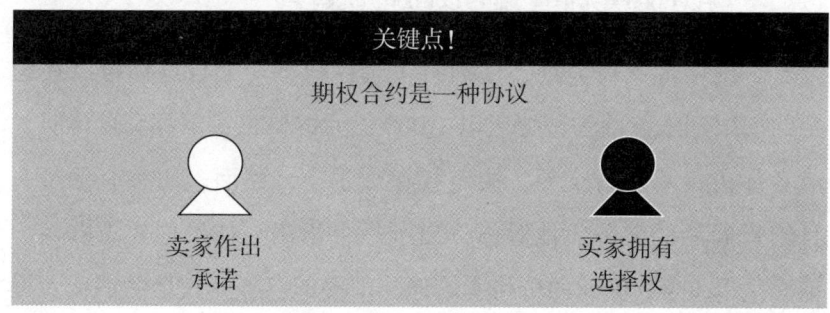

我通过一个比喻来帮助你了解期权的概念。

裁缝店的店主在橱窗里展示了一件新款的燕尾服，价签上标有 1 000 美元的字样。你走在街上，碰巧路过这家裁缝店，在临街的橱窗里看到了这件燕尾服。你从来就没有看到过这么有型的燕尾服，因此很想买下来。于是你推开店门，走了进去。你已经在暗自思忖着掏出1 000美元以现价买下，回头一定能够卖出一个好价钱。

当你正走向店主时，突然间灵光一闪，你有了一个主意。你决定使用杠杆原理。你向店主要求先支付定金，而不是一次性全款付清。通过支付定金，你要求店主以1 000美元的价格为你保留这套燕尾服。店主同意了，双方通过定金达成协议，接下来你们互相握手致意，你们在1 000美元的价位上达成了交易。就算店主决定明天就给燕尾服涨价，可是如果你选择购买的话，对你来说，价格仍然锁定在1 000美元的价位上。

双方以1 000美元"达成交易"

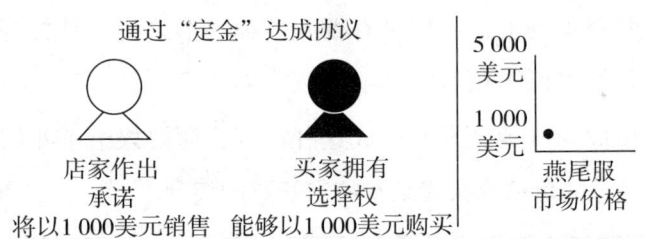

手握定金支付凭证，你拥有了选择权——期权。你可以在约定的期限到来以前去裁缝店以1 000美元的价格买下那套燕尾服，或者你决定不履行交易，决定权在你手上。然而，店家有保留并且销售商品的义务。他对你作出了一个承诺。如果你要求购买，他必须以1 000美元的价格卖给你，即便他已经对其他的消费者提高了销售价格。

在你下了定金以后，让我们设想一下，乔治·克鲁尼在某场红毯秀上被人拍到身着同款燕尾服。来自好莱坞和纽约的这款燕尾服订单如潮水般涌入。店家很快就意识到，他需要提高燕尾服的售价以达到利益最大化,于是价格很快就涨到高达5 000美元。

双方以1 000美元"达成交易"

因为你能够以1 000美元的价格从店家那里购买,
然后转手以5 000美元的价格在市场上售出,
这份协议现在的价值是4 000美元!

对你来说,店家作出了一个具有约束力的承诺,需要履行以1 000美元的价格向你销售燕尾服的义务。这就是说,你甚至都不需要自己掏一分钱,通过找到一个愿意出价5 000美元购买此款燕尾服的人,就能将4 000美元的利润稳妥地放入自己的口袋。这额外的4 000美元价值称之为你所达成交易的内在价值。

关键点!

"内在价值"是你协议购买的价格与市场价格之间的差额。

例:如果你协议购买的价格是1 000美元,而市场价格是5 000美元,内在价值就是4 000美元。

在这种情形下,我们能够看到,立即掏出1 000美元买下燕尾服,希望随后可以转手卖出,这么做还是存在一定风险的。我们还可以看到,这笔交易的关键不是燕尾服,而是期权合约。请注意,当燕尾服的价值上升时,你手中协议的价值也随之上升。

起初,你达成的协议并没有任何特别之处。协议让你能够以1 000美元的价格买下燕尾服,但是其他人同样可以以这个价格购买。

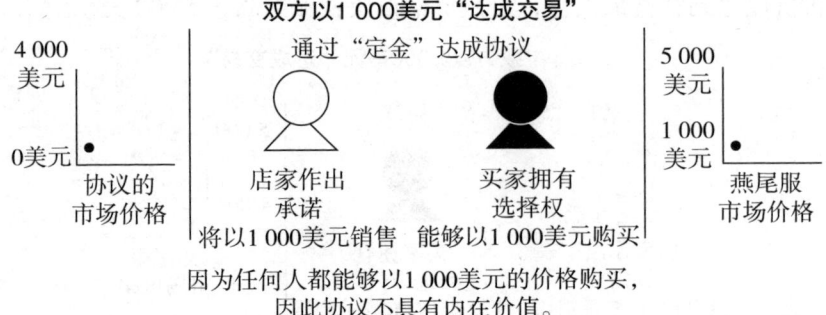

现在请注意：你的合约价值是如何随着燕尾服价格的上涨而增加的。

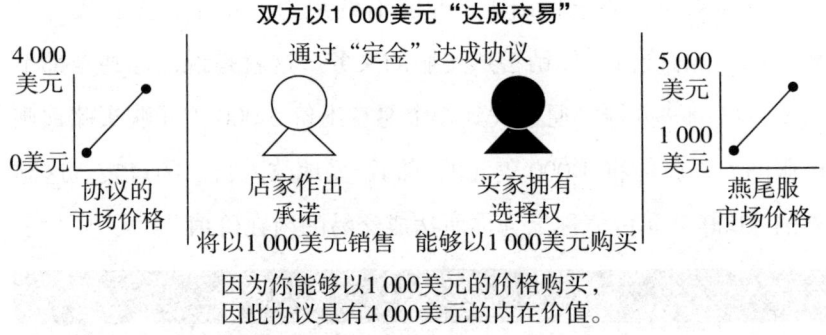

你拥有和商家的一纸合约，这让你能够以一个非常低的价格购买燕尾服，4 000美元的内在价值正是来源于此。让人兴奋的是，你都不用到商家那里去，就能够将4 000美元的利润放进自己的口袋中。实际上，你甚至都不用操心如何购买燕尾服，然后将它完好地交到买家的手中。你所要做的事情就是将合约卖出。对于市场上那些渴望拥有燕尾服的人来说，你的合约价值4 000美元。

让我们再次看看这笔交易，计算一下回报率。

- 收回的钱 = 4 000美元

- 投入的钱 = 0

你赚到 4 000 美元，你的初始投资数额是多少？分文未花。

假设你花 1 000 美元买下了燕尾服，然后以 5 000 美元售出。回报率仍然不错。

（5 000 - 1 000）÷ 1 000 = 400%

前面我说到过，现金流就是关于我们如何明确自己的定位。下面的示意图帮助我们比较购买燕尾服的两种不同手段。通过两种不同策略之间的对比，我们能够看到截然不同的结果。

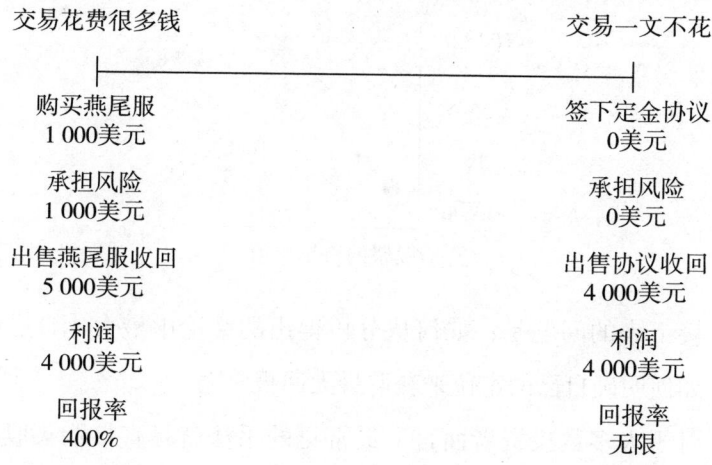

策略对比

交易花费很多钱	交易一文不花
购买燕尾服 1 000美元	签下定金协议 0美元
承担风险 1 000美元	承担风险 0美元
出售燕尾服收回 5 000美元	出售协议收回 4 000美元
利润 4 000美元	利润 4 000美元
回报率 400%	回报率 无限

从这个简单的例子中你可以看到，如何通过一份简单的协议来减少初始投资额，以达到利用杠杆的目的。

注意观察，看看在不负担债务的情形下，如何能够将初始投资额减少至零。

需要重点关注的是，为了获得不错的收益，你不必非要想尽办法将初始投资额降至零。实际上，如果为了锁定燕尾服 1 000 美元的价格，商家要求你支付400美元的定金，你仍然可以从中获得一个不错的回报。比起花费1 000美元全款买下燕尾服然后转手卖出，你通过一份定金协议达成交易所花费的钱更少，所需承担的相应风险也更小。

股票期权

现在，让我们来看看股票市场的例子。设想一下，你想要购买股价在50美元每股的某只股票。通过基本面分析以及技术面分析，你认为股价将要上涨。

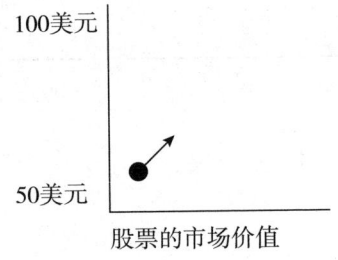

接下来的问题是：如何从分析得出的结论中最大化自己的利润？如何明确自己的定位来获取最大回报？

对于大多数投资者而言，最常见的手法就是直接购买股票。也许，某个人会以50美元每股的价格买上100股。如果这么做，投资者所承受的最大风险是5 000美元，因为股价的表现可能非常糟糕，或者上市公司破产。

而另一条途径就是购买股票的期权。也许你想要利用杠杆。如同你支付定金让商家为你保留一段时间的燕尾服一样，在股票市场上，你也可以通过一种称之为看涨期权的东西来达到相同的效果。

在买入看涨期权之前，你需要做出若干决定：

（1）你希望可以选择买入股票的价位是多少（执行价格）？

（2）你希望期权可以存续多长的时间（到期日）？

（3）期权合约的价格（期权费）？

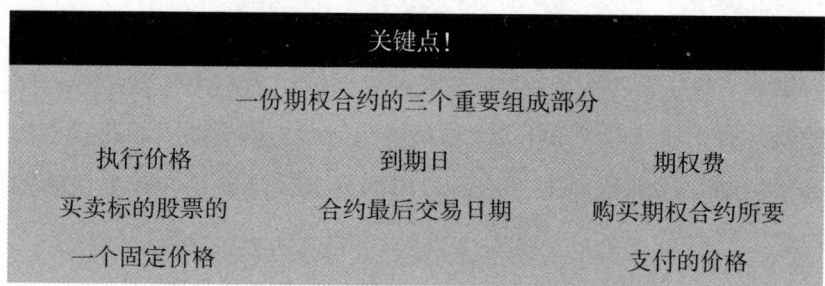

在这个例子中，让我们看看具体的相关信息。

（1）让我们购买看涨期权，并拥有在50美元每股价位上购买股票的选择权。

（2）让我们选择一份两个月后到期的期权合约。

（3）让我们选一份"定金"或者说期权费是3美元每股的期权合约。

你只需要支付小额的期权费来获得一份期权，而期权会给你在预先设定的价格购买某只股票的选择权。本例中，期权费是3美元每股。

在美国的股票市场上,一份期权合约对应100股股票。而世界上其他地方的股票市场有对应多达1 000股股票的期权合约。

在我们的例子中,这意味着你只需承担300美元(你以3美元每股的价格买入对应100股股份的看涨期权)的风险就能够购买价值5 000美元(你以50美元每股的价格买入100股股票)的股票,而无须花费5 000美元直接购买股票。购买期权的花费称之为期权费。这种情况下,你所承担的最大风险就是300美元的期权费。

如果股价下跌,你没有买入的义务。记住,"期权"意味着"选择"①。

现在让我们看看,如果每股股价从50美元涨到100美元,情况会怎样?

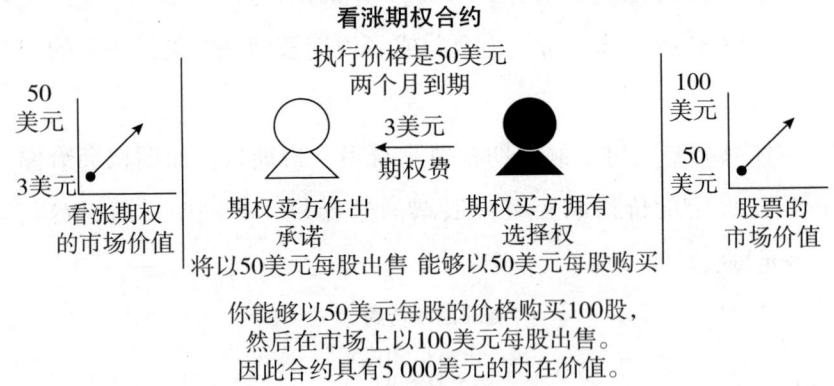

你能够以50美元每股的价格购买100股,
然后在市场上以100美元每股出售。
因此合约具有5 000美元的内在价值。

如同燕尾服交易的情形一样,你同样不需要实际购买任何

---

① "期权"和"选择"在英文中为同一个单词,即"option"。——译者注

股票。记住,你可以直接卖出期权合约。因为期权市场的流动性不错,通过轻点鼠标,你的看涨期权就能以市场价格立即成交。

如果你以5 000美元的价格售出看涨期权,那么你的利润是4 700美元(5 000美元 – 300美元),而你的初始投资额以及所需承担的风险仅仅是300美元。

通过这个简单的例子,你可以看到,购买某只股票和购买某只股票的期权在花费方面有着巨大的差异。通过期权,你可以利用杠杆原理将少量的资金放大。如果我们将购买股票和购买股票期权进行比较,可以得到下面的结论。

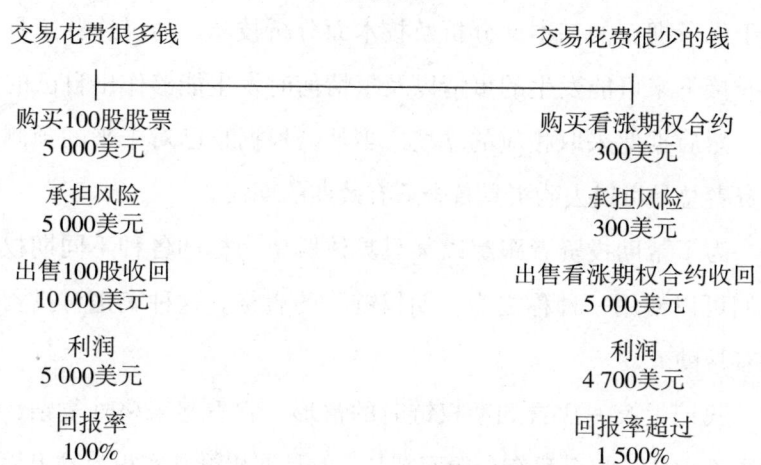

策略对比

交易花费很多钱	交易花费很少的钱
购买100股股票 5 000美元	购买看涨期权合约 300美元
承担风险 5 000美元	承担风险 300美元
出售100股收回 10 000美元	出售看涨期权合约收回 5 000美元
利润 5 000美元	利润 4 700美元
回报率 100%	回报率超过 1 500%

你可以看到,购买股票和购买股票期权之间存在着巨大的差异。购买股票需要花费大量的资金,而且你需要相应地承担巨大的风险;而通过购买股票期权合约,你可以利用杠杆将少量的资金放大以便获取巨大的利润。从回报率的角度而言,期权所能够

提供的潜在回报远远大于股票。

看涨期权与到期日

看涨期权的价值取决于价格及时间。大部分风险因素集中在时间上面。如果你持有的期权直到过期还没有被出售或者行权，它将会变得一文不值。期权到期以后，你将不再拥有以预定的价格购买标的股票的权利。

任何期权都会到期，为了让交易成功，你看好的标的股票的价格必须在期权到期之前向你所期望的方向移动。

现在你可能会更加清楚，为什么你给自己有效定位的能力取决于你所拥有的基本面分析及技术面分析技巧。通过这些工具，你对接下来可能发生的事情以及事情何时发生能够作出自己的判断，然后据此采取相应的立场。当然，根据自己对未来的预测，投资者总是可以去购买具备合适有效期的期权。

为了帮助投资者跟踪以某只具体股票为标的各种不同期权，我们可以使用一种称之为"期权链"的表格。这种表格对投资者很有帮助。

我记得第一次看到期权链时的情形。它看起来格外复杂，我不得不承认，它令我有点望而却步。但是期权链其实很容易上手。关键在于你知道自己想要找什么。

下面这个图表是以微软公司股票为标的的期权链，它显示了将于2012年9月到期的看涨期权。

微软			到期	2012年9月		最新价	5天历史波动率	20天历史波动率	60天历史波动率	90天历史波动率	连续隐含波动率
微软公司						29.64	20.50	24.25	24.50	23.00	20.75

Theta值	Vega值	Gamma值	Delta值	隐含波动率	未平仓合约	成交量	净差额	买入价	卖出价	最新价	代号	到期
0.0000	0.0000	0.0000	0.0000	0.00	255	0	-1.20	6.60	6.65	6.30	O:MSF...	9月12日 23.00
0.0000	0.0000	0.0000	0.0000	0.00	167	5	0.20	5.60	5.70	5.60	O:MSF...	9月12日 24.00
0.0000	0.0000	0.0000	0.0000	0.00	864	20	0.03	4.60	4.70	4.80	O:MSF...	9月12日 25.00
-0.0011	0.0043	0.0203	0.9853	16.18	558	0	-0.25	3.65	3.70	3.15	O:MSF...	9月12日 26.00
-0.0034	0.0171	0.0735	0.9184	18.20	1336	17	-0.28	2.75	2.76	2.64	O:MSF...	9月12日 27.00
-0.0058	0.0311	0.1326	0.8051	18.42	3381	579	-0.17	1.89	1.91	1.83	O:MSF...	9月12日 28.00
-0.0076	0.0422	0.1817	0.6417	18.24	6108	337	-0.12	1.18	1.20	1.14	O:MSF...	9月12日 29.00
-0.0079	0.0447	0.1941	0.4496	18.09	17361	778	-0.08	0.66	0.67	0.65	O:MSF...	9月12日 30.00
-0.0067	0.0378	0.1620	0.2760	18.29	19162	488	-0.03	0.33	0.35	0.33	O:MSF...	9月12日 31.00
-0.0046	0.0262	0.1114	0.1484	18.42	16143	441	-0.02	0.15	0.16	0.16	O:MSF...	9月12日 32.00
-0.0030	0.0166	0.0674	0.0784	19.24	11325	205	-0.02	0.07	0.08	0.05	O:MSF...	9月12日 33.00

当你想要买入期权时，需要考虑以下三点：

（1）执行价格：你想选择买入股票的价位；

（2）到期日：期权到期时间；

（3）期权费：期权卖方所收取的期权合约费用。

让我们看看上面的期权链并且找到我们需要的信息。首先是执行价格。期权链的这一部分帮助我们查找卖方提供的各种不同的期权合约。

从右图可以看到，在期权链里，给你购买微软公司股票选择权的这些看涨期权的执行价格从23美元每股一路上扬到33美元每股。注意，紧挨着价格的是一个显示为"9月12日"的日期，这个是你可以选择的到期日。在期权链的顶端，你可以选择具体想要查看的期权对应的标的公司、最新的标的公司股票成交价格及期权的到期月份。

9月12日 23.00
9月12日 24.00
9月12日 25.00
9月12日 26.00
9月12日 27.00
9月12日 28.00
9月12日 29.00
9月12日 30.00
9月12日 31.00
9月12日 32.00
9月12日 33.00

我们可以看到微软公司的股票最后成交在 29.64 美元的价位上。

当看到一个自己想要的执行价格之后，你就能够了解到期权卖方关于期权费的报价。微软公司的股票成交在 29 美元附近，你可以找到执行价格在 29 美元的看涨期权的期权费报价。

买入价	卖出价	最新价	代号	到期	
6.60	6.65	6.30	O:MSF...	9月12日	23.00
5.60	5.70	5.60	O:MSF...	9月12日	24.00
4.60	4.70	4.80	O:MSF...	9月12日	25.00
3.65	3.70	3.15	O:MSF...	9月12日	26.00
2.73	2.76	2.64	O:MSF...	9月12日	27.00
1.89	1.91	1.83	O:MSF...	9月12日	28.00
1.18	1.20	1.14	O:MSF...	9月12日	29.00

在期权链上，你能够看到一个执行价格在 29 美元的看涨期权，卖方的报价是 1.20 美元。

在任何时候，你都能够通过在期权链中选择一个具体的到期月份，来查看所有该月份到期的期权合约以及它们的执行价格和期权费。

当股价上涨时，看涨期权给你提供了获利的机会，因为它给了你在预先设定的价格上购买股票的选择权，无论股价涨到多高，你都有以该价格购买的权利。

在顶端，我们能够看到微软公司股票的最新成交价格是 29.64 美元。这是当时股票的市场价格。但是我们想要购买微软公司股票的期权。

我们顺着期权链列表往下看，可以注意到执行价格接近市场价格的看涨期权合约会被突出显示。它是 9 月 12 日到期的执行价格为 29.00 美元的看涨期权。

微软			到期 2012年9月		最新价 29.64	5天历史波动率 20.50	20天历史波动率 24.25	60天历史波动率 24.50	90天历史波动率 23.00	连续隐含波动率 20.75
Theta值	Vega值	Gamma值	Delta值	隐含波动率	未平仓合约	成交量	净差额	买入价	卖出价	最新价	代号	到期
0.0000	0.0000	0.0000	0.0000	0.00	255	0	-1.20	6.60	6.55	6.30	O:MSF...	9月12日 23.00
0.0000	0.0000	0.0000	0.0000	0.00	167	5	0.20	5.60	5.70	5.60	O:MSF...	9月12日 24.00
0.0000	0.0000	0.0000	0.0000	0.00	864	20	0.03	4.60	4.70	4.80	O:MSF...	9月12日 25.00
-0.0011	0.0043	0.0203	0.9853	16.18	558	0	-0.25	3.65	3.70	3.15	O:MSF...	9月12日 26.00
-0.0034	0.0171	0.0736	0.9184	18.20	1336	17	-0.28	2.73	2.76	2.64	O:MSF...	9月12日 27.00
-0.0058	0.0311	0.1326	0.8051	18.42	3381	579	-0.17	1.89	1.91	1.83	O:MSF...	9月12日 28.00
-0.0076	0.0422	0.1817	0.6417	18.24	6108	337	-0.12	1.18	1.20	1.14	O:MSF...	9月12日 29.00
-0.0079	0.0447	0.1941	0.4496	18.09	17361	778	-0.08	0.66	0.67	0.66	O:MSF...	9月12日 30.00
-0.0067	0.0376	0.1620	0.2760	16.29	19162	468	-0.03	0.33	0.35	0.33	O:MSF...	9月12日 31.00
-0.0046	0.0262	0.1114	0.1484	18.42	16143	441	-0.02	0.15	0.16	0.16	O:MSF...	9月12日 32.00
-0.0030	0.0166	0.0674	0.0784	19.24	11325	205	-0.02	0.07	0.08	0.06	O:MSF...	9月12日 33.00

我们可以看到，突出显示的那一行里，卖出价是 1.20 美元。这个卖出价就是期权费，这是你为了得到选择权而需要投资的金额，而该选择权给了你在 29 美元的价位上购买微软公司股票的权利，从我们截取上图例子中期权链的时间开始，到 2012 年 9 月的到期日到来之前，你随时都可以兑现这一权利。

记住，每份看涨期权合约对应 100 股股票。在本例中，你需要花费 120 美元（1.2 美元×100 股）来购买期权。你现在拥有在期权到期前随时以 29 美元的价格购买 100 股微软公司股票的选择权，而且不管股价涨到多高，你都可以兑现自己的权利。

根据基本面分析以及技术面分析，你也许对于微软的股票有了一个目标价位，觉得在到期日前股价可以达到 32 美元。期权的意义在于，如果你能够以 29 美元的价格购买 100 股，那么当价格在到期前涨到 32 美元时，你的期权将具有每股 3 美元的内在价值，而期权总共对应 100 股。你花费 1.20 美元买入的期权，现在能够以 3 美元的价格在公开市场上出售。

221

还记得不动产投资者"现金先生"和"信用先生"的故事吗？资产的价值上涨了10%，"现金先生"获得了仅仅10%的回报，而"信用先生"将他的资金翻了一倍。我们将讲述一个类似的关于"股票先生"和"期权先生"的股票投资者之间的故事，唯一不同之处在于"期权先生"建立的杠杆仓位没有任何负债。

通过一台电脑，我们可以很容易理解这些东西。下图是一张风险图表，它展示了你买入期权的价值与微软公司股票价格之间的关系。

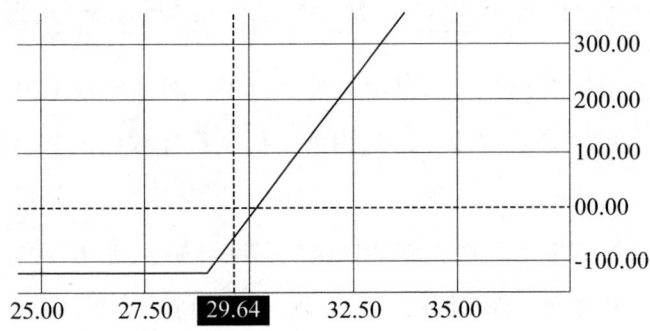

通过上面这张图表你可以看到，你需要承担的最大风险是亏损120美元。而这就是你花在看涨期权合约上的全部费用。不管微软公司股价下跌得如何厉害，你的最大损失都不会超过你在期权费上的投入。但是上涨的可能性却让人感到非常兴奋。

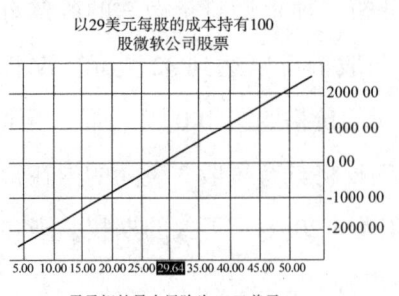

需承担的最大风险为2 900美元

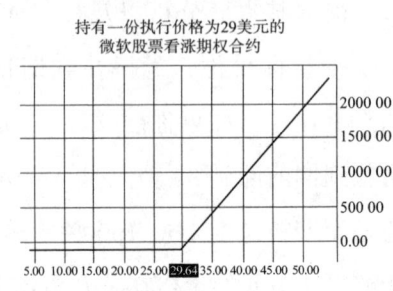

需承担的最大风险为120美元

上面这两个图表显示了如何通过减少投资所需花费的资金来建立杠杆仓位。你可以看到，微软公司股票价格每上涨1美元，你的利润就会增加大约100美元。实际上，你的利润增加的速度与你实际持有100股微软公司股票的获利速度一样快，因为你所持有的期权合约让你能够在期权到期日前的任何时间以29美元每股的价格买入微软公司的股票。请注意，这实际上是一个没有负债的杠杆仓位。这就是期权给你带来的杠杆效应的力量。

为何我被告知期权的风险很大？

当你购买了股票，你实际上就会拥有某家公司的股份。而当你购买的是期权合约时，你实际上拥有的是总有一天会到期的协议。在上面的例子中，只有当微软公司发生破产或者遭遇某些异常重大的事件才会让股价跌至零，只有在这种情况下你的投资才会产生100%的损失。但是完全亏损掉那些投向看涨期权合约的钱却非常容易。为什么？因为期权有存续时间的限制，如同冰块，终将溶化。

关键点！

购买股票与购买期权合约的差异之一就是期权合约会到期！

在这个例子中，你所要面临的风险是，当期权到期时，微软公司股票成交于30.20美元（29美元 + 1.20美元期权费）下方。在这种情形下，你的期权会在没有任何内在价值的状态下过期。可以想象，微软公司股票成交于30.20美元下方的可能性要远大于其股价跌至零的可能性。一方面，与投资股票相比，投向期权的钱更容易亏光；而另一方面，购买 100 股股票可能造成的损失，要远大于花在对应 100 股标的股票的期权合约的费用上。我们会在下一章谈到关于退出策略以及降低风险的其他方法时，更进一步讲述如何管理股票及期权交易风险。

就目前而言，请记住，期权的部分价值在于为你争取时间，让股价有足够的时间向期望的方向变动。理解时间与期权合约的关系至关重要。

时间价值

期权同时具有内在价值及时间价值。随着到期日的日益临近，时间价值也会逐渐减少。让我们通过另外一个例子来阐述这个重要概念。

当你认为某只股票很有前途时，你对其进行了一次基本面分析，发现公司的财务状况非常强劲，业务增长势头良好。通过对行情图进行技术面分析，你发现股价处于非常强势的牛市行情形态中。事实上，股价刚刚突破了上升三角形形态的上沿，现在正交投于 52 美元每股。你如何明确自己的定位？

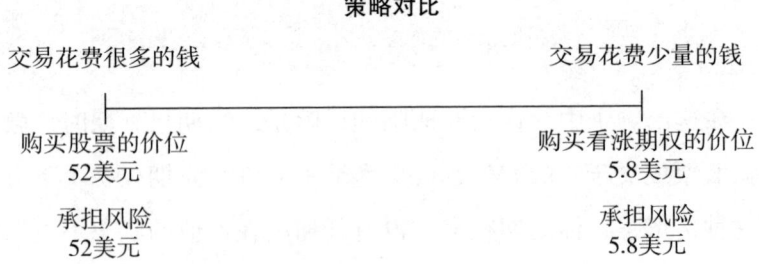

策略对比

交易花费很多的钱	交易花费少量的钱
购买股票的价位 52美元	购买看涨期权的价位 5.8美元
承担风险 52美元	承担风险 5.8美元

你可以从中找到三个重要数据：

执行价格：50 美元

期权费：5.8 美元

到期日：5 个月后

通过买入看涨期权，你建立了一个杠杆仓位，与直接购买股票相比，这么做所花费的资金更少。期权合约同样对应着一定数量的标的股票。记住，你现在拥有以 50 美元价格购入股票的权利，而你可以从现在起，直到期权到期日（5 个月后）来临前随时兑现自己的权利。

目前，股票正交投于 52 美元每股，而你的执行价格是 50 美元每股，因此，你的期权的内在价值为 2 美元。

> **关键点！**
>
> **看涨期权的内在价值**
> 如果执行价格低于股票的市场价格，那么看涨期权具有内在价值。
> 内在价值是股票的市场价格与期权的执行价格之间的价差。

你以 50 美元的价格买入，然后再以 52 美元的市场价卖出，这样你就赚取了 2 美元的利润，这个过程很好理解。可是，这就引出了一个有趣的问题：如果看涨期权具有 2 美元的内在价值，为何你需要为期权费付出 5.8 美元？答案是，你同时获得了一个时间价值，可以在 5 个月的时间里面决定该怎么做，也就是是否行使选择权。时间就是金钱，因此时间也就具有价值。

> **关键点！**
>
> **时间就是金钱**
> 期权的存续时间越久，期权费也就越高。
> 这称之为"时间价值"。

因此，当我们买入期权合约时，需要从两方面来考虑其价值。期权可能已经具有一定的内在价值，具体取决于股价及执行价格。此外，期权也具有时间价值，该部分的价值取决于有效期还剩多久。

判断期权所具有的时间价值非常简单。在本例中，期权费是5.80美元。让我们来看看其中的时间价值是多少。

期权费	内在价值	时间价值
5.80美元	2.00美元	？？？

在基本面分析一章中，我们总结道，价格就是你所付出的，而价值就是你所得到的。如果我们在期权费上面花费了5.80美元，而已知其中有2美元为内在价值，那么我们可以得出，余下的3.80美元期权费用就是5个月的时间价值。

期权费	内在价值	时间价值
5.80美元	2.00美元	3.80美元

关键点！

期权费包括期权的内在价值与时间价值。
时间价值 + 内在价值 = 期权费

时间衰减

随着到期日日益临近，期权的时间价值会逐渐减少，就像冰块在阳光下渐渐溶化的情形。作为一名看涨期权的买家，你预期标的股票的价格会上涨，因而在期权到期之前其内在价值也会相应增加。

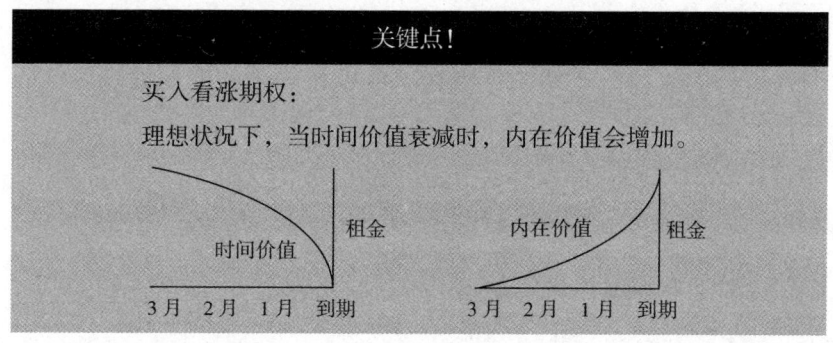

让我们继续通过例子来说明：当时间价值衰减时，内在价值是如何增加的？

通过对行情图进行技术分析，我们看到一个可能出现的上升三角形技术形态，接下来的价格走势突破了形态上沿。你通过买入看涨期权建立了一个仓位，在接下来的5个月时间里，你拥有随时以50美元每股的价格买入股票的权利。

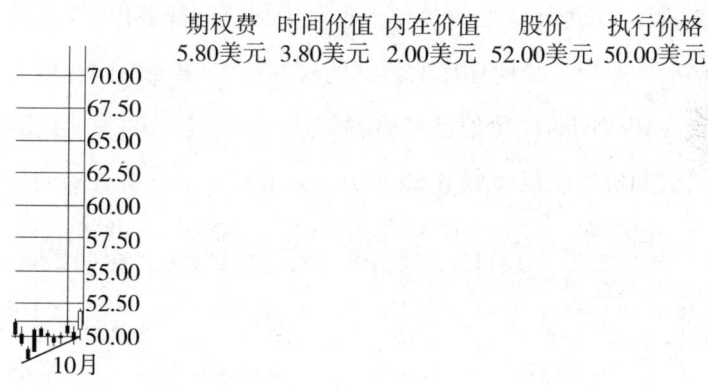

一个月过去了，股价站上了61美元。你仍然能够以50美元的价格购买，因此，期权的内在价值现在是11美元每股。但是现在距离到期日也更近了，因此时间价值也会更低，可能只值2.50美元了。注意，期权价值同时反映了11美元的内在价值和减少后的 2.50 美元的时间价值之和，总期权费现在为 13.50 美元。因为期权市场的流动性不错，你现在就能够将手中的期权变现，从而获得不错的利润，但是你仍然有大把的时间可以继续持有待涨。

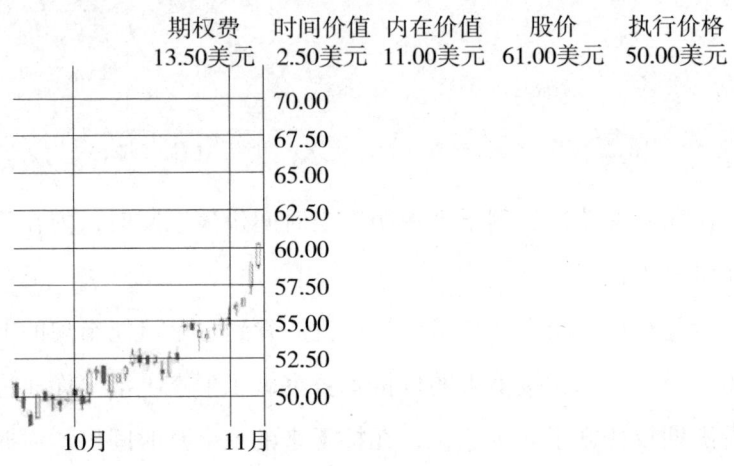

让我们继续看这个例子。5 个月过去了，期权即将到期。股价现在交投于 71 美元每股的价位上，因为你仍旧能够以 50 美元每股的价格买入股票，从而让你的看涨期权具有 21 美元的内在价值。注意，现在期权的时间价值已经所剩无几。实际上，因为期权即将到期，其时间价值仅仅还剩下 60 美分。是时候卖掉你持有的期权了。

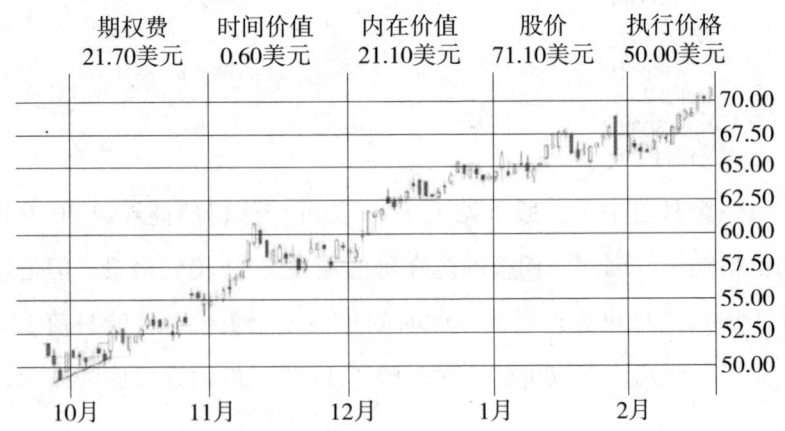

现在，你可以通过期权交易所卖出持有的期权。你可以选择以 50 美元每股的价格买入标的股票行权，但是你并不想多此一举、花费更多的钱去实际购买这些股票。因此，你可以通过交易所电子网络将期权的内在价值（21.10 美元）及时间价值（0.60 美元）出售。期权的最终结算价格为 21.70 美元。

让我们回顾一下在这笔交易里都发生了什么。

- 10 月，股价为 52.50 美元每股。
- 次年 2 月，股价达到了 71.10 美元每股。
- 如果你购买了 1 000 股，你需要花费 52 500 美元，在次年 2 月，你可以卖出股票收回 71 100 美元。
- 你获得的利润是 19 100 美元，5 个月的回报率为 36%。

或者……

- 你可以购买 10 份看涨期权合约，每份合约对应 100 股标的股票。有了这些合约，你在接下来的 5 个月时间里，可以随时以 50 美元每股的价格购买最多 1 000 股标的股票。期权费是 5.80 美元，你总共需要花费 5 800 美元。
- 你随后卖出所持有的期权，获得 21 700 美元的内在价值加上少量的剩余时间价值。
- 减去你对期权的初始投资额，然后计算一下投资回报率：

（收回的钱 − 投入的钱）÷ 投入的钱

（21 700 美元 − 5 800 美元）÷ 5 800 美元 = 274%（回报率）

在虚拟账户中进行纸上交易

现在你学到了很多关于期权交易的东西，可以练习一下"虚拟交易"了。虽然术语听起来可能很老套，但是别以为我们就不会用到当今的那些高科技工具。你会通过一个"虚拟账户"进行"虚拟交易"，因为"虚拟账户"不会涉及真实的资金，所以你可以练习一下基本面分析及技术面分析技巧而不用承担任何风险（真的一丁点儿风险也没有）。为了让你更加身临其境地体验期权交易，这些模拟交易中的数据全都来自真实的市场数据。在模拟交易中，请逐个尝试不同的策略，感受一下它们各自的特点，都具有哪些风险，以及可以获得怎样的回报。

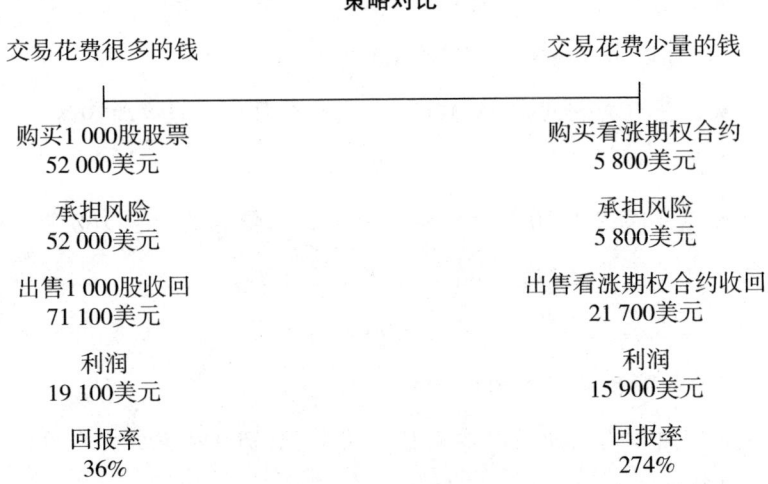

策略对比

交易花费很多的钱	交易花费少量的钱
购买1 000股股票 52 000美元	购买看涨期权合约 5 800美元
承担风险 52 000美元	承担风险 5 800美元
出售1 000股收回 71 100美元	出售看涨期权合约收回 21 700美元
利润 19 100美元	利润 15 900美元
回报率 36%	回报率 274%

在通过进行基本面分析及技术面分析完成自己的功课之后，你可以观察一下投资环境，选择利用期权的杠杆效应，这会让你比那些直接将资金投向股票的人有着更快的积累速度。关键之处就是通过期权的杠杆效应放大你的利润。如果使用得当，它可以帮助你获得远远超过大多数人能够想象得到的投资回报。

市场下跌时的赚钱机会

每种资产类别都有自己的优势。纸资产的优势在于它给投资者带来的灵活性,无论市场趋势是上涨还是下跌,投资者都可以迅速转换自己的立场从行情的波动中获利。当基本面中那些本质性问题积累到了无法掩盖的程度而最终浮出水面,以及行情图上关键技术点位被击穿时,许多投资者想要保护他们的财富,同时也想利用市场的下跌趋势获取更多的利润,为自己积累更多的财富。随着你坚持努力学习到现在,而且对基本面分析、技术面分析、现金流策略以及风险管理有了进一步的了解,你会发现自己对于市场的运行方向不像以前那么关心,而是更加关注于自己应该采取怎样的立场。

看跌期权

看跌期权合约给了我们保护自己的杠杆,或者说给了我们从下跌的股票中获利的机会。看跌期权与看涨期权有着同样的原则与词汇。唯一的差异在于股价运行的方向。

四柱构筑

柱之三:现金流

期权是你与另一位交易者之间达成的协议。该协议给你在某预设价位上买入(看涨期权)或者卖出(看跌期权)某一标的股票的权利。

让我们通过一个简单的例子来了解一下看跌期权。假设某只股票当前正交投于 100 美元的价位上,根据基本面分析及技术面分析，你认为该股票很有可能会出现一个长达数月的下跌趋势。

投资者针对这种情况所采取的传统手法就是卖空这只股票。通过从经纪商那里借入100股股票，然后在市场上以100美元每股的价格出售，你就建立了一个空头仓位，同时账户内收到了10 000美元的资金。果不其然，如同基本面分析所指出的那样，公司遭遇到困境，股价跌至50美元每股。你可以花费5 000美元将股票买回，然后归还给经纪商。卖出股票以及买入股票所产生的资金差额就是你的利润——5 000美元。因为股价的上涨可是不受限制的，所以你的风险在理论上是无限的。你当然能够采取一个退出策略来防范这种风险，但是仍然没有办法大幅降低潜在的重大风险。有没有其他途径可以让你从股价的下跌中获利的同时还能将风险限制在一定的范围内呢？答案是肯定的——买入看跌期权。

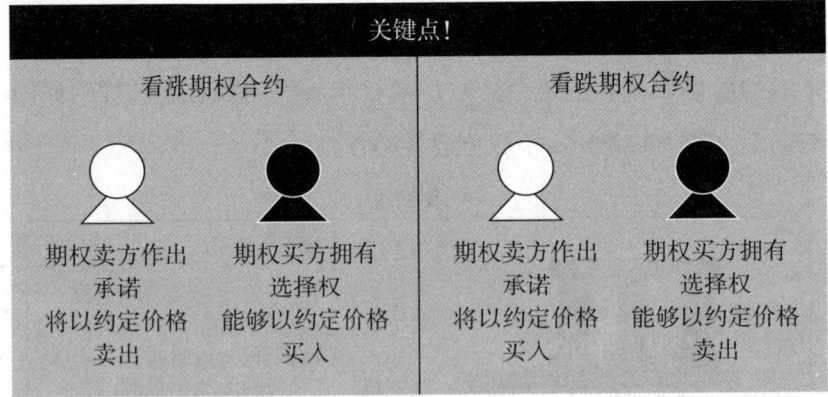

假定你购买了一份看跌期权，执行价格是100美元每股，期权费是3美元。本质上，期权合约给了你选择的权利，从现在开始直到合约到期日来临前，你可以随时以100美元每股的价格出

售 100 股股票给期权卖方。与看涨期权一样，你不需要实际拥有股票。你只需一份有约束力的合约来保证你能够以一个更高的价格出售股票。

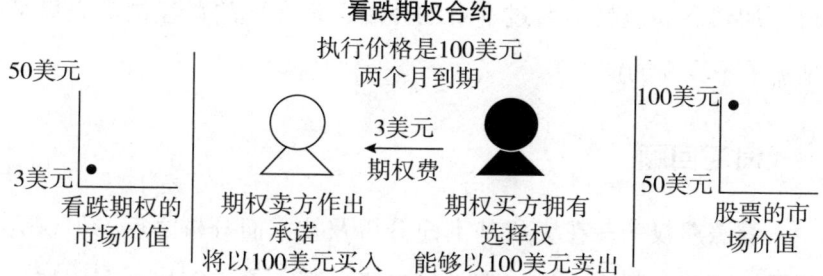

因此，你采取行动，购买了标的股票的看跌期权。你现在有了期权合约，使你能够以 100 美元每股的价格卖出股票。期权费是 3 美元每股，这意味着为了得到合约，你需要支付 300 美元，这就是你承担的全部风险。当股价下跌至 50 美元每股时，你花费 5 000 美元买入 100 股，然后连同期权一起以市场价 10 000 美元卖出。

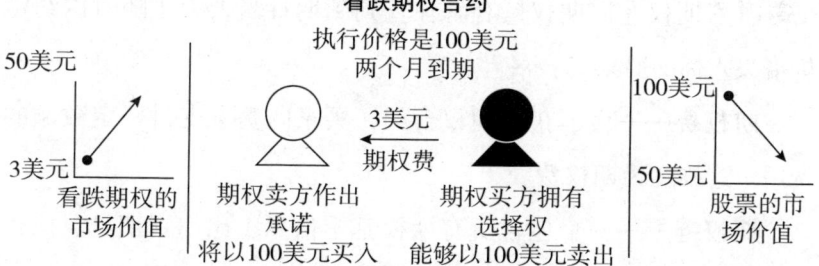

你能够以50美元每股的价格从市场上买入100股，然后以100美元每股的价格卖给期权卖方，因此合约的内在价值是5 000美元。

你赚取了 5 000 美元，减去 300 美元的期权费，你净赚 4 700

美元,而所需承担的最大风险是300美元。

我在第二章曾经提到过,每种资产类别都有其各自的词汇表。你接受财商教育的部分目的就是为了让自己对金钱的语言变得更加熟悉和流畅。通过本章的介绍,现在你的财经词汇表里又增添了不少新的词汇。

词汇回顾

看涨期权——在完成基本面分析及技术面分析之后,你认为某只股票很可能会上涨,那么可以通过买入看涨期权来利用杠杆效应。看涨期权给了你有约束力的保证,让你能够在预先设定的称之为执行价格的价位上买入股票。

看跌期权——如果你认为一只股票可能会下跌,那么可以买入看跌期权来利用杠杆效应。看跌期权能够保证你在执行价格的价位上卖出股票。

执行价格——期权合约中由交易双方一致认同的股票交易价格。看涨期权允许期权持有者在直到到期日当天为止随时以约定价格买入标的股票。

期权费——为了获得期权合约,买家向卖家支付一定数额的费用。这称之为期权费。

期权链——一个包含所有期权基本信息(比如到期日、执行价格及期权费)的表格,我们可以从中了解到所需数据,进而对于是否应该买入某个期权合约作出自己的判断。

内在价值——执行价格与实际的股票市场价格之间的差异。

时间价值——由期权费减去内在价值后得出。

投资回报率——通过一个简单的公式，你可以在任何交易中计算出投资回报率。公式中的 V_f 代表最终价值，而 V_i 代表初始价值：$(V_f - V_i) \div V_i$。你可以将计算出的数字乘以 100 得到一个百分比形式的回报率。

记住，用你自己的进度来学习这些新的术语，反复多看几遍，通过导师的帮助来促进自己的阅读。通过与他人分享自己所学到的东西，进一步巩固你对这些知识的理解。

一旦对看涨期权和看跌期权有了基本的了解，你就为接下来的学习做好了准备，让我们看看如何利用这些投资工具来产生一个稳定的现金流。

获得一份收入

现金流取决于你所采取的立场。我们是否想借市场下跌时获利？还是借市场上涨时获利？又或者想在震荡市中获利？

市场中没有所谓绝对的坏消息，所有的一切都取决于你的立场。我知道，这听上去让你感到困惑。让我们举一个简单的例子：如果油价涨到每加仑 16 美元，是好消息还是坏消息？如果你需要加油，对你来说就是坏消息；如果你销售汽油，那么对你来说就是好消息。立场不同，看待问题的角度也就不一样。你是处在消费者的立场上呢，还是处在经营者的立场上呢？你不能控制市场，但是你可以控制自己的立场。看到其中的关键之处没有？

那些共同基金和 401（k）养老金计划所使用的是买入并持有的投资策略，他们尝试通过获得资本利得来增加整个账户的价值。当市场趋势向上时，账户价值也随之上涨；当市场趋势向下时，账户价值也随之下跌。这不是现金流投资。现金流投资应该具有以下特点：

■ 根据每个人自己的时间表，利用通过验证的策略从市场中获得现金流。

■ 定期获取利润的能力。

■ 极好的投资回报率。

■ 有办法管理风险，使资本得以被保护。

■ 简单到普通人都可以掌握的策略，以便让他们根据自身情况做出相应调整。

期权和时间衰减

现在，随着对期权有了基本的了解，我们看到，需要考虑的重要因素之一是：离期权到期还剩下多长时间。随着时间慢慢流逝，期权最终会一文不值。你应该能够回忆起来，有一个词专门用来描述这种期权存续期间时间流逝的过程，我们称之为时间衰减。

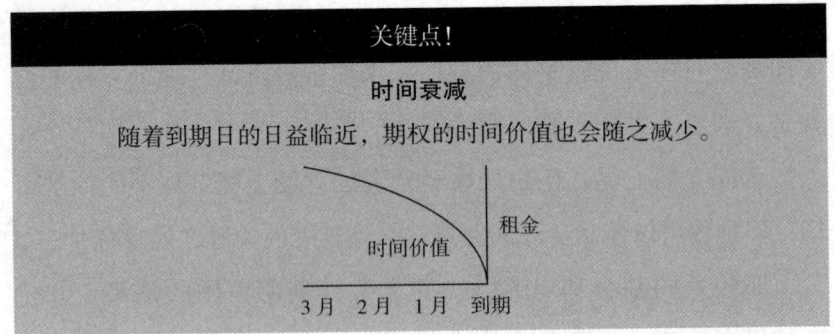

受过财商教育的投资者已经知道，时间衰减是一个赚钱的极

好机会。

不动产投资者知道，来自于投资之中的现金流相当依赖时间衰减。在基本面分析的章节里面，我们已经学到了通过查看财务报表来判断某个实体的实力。如同一份期权合约涉及买卖双方，不动产的租赁协议也是一样。你可以针对双方的财务报表进行评估。通过评估，你可以判断哪一方更有可能变得富有。

让我们通过一份普通的租赁合同来查看双方的财务报表，然后进行一些观察。

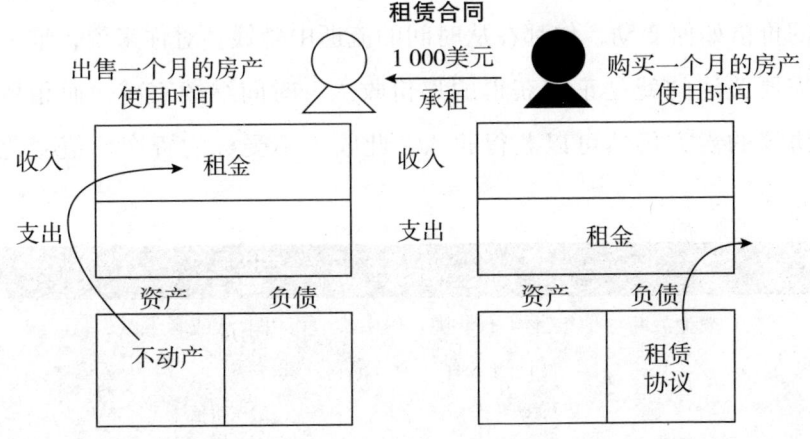

假设你是房东并且拥有一处房产，而我需要租房住，觉得你的房子看起来不错。你同意将房屋出租，我需要每月向你支付租金，因而租赁协议对我而言属于负债。因为租金是从我的账户向外流出，所以在我的利润表里面，房租是作为支出项被记录的。我不是从你手中购买房屋，只是购买使用时间。当我向你支付了租金，你允许我在房屋里居住特定的一段时间。每月月初，我都要向你支付1 000美元。但是这钱只是用来购买一个月的居住时间。当一个月过去以后，我什么也没得到。

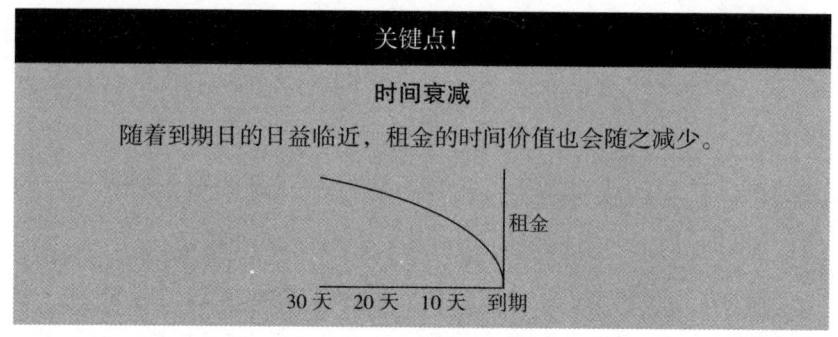

另一方面，因为租赁协议，你现在能够获得收入。无论房屋的价格如何变动，你都在从时间的流逝中赚钱。对你来说，唯一需要关注的就是正在获得的那份收入。时间继续衰减，而租赁协议的卖方仍然可以获得收入，此收入不受标的资产价值变化影响。

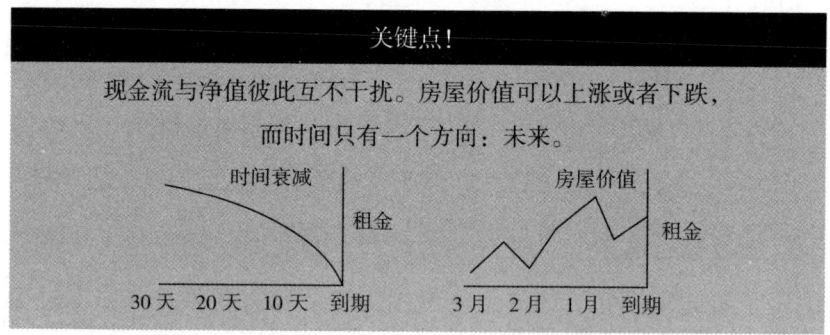

期权的时间衰减概念与这个例子在某些方面是相似的。如同一份租赁协议，期权也有到期日。当你买入一份三个月后到期的期权，因为离到期还有很长的时间，所以期权费（想象成时间价值）此刻也处于该期权的最高阶段。而对于一份两个月后即将到期的期权来说，可供购买的时间相对要少一些，期权费也就相应更低一些。因为不久之后就要到期,那些只剩下一个月时间的期权的费用会更低一些。

你可以从图表中看到,时间衰减是呈指数变化的,而不是呈线性变化。说得通俗一点,离到期日越近,期权的时间价值减少的越快。投资者通常希望所购买的期权的存续期能够尽可能长一些。这样,当时间价值逐渐减少时,投资者仍有足够的时间余地可以让内在价值有机会增加。从一般的经验来看,我通常希望至少有两个月或者更长的时间周期以供内在价值上升。

然而,要卖出一份期权时,我通常希望在尽可能临近到期日的时间点再出手,因为剩下的时间已经不多,不足以让内在价值进一步增加,而此时的时间价值衰减的速度更快。

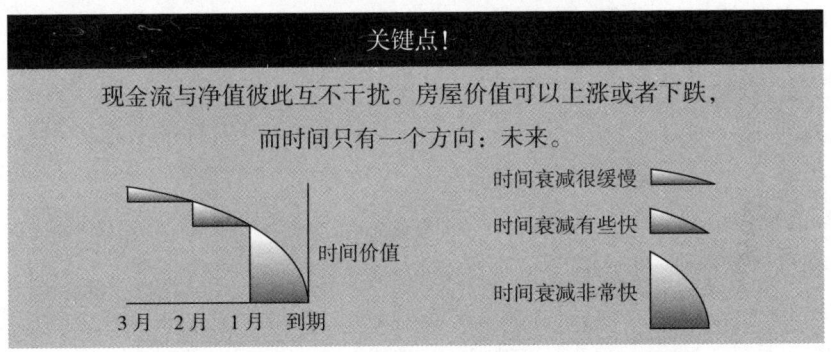

关键点!

现金流与净值彼此互不干扰。房屋价值可以上涨或者下跌,而时间只有一个方向:未来。

上图通过一个存续期为3个月的期权合约非常清晰地展示了"时间衰减"这个概念。从还剩下3个月有效期开始到还有2个月有效期的这段时间里,因为时间衰减而导致的期权价值下降幅度很小。剩余有效期从2个月到1个月这段时间里,期权价值的降幅稍微有些变大了。现在我们来看看到期前最后一个月的变化情况,这个月也称之为到期月份。随着到期日的临近,时间价值加速衰减，期权因而快速地跌掉其全部剩余价值。

我想提醒你避免天真的期权投资者经常犯的一个严重错误。当他们看到处于到期月份前的期权费时，通常会因为感觉费用低廉而产生想要买入的念头。我在前面讲到过，越临近到期日，留给内在价值增长的时间就越少。这意味着你没有足够的时间认真考虑所要面临的风险，如果内在价值没能尽快上升，你持有的期权将会以一文不值的状态到期。

期权与股票区别之一就是期权有到期日。因此当你想借助期权的杠杆效应时，绝对不能忘记时间的重要性。接下来的例子看起来不错，但是这个杠杆仓位没有留给投资者太多的时间。

爱可美公司股票的最新价格是250美元每股。看到这只股票的某个投资者觉得，要买入1 000股需要花费250 000美元，因此那位投资者通过查看期权链，发现这只股票的看涨期权费为5美元每股。通过比较，投资者发现购买对应1 000股标的股票的期权合约只需花费5 000美元的期权费。

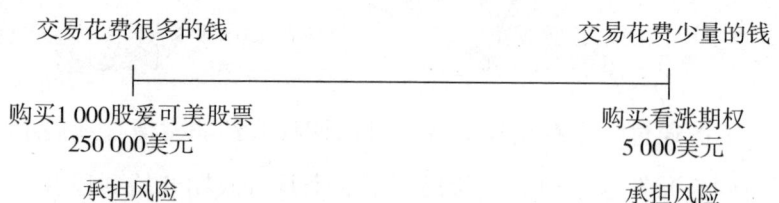

策略对比

交易花费很多的钱	交易花费少量的钱
购买1 000股爱可美股票 250 000美元	购买看涨期权 5 000美元
承担风险 250 000美元	承担风险 5 000美元

表面上看，这是一个非常有吸引力的投资机会。可是问题在于，如果你直接购买股票，就不存在任何的时间限制，你可以一直持有股票，耐心地等待它升值。如果是买入期权，则到期日非

常接近。考虑到在这样一个非常有限的时间段里，标的股票的价格难以显著上涨，你也将无法从投资中获得回报。此外，就算股价轻微下跌，也会造成期权直到过期也不具备丝毫价值，而你花费的期权费将会分文不剩。

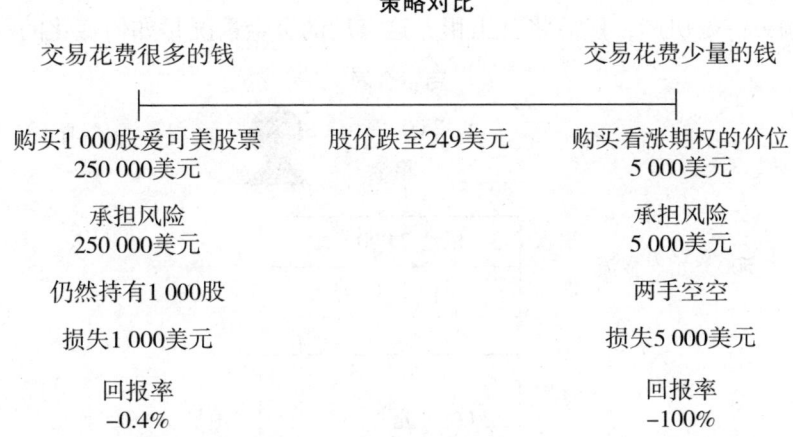

在这种情形下，期权的卖家获取了极大的利润，而买家则承担了相应的损失。

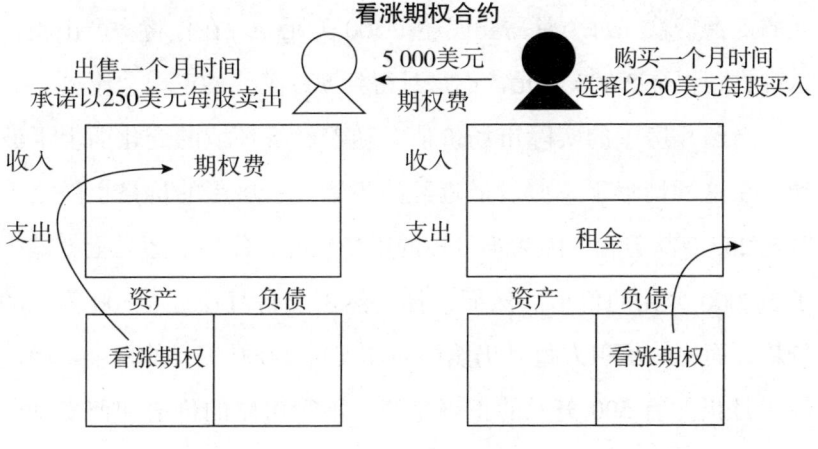

现金流 vs 投机

让我们重新回顾一下不动产投资的情形，以便更加清楚地认识到：与其寄希望于所做出投资的价值会随着时间慢慢地增加，不如进行现金流投资。下面的例子会让我们看到，通过抵押贷款购买一处房产，然后将其出租，这背后的资金情况是如何变化的。

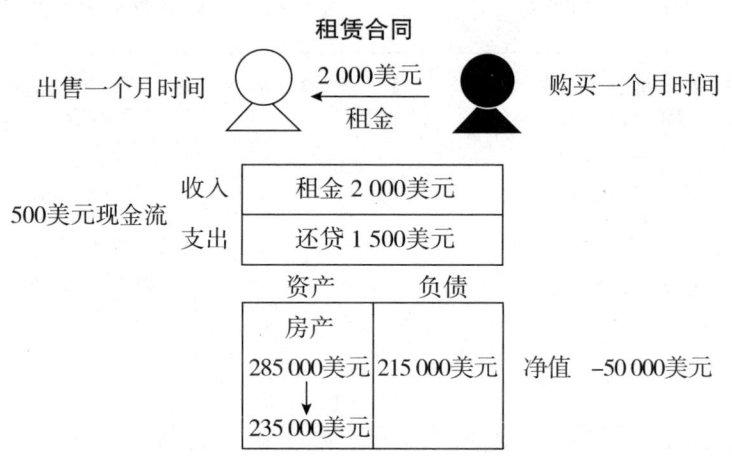

你最初花了 285 000 美元购买这处房产时，申请了 215 000 美元的抵押贷款。每个月需要偿还 1 500 美元。现在你将房产出租，每月收到租金 2 000 美元，你每月得到 500 美元的正现金流。

当然，房屋的实际市场价值会随着经济环境的变化而上下波动。在这种情形下，假设最近经济不景气，房屋的价格也随之下跌至 235 000 美元。因为不可控的市场状况，你的房屋马上就减少了 50 000 美元的价值。然而，你仍然需要每月偿还 1 500 美元的贷款，而你的承租人每月仍然要向你支付 2 000 美元的租金。因此你每月仍然有 500 美元的正现金流。不管房屋的价值如何变动，租金仍然会按时存入你的银行账户。

下面第一张图是2008年道琼斯不动产指数的行情图，其显示了2008年市场崩盘时不动产价格是如何下跌的。在这一段时期，基本上所有的不动产价值都会下降。

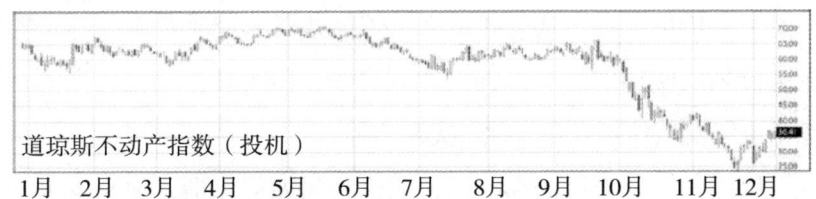

下面的图表显示了在同一段时期里面，你持有的不动产所产生的500美元正现金流是如何在当年为你带来了总共6 000美元的收入。这个基本的例子充分说明了何谓好的投资：即便投资标的的价值大幅缩水，你的财富仍能通过现金流继续积累。这就是真正的投资者的标志——即便标的资产贬值，他们的银行账户资金仍然能够通过正现金流得以继续积累。

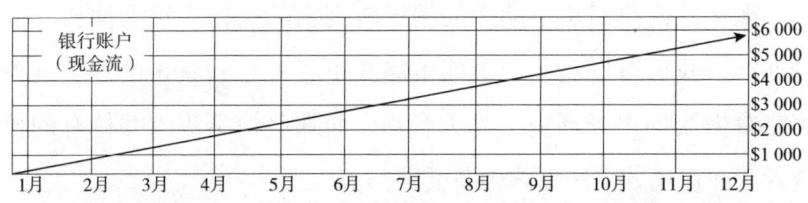

关键点！

真正投资者的一个标志就是：在市场走弱或者经济不景气的情况下，其仍然可以维持甚至进一步增加现金流。

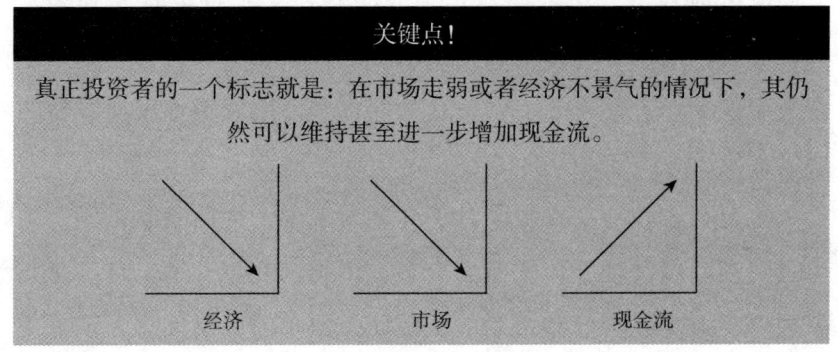

这为投资者指出了一个非常重要的概念。投资具有两面性：一面是资本利得，另一面是现金流。如同我们所展示的，资本利得的那一面代表投机。你不能控制市场的走势，因此你也无从控制投资的价值变动。这是我从来不相信共同基金或者401（k）养老金计划所吹捧的那些东西的原因之一，因为在你的投资期间，无论市场发生什么变化，你都无从掌控。

然而，在现金流的那一面，无论时间如何流逝，你基本上能够完全控制情况。房产租赁的例子向你展示了：即便房屋的价值下跌，你仍然能够通过租金获取数量可观的收入。这就是我所认为的好的投资，因为无论标的资产价值如何随市场波动，这些资产仍然能够给你带来收入。

卖出持保看涨期权获得现金流

现在，让我们从不动产的例子转到实际操作手法上面去。通过期权，我们可以利用现金流策略在市场上赚到真正的钱。这种策略在惨淡的市场环境下尤为有用，而那些信奉买入并持有的投资者正在市场的上蹿下跳中备受煎熬。

快速地复习一下，期权是某人同意在某个特定日期到来之前，你随时都能够以约定的价格向他买入或者卖出特定的股票。作为交换条件，你需要支付一定的期权费。期权费不仅与股价的变化有关，而且与时间的变化有关。

作为一名教师，我明白对于许多人来说，掌握股票市场上关于时间衰减以及现金流的概念有多么困难。我也知道，自己是花了多少工夫才学会这些概念的。因此，数年前，仅仅是为了方便教学，我做了一个小小的交易。我选择长时间持有一只股票，不关心它价格的涨跌，如同许多持有租赁房产的不动产投资者不关心房产价格的波动一样。

为了向学生们展示股票投资者卖出期权与不动产投资者收租之间的相似性，我购买了一只基金并持有了一年。我通常不会持有这么长时间，何况它还在下跌。但是我的目的是为了证明：从一只下跌的基金（股票）中也可以产生收入，如同从价值正在下降的房产中也能收到租金一样。这不是假说，而是我在发生次贷危机的2008年所进行的真实交易，只是交易的规模相对很小而已。

我的第一步是买入500份X基金。不管发生什么事情，我都准备持有一年。买入后，我密切关注它的涨跌情况。

因为拥有股票，我将自己定位成了期权卖家，而不是期权买家（你可以回想一下先前的例子，假设我是一名裁缝，正在通过收取定金的形式出售期权，而期权的标的是价值1 000美元的燕尾服）。

在买入500份X基金以后，我售出了5份1个月期限的看涨期权合约，标的就是我买入的X基金，期权费是2.15美元每份。我对买家作出承诺，他能够以154美元每份的价格在到期日前随时买入这只基金（此价格高于我买入基金时的成交价格）。

基金的走势有3种可能的方向。

■假如基金价格上涨，期权买家想要以154美元每份的价格买入。因为我是以相对较低的价格买入基金的，所以我能够赚钱。

■假如基金价格处于震荡走势，一直处于154美元下方，期权将处于一文不值的状态直至到期，而2.15美元每份（乘以500份）的期权费则作为现金流收入我的囊中。如同一处价值保持不变的房产，而我仍然能够从中获得租金收入。

■ 假如基金价格下跌，期权将处于一文不值的状态直至到期，而 2.15 美元每份（乘以 500 份）的期权费则归我所有。

你可以看到，在以上假设的各种情形中，不管基金价格如何变动，我都能够从中获得收入。对我来说，这是一条非常有吸引力的赚钱途径。我买入 500 份基金然后卖出相应的期权。总共 5 份期权合约，每份对应 100 份标的基金，每一基金份额的期权费为 2.15 美元。你通过算术，能够得出我从中获得的收入是 1 075 美元，扣除手续费，我的净收入为 1 061 美元。

就算基金净值继续下跌，我每月还是能够出售一次存续期为一个月的期权合约，并且一整年都如此。为什么？因为我和一位看到自己持有的租赁房产价值不断下跌的不动产投资者之间并没有太多的不同。他每个月收到租金，而我每个月收到期权费。在我们都在等待自己的标的资产价值触底反弹的过程中，收入仍然源源不断地流进。在持有基金期间，时间衰减正在为我不断带来现金流。

这个例子向你展示了从自己持有的股票（基金）资产中获取收入是多么的简单。

真正的现金流投资意味着，不管相关资产（房产或股票）的价值如何变动，它们都能带来源源不断的现金流。

持保期权

你可能已经注意到，我在前面谈到过持保看涨期权。对你来说，这是另一个需要学习的新的术语。当我卖出 5 份标的为 X 基金的看涨期权时，我对买家做出承诺，他们可以从我这里以 154

美元每份的价格买入对应标的基金。我持有基金，因此能够卖给他们。这就是说，一旦期权合约持有人想要行权，我可以交付标的证券给他们，因为我实际持有这些标的。我被自己持有的基金所保护。我能够兑现我的承诺。

让我们设想一下，我想买入一份看跌期权。我承诺持有这些看跌期权的买家，他能够以执行价格向我卖出股票。一旦期权买家想要行权，我就不得不兑现这个承诺，这么一来，我的交易户头里必须有充足的资金。在看跌期权的情形下，拥有足够的资金能够保护我兑现承诺，使我能够以约定价格买入标的股票。

卖出期权时，不管是看涨期权还是看跌期权，重要的是拥有相应的标的物来保护对应的期权交易，使你能够在必要时满足对手方的行权要求。你肯定不想"不加保护"（naked）地实行这些策略。"不加保护"是一个技术术语，指的是并未持有在应对必要的行权主张时所需的标的资产或足额资金。在"不加保护"的状态下出售期权是相当激进的策略，故而只适合相当老练的交易员。作为基础策略，我们应当控制交易规模、不让交易超出控制范围以及保护这些交易。

沃伦·巴菲特是如何从期权中获得巨额利润的？

假如你进入到投资世界里，多半会对著名的投资家沃伦·巴菲特有所熟悉。巴菲特卖出大量的期权。为什么？因为他作为期权卖家知道如何利用时间衰减来从中获利。期权对巴菲特来说是一个极好的工具，他利用这个工具为他的控股公司产生额外的收入。

你知道，看跌期权有时间价值和到期日。某人可以通过买入看跌期权获得在到期日前以约定价格卖出某种标的的选择权。看跌期权就像一份保单。比如，你持有一只股价为100美元每股的股票，你买入一份看跌期权，执行价格为100美元每股，股价跌至0，而你毫发未伤。卖给你看跌期权的某人不得不以100美元每股的价格买入你持有的对应股票。

如果想要买入某些东西，看跌期权对你来说同样是非常有用的工具。工作原理是这样的：当卖出一份看跌期权，你做出承诺，在到期日前以特定价格买入某只股票。记住下面这个关键点很重要。

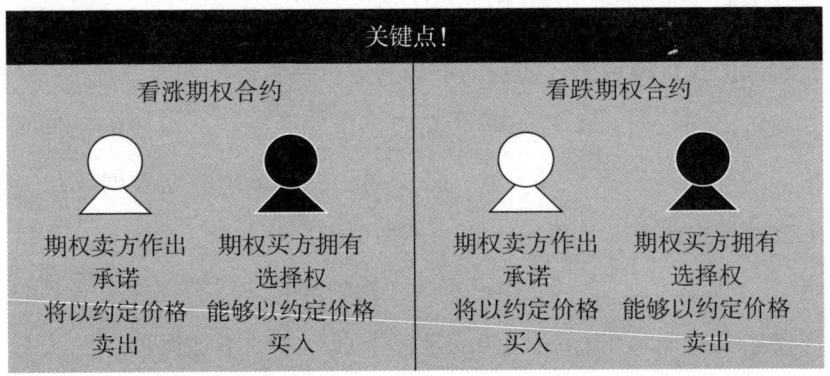

因此，比起仅仅购买股票，通过做出以约定价格购买股票的承诺，你可以获得额外的利润。这是沃伦·巴菲特多年来一直在使用的方法。

让我们假设沃伦·巴菲特想要增加对可口可乐的持股。

假设可口可乐的股价正交投于39美元每股的价位上。在进行了一次基本面分析以后，巴菲特做出决定，他愿意在35美元每股的价位上买入。假设他卖出5万份看跌期权，执行价格是35美元每股，期权费是1.50美元每股。这给他带来750万美元的收入。现在让我们看看三种可能出现的结果：上涨、下跌及震荡。假如可口可乐的股价跌至35美元每股的下方，期权持有人将会出售他们手中的可口可乐股票给巴菲特,而巴菲特也会信守承诺以35美元每股的价格买入。记住,35美元的价格正是巴菲特想要的!如果可口可乐的价格上涨,巴菲特仍然会很高兴,因为他收到了1.50美元每股的期权费(750万美元)。而股价稳定在39美元的价位上也是一样的结果。

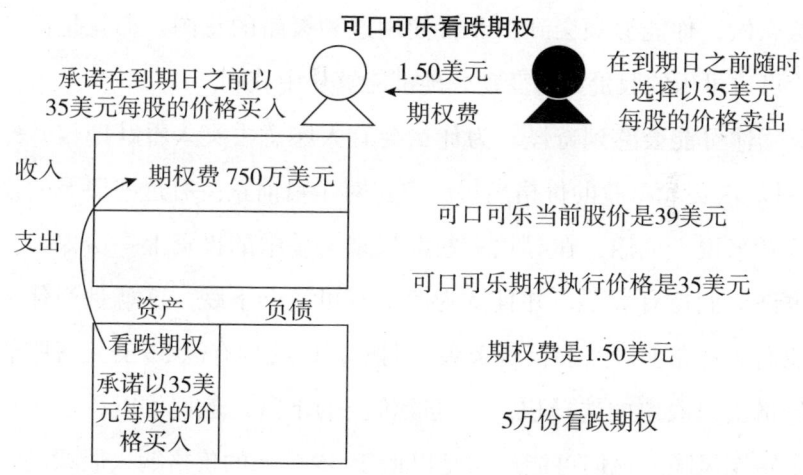

让我们用到目前为止所学到的东西来仔细分析这个故事。

在投资界,巴菲特以擅长基本面分析而闻名。完成了基本的分析之后,也许巴菲特认为,"股价在39美元的水准上有点高,但是如果能降到35美元,我还是比较感兴趣的。"基于他自己的准则,他设定了一个35美元的目标价位,一旦股价达到那个价位,他就愿意出手买入。

与其在一旁默默地等待,巴菲特决定从这种情形中获利。于是,他卖出5万份看跌期权。这意味着,巴菲特做出了一个承诺,将做好准备从这些期权买家手中购买500万的股票。

对于这次的交易,巴菲特给出了35美元每股的执行价格,以及1.50美元每股的期权费用。这意味着，对于那些向巴菲特支付了1.50美元每股的期权费的那些投资者，巴菲特承诺会以35美元每股的价格从他们手上购买股票。

绝大多数人不明白这个故事在说些什么。但是通过到目前为止你从本书中学到的那些东西，你完全能够理解巴菲特为什么要这么做，你能够领会到巴菲特使用这种策略的意图。那就是：无论可口可乐的股价如何变动，他都能够从中获利。

你可能会感到奇怪，为什么会有人愿意去买入看跌期权，然后以35美元每股的价格出售股票。对于目前正持有这些股票的投资者来说，他们正在寻找一些期权来为手中的投资上一份保险。也许他们持有股票，并且认为股价有可能会下跌。这就是为什么他们愿意花上一点期权费来买入期权，以此拥有以35美元每股的价格卖出股票的选择权，一旦股价真的下跌，他们可以行使权利来转嫁风险。他们可能最初是以低于35美元的价格购入股票的，因此，万一股价下跌时还能有这么一个保障，他们对此感到非常高兴。通过这种手段，他们便能锁定他们的利润。

在这个方案中，可能会发生如下的情形：

股票价格下跌——股价可能跌至35美元下方，看跌期权的持有人可以将手中的股票卖给巴菲特。巴菲特不得不依照先前的承诺买入500万的股票。但是他没有丝毫担心。如果现在股价在35美元，他原本就打算购买。他相信35美元每股的价位具有不错的投资价值。因为他信奉长期投资，就算股价继续下跌，也不会对他造成任何困扰，他愿意承担继续持股所带来的风险。

股票价格上涨——如果股价上涨，巴菲特同样不会有任何的困扰。他觉得股价在 35 美元上方不具备投资价值，因而对股票也就不感兴趣。但是他仍然会很高兴收到了 750 万美元的期权费，看着股价上涨至超过 35 美元的水准，巴菲特已经开始考虑如何花掉这笔收入了。

股价不涨不跌——和股价上涨的情形类似，巴菲特对于 35 美元每股以上的价位不感兴趣。但是他仍然会将 750 万美元的期权费收入囊中。

> **关键点！**
> 无论市场趋势如何，对于接受过财商教育的投资者来说，
> 他们都会为自己当前所处的立场感到高兴。

不管发生什么，巴菲特都会从这次的交易中收到期权费。这是一种现金流策略，巴菲特和其他接受过财商教育的投资者一直在使用这种策略，不仅用在股票上，同样也用在其他衍生品上面。这些投资者与那些普通的、没有接受过很多财商教育的 401（k）养老金计划投资者相比，两者之间存在着强烈的反差。

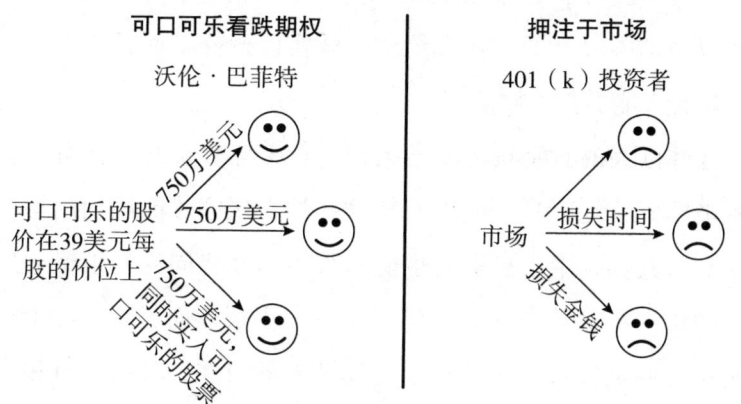

如同我提到的，巴菲特长期将收取期权费作为获得收入的一种手段。他从做出的承诺中获得回报。在机动车保险业务中，他向人们收取保费，作为交换，他对投保人做出承诺，如果他们的车辆遭遇意外，将会获得赔偿。通过卖出执行价格低于目前标的股票成交价格的看跌期权，他提前获得了回报，而且所做出的承诺也是自己不管怎样都乐于接受的价格。通过机智地缔结交易，在未来他能够用比目前更低的价格买入自己想要的东西；通过卖出执行价格高于当前价格的看涨期权，他用比当前更高的价格卖掉了自己想卖的东西并从中获得了回报。

《华尔街日报》（*Wall Street Journal*）曾刊登了一篇名为《巴菲特在衍生品上得分》（*Buffett Scores with Derivatives*）的文章，作者凯伦·理查德森（Karen Richardson）在文章中突出强调了期权费在巴菲特的收入里面所占规模的大小。她在文章中说道："亿万富翁、保险推销员沃伦·巴菲特最近卖出了更多的衍生品。今年，位于内布拉斯加州奥马哈由巴菲特带领的伯克希尔·哈撒韦公司，靠出售衍生品获得了25亿美元的收入。这些衍生品合约是针对股票指数以及债券设计的。在合约的关联实体遭受某些具体损失时，合约持有人能够获得赔偿。"

这些巨大的数字很容易给人留下深刻印象，甚至会有一些投资者被吓到，觉得只有如巴菲特这样的大玩家才能够利用这些策略获利。其实，中小投资者也能够很容易地将同样的策略运用到类似的情形中，只是交易规模要相应缩小很多而已。实际上，通过卖掉一些期权买入某些想要长期持有的股票，我运用过相同的策略。你只需事先了解这种策略的工作原理以及是否适合你自己的投资策略就行了。

作为一位教育工作者，我从来不做出任何预测或者推荐。我从来不向人们提具体的供投资理财建议。我非常关注世界上各主权国家的基本面，以及在背后影响基本面的财政及货币政策。

于是，在我自己的资产组合中，我喜欢针对任何可能导致美元贬值的情形进行对冲；我也喜欢卖出一些看跌期权并收回一些资金，进而让我买入追踪大宗商品的交易所交易基金。我持有一些黄金来对冲，同时持有一些追踪贵金属的交易所交易基金。许多人为了"持有实物黄金还是纸黄金好"这种问题争论不休。在我看来，类似的争论是一种错误。为什么？因为每个投资者自身的情况千差万别。对我来说，持有一个追踪大宗商品的交易所交易基金的其中一个原因是：我能够利用在上面沃伦·巴菲特的例子中讨论的同样的策略来获得交易所交易基金。

打个比方，我想要拥有一些安硕白银交易所交易基金，我想通过长期持有该基金来对冲美元。与其直接购买一些，我可以选择卖出看跌期权，将执行价格设置在稍微比当前成交价格低一点的位置上。通过采用这种策略，我使自己处于一个刚谈到的和上面的例子中沃伦·巴菲特相似的立场上。

安硕白银交易所交易基金看跌期权

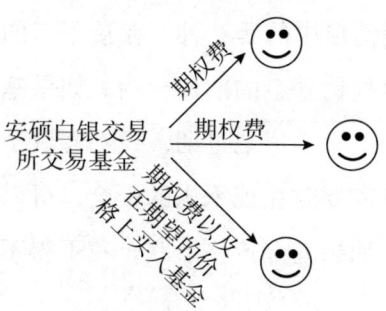

假如安硕白银交易所交易基金的价格在到期日前上涨，我很高兴能够一边看着它上涨，一边获得收益。如果我实际购买了安硕白银交易所交易基金，那么上涨虽然能给我带来更大的资本利得，但是这样做的后果却超出了我的控制。即便借助最好的技术分析工具，我也不可能判断出价格最终会处在什么水准上。本质上讲，一鸟在手胜过双鸟在林，明白了这个道理，我选择能够马上将期权费拿到手。

让我们来回顾一下：

■ 如果安硕白银交易所交易基金的价格保持不变，我很高兴在看到它价格不变的同时获得收益。

■ 如果安硕白银交易所交易基金的价格下跌到了期权的执行价格之下，我将会以合约约定的价格买入基金。期权到期时，我确实以高出市场的价格买入了基金。但是如果一开始就直接买入这些基金，无疑我将会承担更多相应的风险。依据我进行的主权国家基本面分析，长期来看该银价挂钩基金价格会上涨，与我一开始就直接购买基金相比，目前所面临的下行风险不会更大。

■ 因此，在期权合约的存续期内，基金的表现让我非常高兴。现在你可以看到，为什么卖出期权合约是我最喜爱的获得收入的方式之一。

不论发生这些情形中的哪一种，在接下来的月份里，我都可以继续卖出该银价挂钩基金的期权合约。如果基金价格保持不变或者上涨，期权会一文不值地过期，我则赚取了期权费。那么我手上就有了可以在需要时兑现承诺的资金，可以在下个月继续卖出新的看跌期权。如果基金价格下跌，我不得不兑现承诺买入，那么我可以针对基金卖出持保看涨期权来获得收入，然后在晚些时候以更高价格卖出基金。

通过卖出存续期为一个月的看跌期权，并且获得 2~3 个百分点的投资回报，这对于投资者来说是非常寻常的事情。举例来说，假如有 50 000 美元躺在你的银行账户里，那么这些天你的运气非常好，能够赚取很多的利息。但是以现金形式持有财富的主要风险是货币贬值。然而，如果你将 50 000 美元以特定的价格转换成白银（通过白银价格挂钩基金），接下来，你能够从卖出看跌期权中收取期权费（比如 1 000 美元）。如此，月回报就是 2%，而你所面对的主要风险就是银价下跌。假如你的雇主对你说，公司将要改变政策，从今以后工资将会用白银而不是美元来支付，你会有什么感受？这是值得思考的一个有趣的问题。

重申一下，我不是在这里建议大家去购买白银或者黄金。因为你的财务报表可能和我的不一样；你的目标、年龄以及对风险的承受能力和我不一样；你接受的财商教育程度和我的也不一样。做出判断和行动前，你要充分考虑自身的实际情况。

谈到收取期权费，持保看涨期权以及持有现金保护的看跌期权的本质是，你能够在买入你想买的东西时获取额外的收入，能够在卖出你想卖的东西时同样获得额外的收入。

从卖出看涨期权或者看跌期权中收取期权费，是利用时间衰减产生收入的一条主要途径。随着你继续在持续教育™的道路上走下去，你会发现，在股票市场上卖出期权来获取期权费的方法有很多种。

这里要讲的很重要的一点就是，你要认识到，不必成为像沃伦·巴菲特那样的人才能使用这种策略——从现金流里面获得期权费。现在，你面临同样的教育机会，你可以掌握与巴菲特同样的策略。

持续不变的收入来源

许多人都想拥有一家自己的公司，但是苦于想不出销售什么产品或服务。此外，他们也没有接受过适当的教育或者具备一定的经验去经营一家大型的公司。另外有一些人梦想成为大的不动产投资者，但是他们既没有学会如何筹集资金，又没有接受足够的有关不动产方面的教育，使得他们在涉足该行业时有可能陷入麻烦。

我对所有资产类别都想有更多的了解。但是在股票和期权市场中，最能引起我关注和让我兴奋的就是：月复一月，收取期权费的机会一直存在。

我很快就意识到，股票市场和期权市场的流动性非常不错，买家和卖家年复一年地积极参与市场交易。我想在卖出期权方面不断提高自己的水平，原因之一就是：任何人接受了一定程度的教育之后，都能够利用这种不间断的盈利机会。

在本书中，关于这点我最大的希望就是，你能够意识到股票市场现金流的存在。我希望你能够认识到，作为一名股票市场的参与者，不必像共同基金投资人那样随着股市行情上上下下。

当大多数人第一次了解期权时，通常都会感到非常兴奋，他们理所当然会这样。期权交易确实会让人感到很兴奋。但是要小心，并且需要注意到一点，那就是对相关知识了解不足会让你面临很危险的处境。期权费不仅会受时间衰减和股价变动的影响，还会受到市场波动的影响。这方面的教育以及了解所有这些东西的工作原理非常重要。从期权中获取现金流是为那些准备接受财商教育的人准备的。

本书是为投资新手准备的，是为了帮助他们在持续教育™方面取得进步。我极力建议你在学习任何主题（特别是投资方面的主题）时，经常地参照持续教育™所列出的阶段，客观评价自己目前所处的水平。

学习从股票市场现金流里面获得收入能够给你带来巨大的好处，这些技巧可以使你从那些共同基金以及401（k）养老金计划行业所提出的墨守成规的投资建议中解脱出来。不要认为这条路很好走。恰恰相反，不管你投向什么资产类别，都已经有大量的投资者在该领域遭遇挫折。我的每次失败通常都是由于自己的疏忽、自负或者缺乏纪律不遵守规则所造成。作为一名认真的学生，我花在自己投资旅程上的时间越多，我就越想要继续学下去，并且相信总有一天这些所学的东西会给自己带来回报。

以上这些章节帮助你在持续教育™的道路上不断提高，让你更进一步认识到如何从基本的期权交易中产生现金流。现在，我们准备进行更深入的了解，看看作为现金流投资者，我们都会遇到哪些类型的风险，以及如何对风险进行管理以便尽最大的可能保护自己。作为一名投资者，不管你有多聪明，一旦你没能有效地管理甚至消除自己所面临的风险，迟早会陷入极大的麻烦中。

风险管理就是对你的投资进行控制。一旦你学会了如何控制，就能最大化自己的现金流和投资回报。

本章小结

让我们来回顾一下第六章的一些重点：

1. 基本面分析及技术面分析帮助你在投资的第一阶段获取更多的信息。现金流策略与风险管理在投资的第二阶段帮助你判断在市场上应该采取何种立场。

通过学习各种不同的投资策略，你不再总是盼望牛市的来临。

2. 在股票市场或者期权市场上进行投资可以满足以下三个目的中的一种或多种：资本利得、现金流或者通过对冲操作保护你的资产。

3. 投资回报率＝（收回的钱 － 投入的钱）÷ 投入的钱。

4. 当投资者不需要自己花钱投入就能够从进行的投资中获得回报时，他的回报率是无限的。

5. 获得更大的回报有两条途径：尝试能够幸运地找到"十倍股"，或者减少自己的初始投资额。

6. 期权合约是一份协议，协议的一方具有选择权，而另一方则做出自己的承诺。

"期权"在英语里是"选择"的同义词。期权对应一定数量的标的股票，从而不需要做出实际买入动作。

7. 部分期权具有内在价值。

内在价值是你可以买卖股票的价格与股票在市场上交易价格之间的差价。

8. 期权合约的三个重要方面是：执行价格、到期日以及期权费。

期权合约中规定的可以买入或者卖出股票的固定价格称之为执行价格。到期日是期权合约可以被执行的最后日期。期权费是用来购买该期权合约的费用。

9. 购买股票与购买期权合约的区别之一在于期权合约会过期。

许多投资者认为期权的风险更大,因为它们会随着过期而变得一文不值。一些投资者可能觉得持有股票的感觉更好一些,因为即使股价下跌,只要公司不破产,总有一天股价会涨回来。然而,如果持有期权合约,股价必须在到期日之前向着预期的方向运行,不然到时期权就会一文不值。

10. 时间就是金钱。期权的有效期越长,价格越贵。这称之为时间价值。

许多因素都会决定期权的时间价值,包括股价的波动、利率、当前股价与期权执行价格的距离,以及离到期还有多长时间。

11. 期权费包括期权的内在价值和时间价值。

购买期权合约的投资者应该识别出内在价值和时间价值在期权费的构成中分别是多少。随着到期日的临近,期权的时间价值加速衰减。

12. 对于看涨期权,期权买家拥有选择权,可以选择以执行价格买入标的证券,期权卖家则承诺以执行价格卖出标的证券。对于看跌期权,期权买家拥有选择权,可以选择以执行价格卖出标的证券,而期权卖家则承诺以执行价格买入标的证券。

通过对看涨期权及看跌期权的了解,投资者对于如何明确自己在市场上的立场这一问题,将会打开新思路,并找到许多不同的途径。

第七章

柱之四：风险管理

基本的风险管理是第四根柱子。在四柱中，这是最后的一根，也是最重要的一根。你听说过世界交易锦标赛（World Championship of Trading）没有？这是每年举办一次的比赛。来自世界各地的交易者齐聚一堂，用自己的交易技巧与其他参赛者及市场对抗。许多参赛者使用五花八门的电脑交易程序及各式各样的交易策略来赚取巨额利润，并且载誉而归。但是，最终抱走奖杯的不是那些自信满满、充满着雄心壮志的期货交易者，而是那些知道如何管理风险的交易者。他们知道如何让自己的投资避免遭受重大损失，而不是一心只想着获取巨额利润。

我和许多投资团体有过交谈，不免会遇到很多喜欢吹嘘自己选股技巧的人："我买到一只超级大牛股。"每当听到此类话语，我都会微笑着祝贺他们。尽管如此，这些人和坐在拉斯维加斯赌桌上偶尔获得幸运女神眷顾的人没什么不同。任何人都可能有运气好的时候，都可能碰到一只黑马股，并赚到一笔不错的利润。但是，这些偶然的运气不会造就一位股神。

给我留下深刻印象的投资者通常会这么说："目前一笔投资的表现非常糟糕，我告诉你我是如何将自己的损失减少到最低程度的。"作为一名投资者，为什么这种思路和立场会更好一些呢？这是因为，能够将损失降至最低程度说明其投资处于掌控之中。投资者没有将投资寄托于希望与祈祷之上,而是积极采取行动控制局面。

如果你买入股票,然后盼望股价能够上涨,那么,这只是不受你控制的情况之一。有些投资者将自己毕生积蓄投入401(k)养老金计划及共同基金中,因为情况不受他们控制,所以他们实际上也就没法控制自己的未来。他们相信金融领域的宣传,认为自己投入的钱是安全的。实际上,他们所做的仅仅是希望和祈祷市场可以涨得更高,以便自己可以顺利退休。难怪这些人时刻坐立不安。对于任何与自己的财务前景同等重要的事物,我都不喜欢它们处在我的掌控范围之外。

关于如何对一笔可能获利的投资进行分析以及如何为了获得现金流而明确立场这方面,我们已经进行了一些基本的讨论。现在,来看看可以利用哪些有效途径来管理我们所要面临的风险。对于任何类型的投资者来说,进行严格的风险控制都是必备的且最重要的专业技能。

随着对最后一根柱子(风险管理)日渐深入的学习,你将会:
- 学会如何辨别几种常见的风险;
- 理解风险与控制的本质;
- 了解一些强大的风险控制技术;
- 明白分散投资在某些情况下其实很危险;
- 发现风险与教育之间存在着至关重要的联系;
- 学到如何能够在市场上安全交易并且最小化自己的风险。

当我们决定将自己的钱投向股票市场时,需要记住这样一条规则:随时做好面对意外发生的准备。

这就是为什么当我们用自己的钱做出一笔投资时，需要花时间了解各种不同的、可能会面对的潜在风险，我们需要管理这些风险。大多数人根本不了解市场上的风险究竟有多大。如果人们不知道如何辨别和消除这些风险，在投资上迟早会遭受重创。

我曾经参与过很多活动，也担任过各种角色，其中之一就是童子军队长。我和其他队长一起带领童子军进入射击场，向他们示范如何管理、防范风险，有时也会教他们如何开枪射击。我们是如何管理风险的呢？是依靠大量的、严格的不可违背的规则。如果有意外发生，一定是某人违反了这些规则。风险不是没法管理，而是某些人决定不去管理。

你想想，我们每天在日常生活中需要管理多种不同风险。在高速公路上开车，如果不遵守那些帮助我们管理驾驶风险的交通规则，有可能会对自己的生命造成威胁。这就是为什么当我们高速行驶时，需要遵守一系列的规则来控制风险：集中注意力、谨慎驾驶、系上安全带以及在规定的速度范围内行驶。

驾驶波音 747 飞机会面临很多显而易见的风险。它的重量超过 100 万磅，搭乘了许多乘客和机组成员……然而，即便在 4 万英尺高空，以 500 英里的时速巡航，我们仍然感到安心。为什么我们会对搭乘飞机感到安心？因为我们知道政府对飞行有严格的安全要求，并且飞行员也受过严格的教育和训练。人们已经考虑到所要面临的各种风险，并且积极主动地进行了管理。

因此，我们不需要通过回避风险来保证我们自己的安全。当然，也不是说我们就可以完全凭借侥幸而将小心谨慎抛诸脑后。我们需要了解所要面临的风险，然后学习如何管理这些风险。这是想要在任何类型的投资中取得成功的关键。

关键点！
可以通过以下三种途径与风险打交道：
尝试回避风险　　　　承担风险　　　　管理风险

接下来让我们了解一下投资者经常遇到的风险类型，以便你对这些风险有所了解，并且搞清楚如何在投资中对这些风险进行控制。

非系统性风险

非系统性风险指的是对个股的价格有影响，但是对整体市场走势没有产生冲击的事件。

举例来说，英国石油公司在墨西哥湾造成了大规模原油泄漏，此事件对其股价产生了快速且剧烈的冲击。英国石油公司股价非常快速地从60美元每股跌至30美元每股。但是该事件对整体市场走势的影响微乎其微。原油泄漏事件并没有产生系统性冲击。

当一家公司制造产品时，那些产品总会伴有可能存在的缺陷。是否应该针对车上的刹车片作出产品召回呢？或者针对某个玩具？或者是其他产品？这种召回事件很可能会影响公司的股价。但是，投资者认为公司的问题不会拖垮整个市场。即便像英国石油公司那么大规模的公司出现的原油泄漏这么重大的事件也不能。它们属于非系统性风险。

理财顾问经常告诉客户，通过分散投资这一手段可以抵御非系统性风险，从而保护客户的投资。因为个股股价可能因为某些非系统性突发事件造成大幅下跌,而分散化投资能够帮助投资者规避由此类个股所产生的风险。这种手法并非完全不可行。但我担心的是,投资者使用了这种分散化投资的方法以后,会认为他们已经管理好了所有可能存在的风险,因此觉得自己可以高枕无忧了。

实际上,他们这么做仅仅针对了一种类型的风险。通过分散化投资,持有不同板块的多种股票,他们实际上将自己暴露在了另一种风险面前——系统性风险。

系统性风险

我们刚刚讲到,大多数投资者认为通过分散化持有多只股票,能够保护他们的投资利益,使他们免于暴露于风险之中。如果一只股票下跌,其他股票的上涨可以帮助抵消所遭受的亏损。

四柱构筑

柱之四:风险管理

分散化投资不能使投资者免受系统性风险的影响。

如果仅仅关注非系统性风险,那么就会产生这样一个问题:当整个市场下跌时,你该怎么办?当几乎所有股票价格都呈现跳水走势时,分散化投资策略如何帮助你保护退休金账户里面的资金安全?

这并非仅仅是理论上的可能。在过去的几年里,我们就一直生活在这种情况之下。看看下面的图表,观察一下非系统性风险与系统性风险之间存在的差异。

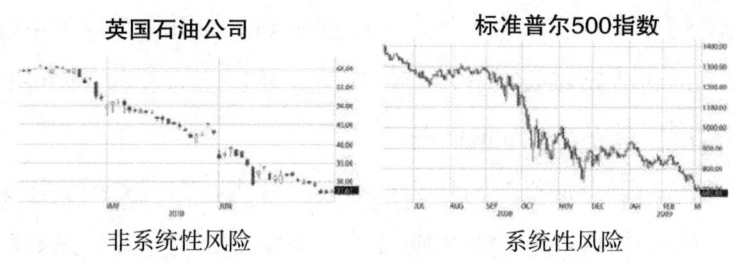

英国石油公司	标准普尔500指数
非系统性风险	系统性风险

左边的图表是我们先前所谈到的英国石油公司的例子。我们可以看到，在墨西哥湾原油泄漏事件发生后，英国石油公司股价很快就被腰斩。

右边的图表展示了整体市场（以标普 500 指数为例）在次贷危机中下跌的情形。这次市场下跌是由于对整个市场造成影响的因素所导致的。这里是想简要地说明：美联储调低利息，因此人们可以更加容易地借到钱。于是，越来越多的人借钱，然后投向房地产或者其他方面。狂热的买盘行为很快就将不动产的价格推至不可思议的高度。没过多久，投资者意识到涨势不可持续，因此后续买盘枯竭。突然间，人们无法支付他们的抵押贷款，也不能够以接近房产的购买价格将其出售。不动产泡沫破灭，抵押贷款市场崩溃，进而影响到整个股票市场以及大部分的国民经济。

在右边的图表中，我们看到标普指数从 1 400 点跌至 700 点。在不到两年的时间里，一半的市值灰飞烟灭。许多投资者损失了整个账户中资产价值的一半。同样的事情也在 2000 年科网股泡沫破灭期间发生过。当时，泡沫的破灭将整个股市和国民经济都拖下水。

这就是为什么将其称为系统性风险。随着一些超出投资者掌控的事情的发生,整个市场最终受到影响。如果你在发生系统性风险期间进入市场投资,不管你如何分散自己的投资,你持有的大多数股票最终都会亏损累累。

提醒一下,这就是为什么在本书的开头我们就开始关注这方面——仔细做好我们的基本面分析。基本面分析是我们最好的工具之一,它能够识别出系统性风险的严重程度。通过基本面分析,我们可以看到政府大量印刷钞票或者政府财务报表的状况。一旦我们想要投资股票时,就能够利用这些信息来帮助自身衡量所要面临的风险程度。记住,即便是基本面很优秀的股票,在面对系统性风险时也很脆弱。

关键点!

主权国家的债务会增加系统性风险。

在日本,日经指数从1984年到2012年间总共下跌了14%。即便拥有丰田、索尼以及其他知名公司的股票,日本股市在将近30年的时间里也还是下跌的。这对于日本投资者来说可不是什么好消息,毕竟他们的退休金账户还在指望股市的表现,盼望着获得不错的回报。

欧洲国家正在债务泥沼中挣扎,并且正在尝试实施财政紧缩政策,以便使他们的经济重回正轨。在美国,债务与GDP占比逐渐失控。对这些经济体进行投资所面临的风险显著上升。我们正在观察系统性风险,投资者应该对这些方面有所了解,以便控制风险。我们可不想遭受损失。

购买力风险

购买力风险是一个简单的概念，它与你所在国家的货币紧密相连。如果你所在国家的货币贬值，那么持有这些货币将会使自己面临怎样的风险呢？

如果你今天将1美元存入银行，1年之后，这1美元还具有同样的价值吗？从面值来看，因为没有收到任何利息，你可能会觉得失望，但是考虑到你仍然有1美元，所以你可能不会太在意。然而，考虑到你可能想要购买某些商品，而那些商品的价格正在逐渐上涨，在这1年的时间里面，你的1美元所具有的价值真的毫无变化吗？

举个例子，假设就在上面例子中谈到的那个1年里，在那1年的开头，汽油价格是每加仑1美元，但是1年后涨到每加仑10美元，这对于你所持有的现金来说意味着什么？在这段时间里面，你实际上丧失了大量的购买力。这就是我们所说的购买力风险。

当考虑经济体运行状态时，我们看到自己手中持有的货币发生贬值了吗？我们应该持有现金呢，还是采用其他能够更好地保值的投资形式呢？

其他需要考虑的风险

我们关注了一些股票投资者经常会遇到的主要风险，但是投资者所要面对的风险远不止这些。在进行一笔具体的投资之前，你需要做好功课，进而了解到前方可能遭遇的种种风险。这些风险包括淘汰风险、地缘风险、利率风险、政治风险、寿命风险、法律风险……这些风险的名称本身就能让你大概了解前方可能存在哪些危险。但是通过接受正确的财商教育，你就能够成功地规避或管理这些风险。

控制你的风险

我们曾经谈到过，大多数投资者在做出投资以后，会祈祷走势能如自己所愿，还记得这一点吗？这不是投资，这是希望。当你满怀希望地投入自己的钱时，你这不是在投资，你是在赌博。

关键点！
"希望"＝没有采取控制手段
"我希望失业率可以改善"
"我希望股价能够涨回来"
"我希望能够退休"
"我希望市场好转"

生命中充满了许多我们不能够控制的事情。我们不能控制市场或者股票的方向；我们不能控制自然灾害——日本的海啸、墨西哥的地震、新奥尔良的卡特里娜飓风；我们不能控制那些发生在未来的事件的结果——业绩报告或者美国食品药品监督管理局对新药的批准与否；作为个体，我们肯定无法控制属于主权国家的事务，例如债务和财政政策。

如果你持有共同基金，所有这些事情都会对你造成影响，然而你却对此无能为力。你承担了许多风险，押注于一个长期的分散化投资组合上，并且希望船到桥头自然直，最终所有的事情都能够很好地得以解决，未来的前景也非常乐观。即便你的财务报表看上去并不如你设想得那么乐观，可是你仍然继续充满希望。

另一方面，生命中也有很多我们可以控制的事情。

- 你不能控制天气，但是你可以选择将房屋建造在一处可以免遭飓风、洪水以及龙卷风危害的地方。
- 你不能控制市场的波动起伏，但是你可以决定自己在市场上所采取的立场。
- 你不能控制自己的房屋是否遭遇火灾，但是你可以通过采取预防措施尽量减小发生火灾的可能性，而且还可以决定是否为房屋购买财产险。

保　险

当我们拥有对自身来说很重要的东西，比如房屋、汽车以及投资时，保护它们的最佳方式之一就是购买保险。就算采取了预防措施，意外还是时有发生。虽然我们希望房屋不会发生火灾，但是万一运气不好，这种意外还是有发生的可能。然而，如果我们为房屋购买了保险，至少我们不会遭受损失或将损失降低。虽然会有些不便，但是至少我们在数月后可以回到一栋新修建的房屋里面。当我们为自己的投资购买保险时，我们便不会为可能发生的意外感到担心。我们可以控制形势，与单纯的希望和祈祷相比，这更能让投资者感到安心。

关键点！	
风险和控制相关	
无法控制	完全控制
信息（基本面分析与技术面分析）	立场定位
股票市场运行方向	购买保险
重大经济事件	仓位规模
公司政策	资产配置
财政与货币政策	退出策略
	个人财务政策（决策）
	财商教育

通过上述手段，专业投资者在任何情况下都能够积累财富。他们期待着最好的结果，同时也为最坏的结果做好了准备。因为他们不能控制市场的方向，所以他们通过对冲给自己的投资上了一份保险。

四柱构筑

柱之四：风险管理
对冲是为投资所上的一份保险。

每当遇到无法控制的事物时，通常你可以使用保险。你不能控制卡特里娜飓风，但是可以为自己的房屋购买保险；你不能控制海啸，但是可以为自己的公司购买保险；你不能控制市场崩溃与否，但是可以通过对冲的手段为自己的资产组合购买保险。这是一个天大的秘密！如果遇到不能控制的事物，你就需要采用对冲手段来购买保险。你不能干预国家政策，但是却可以控制个人财政政策（决策）。如果你只是想赌博，那就去拉斯维加斯，而且押注的金额绝对不要超出你准备输掉的金额。赌博是娱乐，但它绝不是投资。

退 出

另外一个管理投资风险的方法是准备好退出策略。这是一个预先制订好的计划，当股价运行到一定价位时，实施卖出股票的策略。因为其他资产类别（比如不动产）不具备像股票市场一样的流动性，所以这种策略很难运用在其他资产类别上。甚至某些种类的纸资产也因为缺乏流动性，导致此策略实施起来比较困难。然而，对于多数大公司来说，他们的股票交投活跃，因此退出策略可以作为一种切实可行的风险管理工具来使用。

四柱构筑

柱之四：风险管理
退出策略（当股价触及一定水准时，马上卖出股票的计划）是一个强大的风险管理工具。

在进行某笔股票交易之前，你可以设定一个价格，一旦股价触及该设定价格，交易自动退出。如果股价表现不佳，你不想长期持有某只股票，于是，你想尽快脱手以减小损失。这是持有股票的好处之一：如果你对某笔交易不满意，只需轻点一下按钮，马上就可以结束并退出交易。实际上，大多数退出策略都可以以程序的形式运行在你的电脑里面，使你能够给经纪商提供精确的指令。这些指令可以非常具体和详细，通过许多由

"如果……就"语句组成的程序来帮你自动完成策略，你就可以从成天守在电脑前紧盯行情的行为中解脱出来，尽情享受自己的生活。

最优秀的投资者是那些接受过最好的财商教育的人，对此我丝毫不觉得奇怪。当你知道如何为几乎所有可能的情形制订应对计划时，就可以随心所欲地对计划作出调整和规划。所有投资者都需要做出决定：是在一无所知的情况下投资，还是先接受财商教育然后再进行投资？这是你所要面对的选择。你打算什么也不做，继续保持一无所知的状态？这确实是一种选择。只不过，相信我，这是所有选择中最危险的一种。

不管你是对现金流投资还是对资本利得投资感兴趣，对于自己能够利用的各种不同风险管理策略都应具备一定的理解，这将是非常明智的行为。你肯定会感到吃惊，即便只是对于对冲以及退出策略有所了解，已经使你遥遥领先于那些投资新手。但谈到风险管理时，还有更多让人兴奋的地方。

风险回报率

在对技术面分析的学习中，我们学到了一点东西，那就是关于如何通过行情图观察股价走势，以便使我们能够设定目标价位、入场价位以及退出价位。为了帮助我们评估各种交易所具有的不同的潜在吸引力，我们可以使用这些目标价位、入场价位以及退出价位作为一种衡量的手段。我们将这一衡量手段称之为"风险回报率"。

5个识别基本点

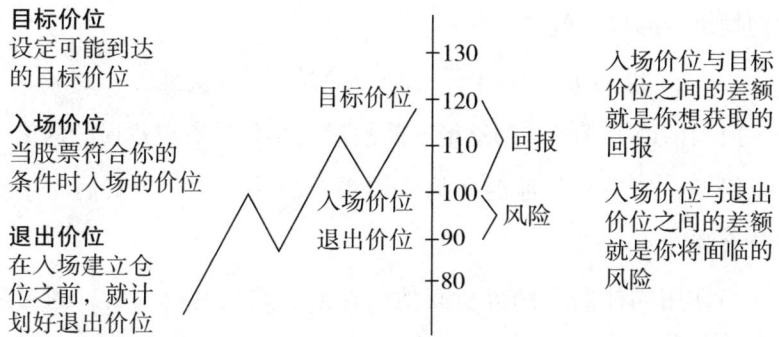

目标价位
设定可能到达的目标价位

入场价位
当股票符合你的条件时入场的价位

退出价位
在入场建立仓位之前，就计划好退出价位

入场价位与目标价位之间的差额就是你想获取的回报

入场价位与退出价位之间的差额就是你将面临的风险

• **回报** = 你期望从交易中获得利润的数额。这通常是你在一笔正在进行的交易中期望股价所能达到的目标价位与入场价位之间的差额。

• **风险** = 你在一笔交易中做好准备承受亏损的数额。这通常是当你进入一笔交易前预设的退出价位与入场价位之间的差额。

> **关键点！**
>
> 了解任何一笔投资所具有的最大风险是多少，这一点至关重要。
>
> 我们所说的风险回报率是指预期盈利数额与预期亏损数额之间的比率。
>
> 所持有股票的全部价值就是你将面临的最大风险。

下面我们以数学公式的形式列出了风险回报率的计算方式：

风险回报率 = 预期盈利：预期亏损

举例来说，我们考虑买入某只股票，当前价位在10美元每股。在进行了技术面分析之后，我们认为，12美元每股的目标价位还是有可能达到的。关于风险方面，我们知道股价在到达目标价位之前可能会存在轻微的下跌，因此我们将止损点放在9美元

每股的价位上,从而留出了1美元的波动空间。在这种情形下,我们的风险回报率就是:

(12美元－10美元):(10美元－9美元)= 2:1

换句话说,我们认为这笔交易的潜在获利是潜在亏损的两倍。

但是,如果与其他潜在的股票买入机会相比,对我们又意味着什么呢?

当你用同样的方法分析其他潜在的股票交易机会时,通过风险回报率,你可以快速地进行比较。股票投资者为了获取资本利得可以设定自己的条件,比如,每承担1美元的潜在亏损,至少需要2美元的潜在获利,这样的交易才能考虑。这样做的目的是,如果投资者进行了10笔交易,其中半数盈利,因为风险回报率的关系,投资者总体来说还是能够获利。

对于期权交易者来说,因为期权交易存在杠杆效应的因素,所以这个比率的意义要小得多。

对于现金流投资者来说,这个比率是他们收到的现金流数额与为了获取产生现金流的资产而付出的数额之间的比率。

对于风险回报率,没有一个适合所有情况的数字可供参考。每个投资者都需要根据自己对风险承受能力的不同以及其他因素(年龄、投资目标等)计算出适合自己的数字。风险回报率是因人而异的。

退出策略

你可能会问道:"为什么需要退出策略?直接买入股票并且持股待涨不是很好吗?"这就是我们中大多数人的想法:聪明的

投资就是买入并长线持有。如同我以前讲到的关于控制与风险管理的话题，你既不能参与公司的管理事务，又不能左右股价的变动，因此在如何投资某家公司这件事情上，你需要相当慎重。

举例来说，看看下面的列表，这是近来一些遭遇破产的大公司的名单。这只是名单中很小的一部分，但是我们可以看到：他们的损失加起来超过1.6万亿美元。这些不是美联储滥发的钞票，而是像你我一样的投资者实际承担的损失。对于为什么每次你参与投资时都需要制订退出策略，这张表给出了最好的理由。

重大破产事件

雷曼兄弟 6910 亿美元

华盛顿互惠银行 3279 亿美元

世通 1039 亿美元

通用汽车 910 亿美元

CIT 710 亿美元

安然 655 亿美元

Conseco 610 亿美元

克莱斯勒 390 亿美元

太平洋燃气电力公司 361 亿美元

德士古 349 亿美元

环球电讯 301 亿美元

朗讯科技 260 亿美元

联合航空 251 亿美元

就算其中一些公司通过重组得以继续生存，但股东还是要承担亏损。

一旦投资账户产生重大亏损,你需要花费很长时间才能恢复元气,而拥有良好的退出策略可以让你避免此类亏损。无论那些投资者有没有意识到,信奉买入并持有的策略使他们不论行情涨跌都持有股票。他们希望从长期发展来看,所有事情的发展都会如他们所愿。

让我来给你做一个简单的说明,证明这种想法对你的长期成功目标非常不利。假设你持有某只股票,现在的股价是100美元每股。如果发生了某些不可预期的事情,比如英国石油公司的墨西哥湾石油钻井平台泄露事件,股价一夜之间就会被腰斩。突然之间,你在股票里面的全部财富损失一半。为了恢复到原先的水平,股价需要翻番——100%的涨幅也只是恢复到先前的水平上。对于一只年涨幅在6%~7%的股票来说,你需要花上很长一段时间。

这不是一种牵强的情形。让我们看看2000年科网股泡沫破灭时,微软公司股价的变化情形。在那段时期里,微软股价最初交投在51美元至52美元附近。到了2001年,其股价已经跌至25美元附近。对于长期持有该股的投资者来说,这意味着已产生了一半的亏损。现在,需要100%的涨幅才能恢复到先前的水平上。

为什么我们需要退出策略而不是买入并长期持有?

如同我们所看到的，股价的下跌比上涨要快而且容易很多。这就是为什么我们需要一个明智的退出策略，它可以使我们在遭受重大亏损以前退出。然后，我们可以更好地明确自己的定位，当股价重新上涨时再从中获利。聪明的投资者可以利用这一点让自己的利润持续上升。

输入保护性交易指令

现在，你能够看到，买入并持有对你的财富增长并不是万无一失的方法，那么怎样才能保护自己免受危险的价格下跌所产生的影响呢？怎样才能将自己的利润锁定以达到最大的成功呢？实际上，当你下单时，可以非常便捷地在交易中加入这些安全因素。依靠当今电脑化的交易流程，你只需了解相应术语，然后在你的软件里面输入对应的数值即可。

我将通过一个简单的交易（爱可美）来向你说明如何做到这些。在下页图表中的右边，我们看到，45美元每股的目标价位是比较现实的。当前，爱可美稍微下跌了一点，但是我们觉得跌幅有限。我们在38.83美元每股的当前成交价格下方一点的位置画了一条支撑线，然后耐心等待1~2个交易日，让价格从该支撑水平上反弹，然后恢复上涨趋势。如果支撑线被击穿，我们就不参与交易。因此，我们会一直等待，直到股票价格上涨触及39美元每股时，才在该价位入场。

如果该股走势符合预期，我们就在股价上涨途中，以39美元每股的价位建立多头仓位。我们需要认识到，走势随时可能逆转并转为下跌。因此，我们在支撑线下方一点点的37美元的价位上设置我们的退出价位。如果该退出价位被触及，我们将会在此交易中损失2美元。但是，我们同时也回避了股价下跌所带来的更多风险。在这次假设的交易情形中，我们可能获得的潜在回报是6美元，而潜在亏损是2美元。值得你考虑的最低风险回报率是2∶1。而本交易的风险回报率是3∶1，我们所面临的形势不错。

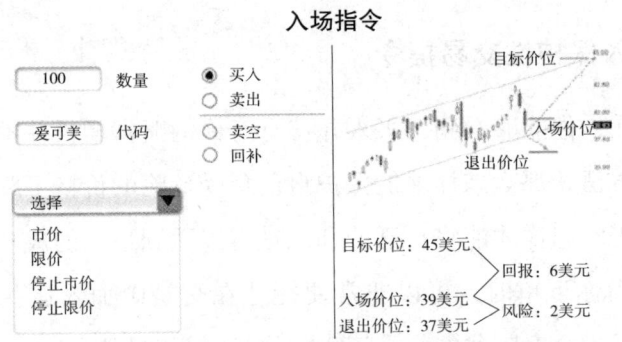

对于我们的交易来说，我们想将入场价位设置为39美元，而退出价位设置为37美元。

左边是某个经纪商的下单页面。每个经纪商的页面看起来会有些许的不同，但是这些页面的组成都是一样的。通过在线下单表格的帮助，你可以将订单指令传给经纪商。你可以下达建立仓位或者结清仓位的指令。在我们的例子中，你将要买入100股爱可美的股票。这是一个建立多头仓位的入场指令。

经纪商允许你详细描述自己想要建立的仓位。你将会看到，当输入指令时，你可以随心所欲地对指令进行调整。在发出指令时，通常情况下你至少有以下4种指令类型可供选择。

市价指令：交易将会以当前的市场价格立即执行，如果你是在非交易时段下达指令，则以市场开盘价格成交。但是，我们有具体的入场点位，因此我们不使用市价指令。实际上，因为我需要放弃很多对自己交易方面的控制，所以我很少使用市价指令。很显然，在大多数情况下，这不是一个好主意。

限价指令：许多人都会在这方面犯错误。如果我在这里填入39美元，我是说我想以39美元或某个更高的价位买入。但是我不想以40美元或者41美元买入，因为这样做会影响我的风险回报率。我想刚好在39美元的价位入场。

我可以说，我想以39美元或者更低的价位买入，但是这样也许会让我过早入场。现在的价格是38.83美元，所以当股价下跌时，指令马上会被执行。而我并不想自动买入一只处在下跌过程中的股票。这是大多数人在下达指此令时会犯的一个常见错误。他们认为自己非常聪明，能够抓住机会以更便宜的价格入场。但是，他们是在股价向错误的方向运行时入场的。

而我想要股价上涨。

停止市价指令：接下来我们可以选择的是停止市价指令。这是一个有趣的指令类型。这个选项会让页面上出现一个窗口，让你输入停止价格。这意味着："等着，然后什么也不做，直到价格到达39美元。"我觉得这么说会让你感到困惑，因为指令会在股价触及39美元时被触发。但是，股价触及39美元之后，可能会到达39.05美元，或者38.06美元。而一旦股价触及39美元，就算股价接下来下跌或者向上跳空，指令也会被触发。我同样很少使用这类指令。

停止限价指令：当要下单时，为了得到非常精确的控制，我经常使用的是停止限价。这种类型的指令需要你输入两个价格：

停止价格和限制价格。我想发出一个指令，当股价到达39美元时买入，但是我想将买入价格限制在39美元或某个更高的价位，因此当股价突然跳空到41美元时（此时入场会降低我的风险回报率），指令不会被触发。而一旦指令被触发，我随之入场，因此需要一个退出指令来限制我的损失规模以及管理风险。控制住风险，限制住损失，就是这种类型指令的特点。

通过实践，你能够得心应手地使用这些指令。

对于退出指令，你可以下达一个市价止损指令，如果股价触及37美元，这个指令会卖出股票。因此，停止限价是非常具体的点位，我可以用来入场，而市价止损起的是安全逃生的作用。

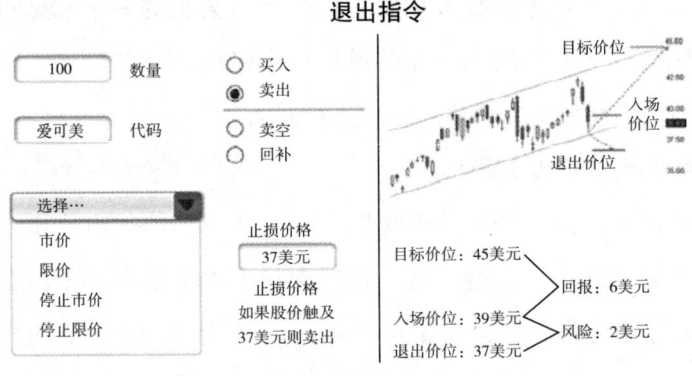

保护性看跌期权

股价有可能"跳过"你的退出价位吗？绝对有可能。在公布盈利或者有重大消息（比如某家制药公司没有获得美国食品药物监督管理局的新药批准）公布时很有可能发生这种情况。在这种情形下，你接受的期权教育显得很有价值。

现在，你知道如何利用期权产生现金流。对于一些认真的投资者来说，期权同样可以作为保险，起到保护他们投资仓位的作用。举例来说，如果你投资了某家公司的股票，而该公司的股价波动性非常大，如果股价的大幅变动方向对你不利，在这种情形下拥有一份保险能够保护你的投资。

关于此类股票，我们可以举出一个很好的例子——Research In Motion（RIM）。该公司制造黑莓手机和其他电子设备，并提供相关服务。这只个股有跳空的传统。也就是说，它的股价会突然出现大幅变动，从而在行情图上留下一个缺口。投资者经常能够在披露盈利相关信息的日子里看到这种现象。如果你持有某个属于此类股票的多头仓位，并且设定了止损保护，那么当股价直接跳空越过你的止损价位时，会是怎样的情形？假设你设定的止损价位在34.50美元，但是跳空的发生意味着你的止损被触发在一个非常低的价位上——29.50美元（跳空发生后的下一个成交价格）。突然间，你面临了一个意料之外的亏损。

花费3.40美元获得在截至到期日（2011年10月）为止以31美元每股卖出RIM公司股票的选择权

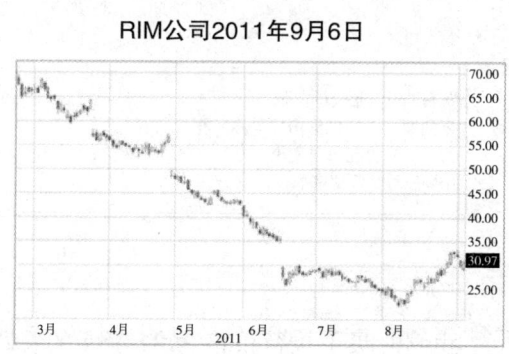

在这种情形下，为了保护我们的投资，我们可以买入股票的保护性看跌期权，给投资上一份保险，直到盈利公布为止。我们

可以和另一个人订立一份协议，此人同意在特定的一段时间内以特定的执行价格买入股票，而我们则拥有卖出股票的选择权。

四柱构筑

柱之四：风险管理
保护性看跌期权是某人同意在某一特定时间段内以特定的执行价格买入股票的一种合约。针对你所持有的股票价格发生下跌的情形，这是一种有效的保护手段。

下图的左边是 RIM 公司股票的 10 月期权链。假设，现在是 9 月 4 日，因此，在 10 月到期日来临前，我们还有大约 5 个星期的时间。我们看到，看跌期权的卖出价是 3.40 美元，这意味着，花费 3.40 美元的期权费，我们就能够在接下来的 5 周时间里给价值 30 美元的股票上一份保险。保险费用占到了股价的 10%，它让这份保险看起来十分昂贵。但是，高于正常的期权价格是由于 RIM 公司股价频繁跳空所导致。

花费3.40美元获得在截至到期日（2011年10月）为止以31美元每股卖出RIM公司股票的选择权

我们购买了执行价格为 31 美元的看跌期权之后，如果股价向下跳空到 26 美元，我们会面对怎样的情形？保护性看跌期权可以保证我们能够以 31 美元的价格卖出股票。在期权的存续期内，即便股价跌至 0，我们仍然能够以 31 美元的价格卖出。

果然，RIM 公司的股价再次下跌。在 10 月份期权到期日来临前，股价已经跌到了 20 美元下方。看跌期权确实帮助我们降低了风险。

针对个股和市场的极端波动，保护性看跌期权确实是一种非常有效的保护手段。很多像 RIM 公司这样股价曾经高高在上、超过 100 美元的股票，最后都跌至以个位数的价格成交。剧烈的下跌给许多投资者带来了惨重的损失，然而某些精于此道的投资者利用保险和对冲成功地转移了此类崩盘风险。

对冲如何拯救了马克·库班的财富

在将自己的公司作价 57 亿美元以换股的形式卖给雅虎之后，马克·库班（Mark Cuban）成为了又一位互联网领域的亿万富翁。听起来就像童话般的结局，是不是？不久之后，科网股泡沫破灭，市场崩溃。短短 5 个月时间里，雅虎股价下跌了 90%。

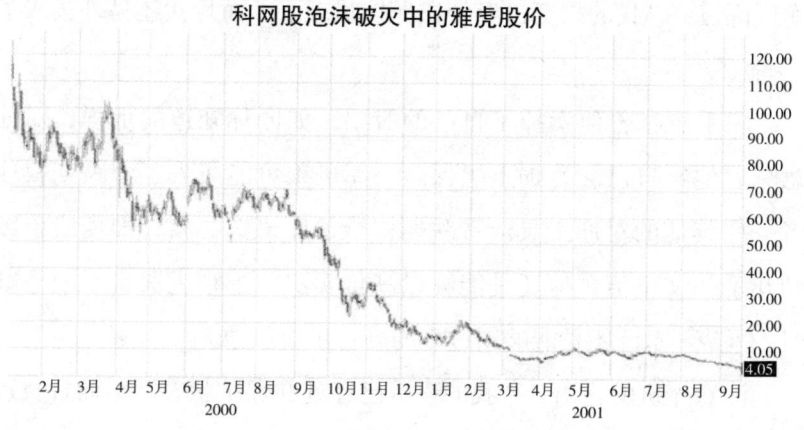

科网股泡沫破灭中的雅虎股价

从上面的行情图中可以看到，大量的财富是如何被消灭掉的。马克·库班也损失了所有的财富吗？没有，他针对这种情形使用了对冲的手段。这种用来保护自己的简单手段让他看上去就像一个天才。

主持人史蒂夫·克罗夫特（Steve Kroft）在《60分钟》节目中对库班进行了采访。克罗夫特说道："你拥有一家价值1500万美元的公司，一年以后，公司作价57亿美元以换股的形式被卖掉。"那是非常酷的一天。在科网股泡沫期间，他拿自己价值1500万美元的公司换来了价值57亿美元的股票。注意，这不是现金交易，而是以股票支付的形式完成的交易。

库班笑着说道："兄弟，现在想起这件事，我还是和当时一样感到震惊。"他深受此事震动，但是并没有因此停止思考。克罗夫特说道："超过300名雇员也成为百万富翁——至少账面上看起来如此。但是库班觉得互联网泡沫即将破灭，因此他做出了精明的举动。他通过对冲策略锁定自己的利润，开始脱手雅虎的股票。库班说道：'我的投资已经处在保护状态下，而且我还另外买入了一些。'"

脱手意味着他卖掉了自己的股票，如同你知道的那样，对冲意味着他给自己的亏损上了保险。库班很可能买入了看跌期权或者一些其他的对冲工具。看跌期权给了库班选择权，即便股价跌到几乎一文不值，他还是能够以高价卖出。当雅虎股价不断下跌时，马克·库班还是能够用过去的高价出售股票。

注意库班的言语："我的投资已经处在保护状态下，而且我还另外买入了一些。"因此，他不但用期权对自己的全部持股进行了对冲保护，很显然，根据他自己的说法，库班还买入了额外数量的期权，以至于投保的股票价值超过了他实际持有的价值。你能够为自己的房屋购买超出实际价值的保险吗？如果你愿意付保费，当然可以。从库班的言谈中，看来他是购买了过量的保险，他实际上从雅虎的螺旋式下跌中赚到非常多的钱。

记住，对冲就是为你的投资购买保险。当你拥有保险时，不管发生什么事情，都会使你看上去像一个天才。如果雅虎的股价上涨，因为库班卖掉了公司，换回了股票，所以他是一个天才。而当雅虎股价下跌时，因为库班提前做好了准备，由此对冲了全部的风险，他依然看起来是一个天才。

这是一个极佳的例子，它说明好的风险管理让投资者看起来非常聪明，但是我想到了事情的另一面。如果马克·库班没有针对那些股票进行对冲，那么他看上去就是一个蠢货。想想看，多少人没有给他们的投资准备任何形式的保险，因而当市场崩溃时，他们在财务上遭受了惩罚。如同遭受火灾的房屋一样，市场也可能跌得面目全非。如果你是个精明的人，你就会购买保险。不是只有天才才能做到，这只是常识。

对于想要产生现金流和保护资产的投资者来说，购买期权是一种极为有用的手段。通过这种手段，我们能够对自己的投资进行非常具体的控制，而这些是"买入并持有"的投资所不能够提供的。另外，对于几乎所有股票投资可能会遭遇的情形，期权都能够提供有效保护。

相关性资产

一些人觉得自己的投资很安全，因为他们持有许多不同的股票和共同基金。但是，当你和理财顾问一起查看自己持有的这些共同基金的行情图时，也许会感到意外：许多共同基金的走势基本上完全一致。这是所谓的"分散化投资"给你上的最好的一课。许多人购买各种不同的基金，自以为很安全。换句话说，如果这些基金都和整体市场走势相关，那么他们的走势经常步调一致。

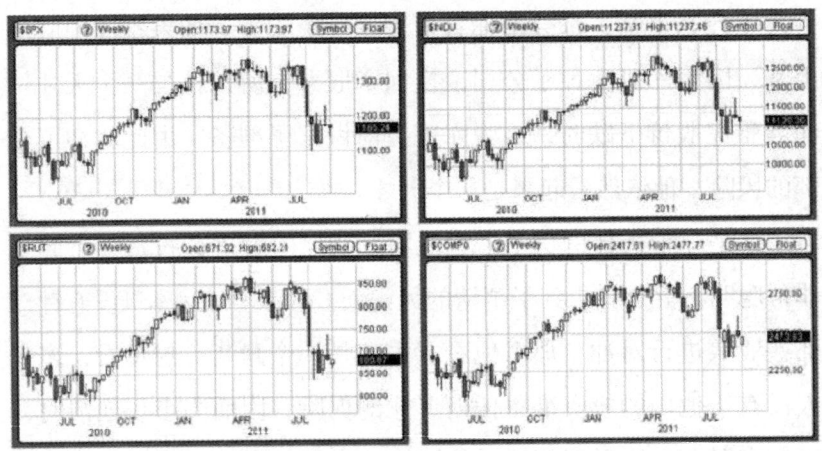

看看上面的图表，感受一下"相关性"意味着什么吧。一些人相信他们分散了自己的风险，但他们经常发现所持有共同基金的表现与自己直接投资这些个别的指数没什么太大的不同。如你所见，因为这些指数反映整体市场走势，所以它们彼此走势一致。

每笔交易具体看起来也许稍微有所不同，因为他们有不同的价格水准，执行价格和期权费也不尽相同。但是它们彼此间都相互关联、步调一致、同涨同跌。在不知不觉中买入了相关性资产的投资者会面临很大的风险。

相关性资产使我们丧失了对它们进行彼此间对冲的机会。这就是为什么我们关于系统性风险与非系统性风险的讨论非常重要。如果你所谓的"分散化投资"都集中在持有相关性的资产上，那么你将会面临很强的系统性风险。

负相关性资产

现在，让我们看看下面这两个新的行情图：标准普尔100指数以及VXX（芝加哥期权交易所波动性指数交易所交易基金）。VXX是芝加哥期权交易所波动性指数（VIX）的短期反映。注意：这两个行情图的走势完全相反。当标准普尔100指数上涨时，VXX下跌；当标准普尔100指数下跌时，VXX上涨。这就是两个负相关性资产的明显例子。在对它们进行投资之前，我们还需要进行更深入的调查。但是，通过这种反差强烈的对比，可以帮助我们理解非相关性的概念。

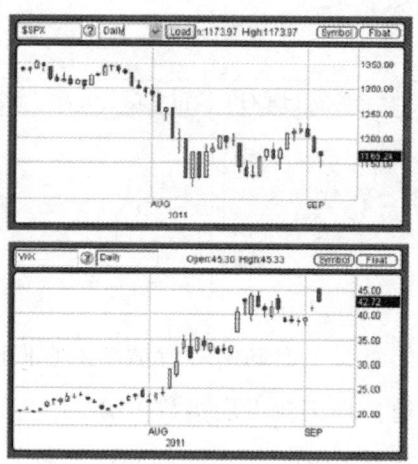

我绝不会指望从买入VXX并建立多头仓位的行为中获利，如同我不会希望从自己的机动车保险中赚钱一样。有时，一些投资者仅仅将它作为一种投资保险。很久以前，当市场开始下跌时，我持有标普的仓位。我的分析指出，市场很有可能处于震荡走势，但是我担心市场可能变得更加不稳定，因此我决定保护自己的投资。我知道VXX与标普指数负相关，因此，我决定使用VXX作为对冲的手段。

事情是这样的：当标普指数下跌时，我遭受了一定的损失。但是，作为对冲的手段，我持有的VXX飙升。标普指数下跌了20%，而VXX翻番。在这种情形下，我既给自己的投资上了保险，对冲了风险；同时，利用与主要投资非相关的资产，我也为自己赚取了不错的利润。

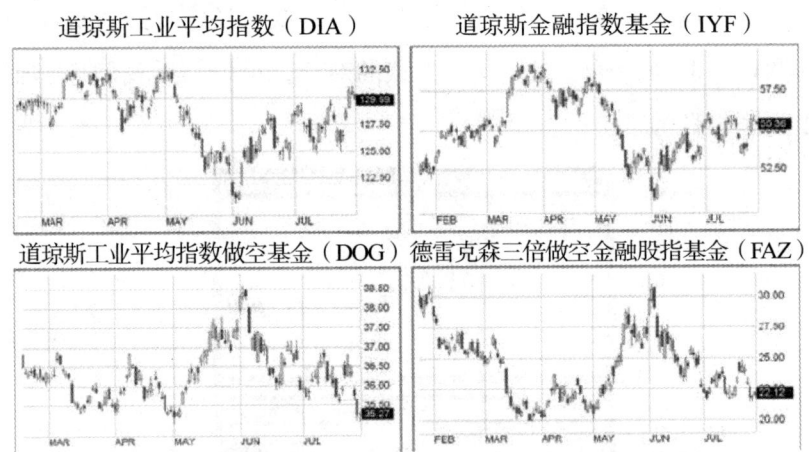

现在，让我们看看上面的两对行情图。它们的走势刚好彼此颠倒。左上角是道琼斯工业平均指数（DIA），左下角是道琼斯工业平均指数做空基金（DOG），其走势与道琼斯工业平均指数完全相反。

右上角是道琼斯金融指数基金（IYF），右下角是与之负相关的德雷克森三倍做空金融股指基金（Direxion Daily Financial Bear

3X Shares，FAZ）。

现在好了，你可以购买不太昂贵的FAZ看涨期权，从而得到更多的杠杆倍数。如果IYF急剧下跌，你知道，FAZ会一飞冲天，而且，看涨期权为你提供了大量的杠杆倍数。

在我自己的投资里，我继续使用非相关性资产来管理风险。一种资产下跌，但是另一种上涨。交易非相关性资产能够让你在一定程度上进行风险管理。而通过保护性期权，你可以在此基础上为自己的交易增加另一重风险管理措施。

搭配投资

当人们购买一处房产时，基本上会产生其他的开销。他们会搭配购买房屋保险。不给房屋上火灾保险是愚蠢的做法。就算发生火灾的机会很小，但是仍然超出了房主的控制，而且火灾一旦发生，则损失惨重。因此，有必要为了保护任何有价值的东西而进行对冲。几乎所有人都需要面对此类事情。但是，在股票市场上，很少有人使用对冲手段。大多数投资者做出投资以后，没有为他们的投资加上保护措施。

> **关键点！**
>
> 考虑搭配投资
>
> 当投资者建立了一个仓位作为主要投资后，作为保护手段，投资者应再建立一个规模较小的杠杆仓位来对冲自己的主要投资。

当大多数人将购买保险视作保护他们房产权益的常见做法时，几乎没有人会针对他们的401（k）养老金计划或者个人退休账户进行对冲。然而，在接下来的5年里，你的退休金账户很可能会出现问题。

仓位规模

赌场很聪明。他们从赌客那里赚取大量的利润。赌场的这一行为是建立在控制风险基础之上的。我们可以从他们控制风险的手段中学到很多。以下是其中的关键两点：

■ 赌场严格限制了单次赌博可能损失的最大数目（赌桌注码上限）；

■ 赌场赢的钱比输掉的要多出很多（数学概率）。

赌场需要当心的一件事是大额赌注。想象一下，你正在"黑杰克21点"的牌桌上，这时，来了一位新的客人，押上了很大的赌注。他投注了数百万美元，接下来，他获得了幸运之神的眷顾，在赢得了大量金钱之后，一走了之……

赌场绝对不允许出现这种情况。他们需要限制自己输掉的金额，因此他们需要对赌客的行为进行限制。通过赌桌注码上限，赌场让客人在一段时间内将资金分散在一系列较小的赌注上（赌场有层出不穷的手段可以控制赌徒的行为）。这样，数学概率就会变得对赌场一方有利。这就是为什么所有赌场都有赌桌注码上限，以此来限制每次下注的金额。赌场知道最终他们会赚钱，只要他们限制了每手可能输掉的数额，剩下的就交给数学概率了。

赌场可能面临赌客尝试加倍下注策略的风险，而赌桌注码上限则帮助赌场有效地管理了这种风险。我们假设，赌客下注后输掉了5美元。接下来他将赌注增加到10美元，如果赢了，就能赚到 5 美元。如果输了，则输掉的钱总共有 15 美元。接下来将赌注增加到 30 美元，如果赢了，则赚取 15 美元……只要这些家伙持续地将赌注加倍，100 美元、500 美元、1 000 美元、2 000 美元……他们只要不停地增加赌注，迟早会有赢的一次，这时，他们就能够拿回全部输掉的钱，而且还能赚——除非有赌桌注码上限的限制。

我们可以使用同样的策略来限制单笔交易中可能亏损的最大数额。这称之为"仓位规模"。如果你决定任何一笔交易所冒的风险都不能超过全部资本金的 1%，那么看看我们先前学到过的风险回报率，然后相应调整交易的股票数量。

概率的力量

在现实中，赌场的赌局更多依靠数学，而不是运气。实际上，赌场完全不依靠运气。轮盘赌就是一个很好的例子。这种赌博方式有一个输赢比数。轮盘上的间隔分别对应 18 个红色格子，18 个黑色格子以及 2 个绿色格子。总的来说，赌场具有绝对性优势。

- 下注黑色，赌客的输赢比数是 20∶18；
- 下注红色，赌客的输赢比数是 20∶18；
- 下注绿色，赌客的输赢比数是 36∶2。

即便赌场具有相当的优势，还是会输掉一些钱，但是赌场赢回去的钱远多过输掉的。现在，赌场还加上了赌桌注码上限这项规定。通过仔细分析和控制这些数字，他们拥有了概率上的优势——对于赌场来说，这就意味着盈利。

因此，为什么不能在交易上采用同样的手段呢？为什么不设一个交易上限呢？为什么不设置一个对自己有利的输赢比数呢？

你在交易中也能够使用这些手法。怎样才能增加自己的赢面？随着你在基本面分析、技术面分析以及持续教育™方面日益提高的实践能力，研究行情图，跟随趋势交易，学会判断大概率事件，你就能够在交易中提高自己的胜率。

怎样限制亏损？股市里的赌桌注码上限称之为"仓位规模"。

假设你的账户内有100 000美元，你决定每次交易最多承受1%的风险。当然你也可以承受2%或者0.5%的风险，但是现在，让我们用1%来举例说明。因此，执行止损后，你的亏损应该限制在1 000美元上下，基本相当于你全部账户金额的1%。

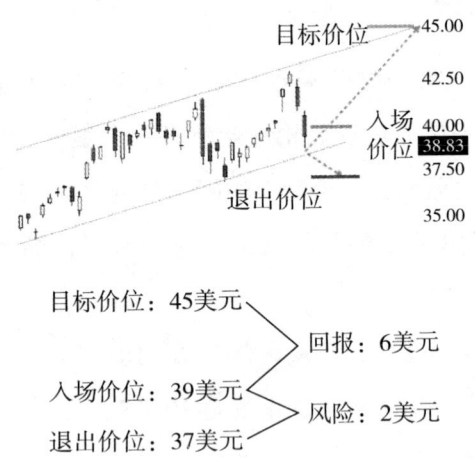

你想在39美元的价位上建立一个多头仓位，并且在37美元的价位上设立一个止损。这意味着，你在这笔交易中可能会每股亏损2美元。在控制仓位规模的规则下，你准备承担的最大亏损金额是1 000美元。因此，最大仓位规模是500股。这不是说你必须买500股,而是说你不能买入超过500股的数量。在这个限制下,如果股价触及37美元的止损价位,你必须退出交易,那么你的亏损不会超过1 000美元。因此,如果股价变动方向对你不利,导致了亏损,你还有99 000美元。就像赌桌注码上限让赌场可以持续经营下去一样,你对仓位规模进行的控制也让你得以保存实力,来日再战。

换个角度来说,如果股价触及45美元的目标价位,你就赚进了3 000美元。长此以往,你能够超越温饱水平,拥有富足的生活。

因此,你进行了基本面分析及技术面分析,也将交易分散到非相关性资产上面。为了方便讨论,让我们假设你进行了10次交易,也许你获利和亏损的概率各占一半。5次盈利的交易,每次你赚进3 000美元;5次亏损的交易,每次你损失1 000美元。你可以计算一下结果。

这是一个过分简化的例子,但是它却可以用来说明基本的思路。随着教育程度的加深,以及经验的积累,你成功的概率将会逐渐提高。通过对仓位规模进行限制,对于任何一次交易,你都只会承担相对于资本金很小比例的风险。

你交易的次数越多,盈亏比越高,回报对风险的比率越高,你亏损的可能性就越小。

风险管理工具箱

基本的风险管理工具箱

扎实的基本面分析及技术面分析技巧

适当的风险回报率

　　　　　止损指令及退出策略

　　　　　保护性看跌及看涨期权

　　　　　反向杠杆资产

　　　　　非相关性资产

　　　　　仓位规模

　　花一点时间去想想,你过去是如何管理风险的,然后与你在本章读到的东西进行比较。回顾一遍这个基本的风险管理工具箱。你能够看到:通过设立一个目标,你就可以计算出期望的回报,并决定为了得到这个回报,你准备承担多少风险。

　　我们介绍了止损指令的设置。因此,如果交易的发展对你不利,退出指令就会被触发,进而限制你的损失。

　　我们还介绍了如何利用保护性期权针对可能出现的亏损进行保险,如同为你的房屋购买火险免遭火灾损失一样。你当然希望这些不好的事情从来都不会发生,然而一旦遇到,保险将使你受到保护。

　　我们还介绍了如何通过挑选非相关性资产来管理风险。假如你的某一笔交易下跌,所有其他的交易不会跟随下跌。

　　我们还介绍了仓位规模,让你知道如何基于潜在的亏损以及你在单笔交易中准备承受的亏损占账户资本金的比例来决定交易规模。

　　这些关乎什么?这些关乎风险控制、风险管理。这些关乎我在本章一开始涉及风险管理这根柱子时所讲到的差异。有两类人,一类人趾高气扬,他们常说:"耶!我买到了一只股票,它一飞冲天啦！"另一类人，他们常说："我做了一笔投资，结果下跌厉害，你看我是如何将损失减到最低程度的。"

现在你能够领会到下面这句话的含义了吧：成功不是因为幸运，而是因为尽量减小亏损以及控制风险。

这使我们认识到，教育本身就意味着风险控制。对于如你我一样的学生来说，教育就是我们所做出的最重要的投资。

教 育

我在投资行业方面的口头禅之一是，他们经常将投资者排除在投资之外。这勾起了我对成长过程中一些经历的回忆。在第一年的选拔赛上，我就被高中篮球队扫地出门了。我很高，但也很瘦，同时和其他队员缺乏协作。我有一个目标，就是要在大学里打比赛。只有不到1%的运动员能够从事大学体育运动，因此很多人都建议我换一个目标。仅仅因为我成功的概率不足1%，他们就将我排除在了范围之外。他们没有问我是否想要努力成为那个百里挑一的人。看来他们一直认为我对于实现自己的目标没有任何的影响或者控制能力。如果努力训练，积极追求实现自己的目标，那么概率所起到的作用不值得一提。

这很像在传统视角下人们看待风险与回报的关系。人们从底部让他们感到"安全"的事物开始：现金和国债意味着低风险、低回报的投资。股票，"噢！股票有风险"。期权，"不，我不要丰厚的回报，风险太高了"。人们认为在外汇市场上交易的都是疯子。投资行业拒绝接受一个事实，那就是投资者可以对他们自己的成功与否产生影响……只需要接受教育。

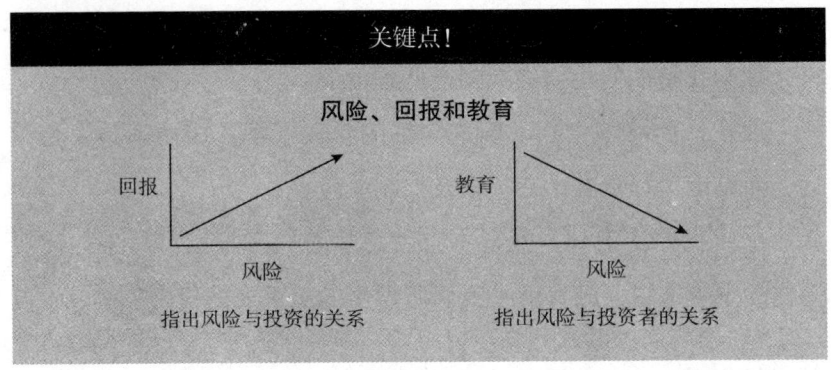

传统观点认为：借助杠杆获得处于顶部的丰厚回报，你面临的风险程度肯定也很高。

问问你自己：宝马是安全性最高的汽车吗？如果驾驶员醉酒驾驶呢？

就像我说的一样，单凭机动车本身无法判断所面临的风险程度，需要同时考虑驾驶者自身的因素。当然，外汇交易伴随着相当程度的风险。但是，很多购买共同基金的人对系统性风险居然一无所知。在我看来，那些对外汇交易风险有很好的理解，并且接受过一定财商教育、知道如何管理这些风险的人，其拥有富裕生活的可能性要远远大过那些没有受过财商教育、正在跟随共同基金跌宕起伏的人。许多期权交易者正在从中获得更多的回报，他们知道如何将风险对冲，因此他们也在降低自己所面临的风险。他们知道如何做到这一点。他们接受过财商教育，知道如何管理风险。

对事物不甚明了是风险的主要来源。通过财商教育，你能够有效地管理和控制风险，因此你能够获得高额回报。一旦掌握了基本的风险管理工具，你就做好了准备，可以开始学习更加复杂的风险管理技术，比如Delta中性套期保值等。你掌握的工具越多，能够实现的策略就越多，你拥有的机会也就越多。

本章小结

让我们回顾一下第七章的重点：

1. 面对风险，有三种处理方法。

a. 投资者可以试图回避风险。但现实是，对于投资而言，世上没有哪种投资是绝对安全、毫无风险的。投向个股，需要面对非系统性风险；分散化投资，则需要面对系统性风险。购买房屋同样伴随着多种风险，而要回避这些风险，你可以不购买房屋，但是同时你将会无处容身。

b. 投资者可能仅仅是承受风险。承受风险的人同样可以是赌徒。这些投资者可能在购买房屋时不连带购买房屋火灾保险。

c. 有经验的投资者通常会进行风险管理。如果你购买了房产，同时也会想要购买房屋火灾保险。最好的办法就是对风险进行管理。

2. 主权债务危机增加系统性风险。

如果欧洲主权债务危机以及美国的财政与货币危机继续恶化，很可能不仅仅是波及个别公司，而是影响整个市场以及全球经济。

3."希望"这一字眼暗示事情超出了我们的掌控。

像"我希望市场情况好转"这样的说法暗示投资者处在一个

自己无法掌控的立场上。聪明的投资者会使自己处在一个可以主动调整,而非被动应付的立场上。

4. 风险和控制有关。

更多的控制意味着更少的风险。更少的控制意味着更多的风险。完全没有控制则与赌博无异。

5. 了解任何投资可能面临的最大风险程度,这一点至关重要。

6. 考虑搭配投资。

当投资者建立了一个主要仓位时,同时应建立一个规模很小的杠杆仓位对冲主要仓位所面临的风险。

7. 驾驶员或者投资者会面临不同的风险。

许多传统的理财顾问会依据客户对风险承受能力的不同而给出不同的建议,然后在现金、共同基金和债券上做不同的配置。这是面向投资的方法。我们同样能够从投资风险与投资者教育程度的关系入手,并以此来估算投资者所犯错误的多寡,以及他能否明智定位投资立场。

第八章

接下来做什么

随着你来到了本书的最后一章，我希望你能够意识到自己有多少潜力可以成为一位具备实践能力的投资者。系统性问题的爆发日益临近，今天，普通劳动者试图为退休而投资的举动，很可能在未来会面临糟糕的局面，而且前景愈发黯淡。如果人们没有机会学习并且采取行动逐步控制自己未来的财务，那么"为自己的未来投资"这个话题确实会变得非常悲观。

好消息是，有很多你可以做到以及学到的东西。我希望本书中众多的概念、技巧、词汇以及原则可以帮你打下一个坚实的基础，使你能够在投资的道路上继续前进和积累经验。

第一步：目标

在本书一开始，我要你写下自己的目标。

人生目标引出财务目标或者财富目标，而财富目标则引出教育目标。如果我们学习了某些真理，然后让我们的行为与所学保持一致，再加上我们所拥有的纪律和决心，我们就可以拥有任何我们想要的东西。

来到本书的最后一章，你所要迈出的重要的第一步就是：回顾自己的人生目标、财富目标以及教育目标。

强化个人基本面分析这一习惯

你现在已经知道,基本面分析可以让你从财务报表中发掘信息,以便对某个实体的实力有一个清晰的认识。记住,财务报表是政策的结果。要显著改善一份财务报表,首先需要显著改变政策。

在我的人生中,我努力强化能够带来好结果的行为和政策。和你一样,有时我也会犯错或经历失败。我远不是一个完美的人,因此,当我犯错时,我发现自己必须重新来过,作出调整,然后继续尝试新的方法。

在这些行为和政策中,有一个是你马上可以开始实施的,这就是:以你自己的财务报表为基础进行每周一次的个人基本面分析。伴随着这一行动的开始,对于基本面分析如何在所有层面上起作用这方面,你会逐渐加深理解,并形成更好的个人政策(决策),进而带来自己所期望的结果。

四柱构筑

以自己的财务报表为基础,
进行每周一次的个人基本面分析。

我强烈推荐你玩一下财商教育棋盘游戏《富爸爸现金流》,你能够从游戏中获得乐趣。这是一个不可思议的模拟游戏,在帮助你学习个人基本面分析方面,它比你读到的任何书籍都有着更为出色的效果。

在持续教育™之路上继续前进

现在,你已经熟悉了所有有关投资的四根柱子,是时候来重新评估一下自己在持续教育™上所处的阶段,看看你已经抵达什么位置了,同时也看看自己还想走多远。花点时间,思考一下你在每一根柱子上都学到了哪些东西。每次只思考一根,针对每一根柱子,分别看看自己在持续教育™上所处的位置。

持续教育™

一无所知 → 有所觉悟 → 理论水平 → 实践能力

举例来说,在基本的主权国家基本面分析方面,你处在持续教育™的哪一个阶段?你肯定仍然对某些方面不甚了解,但你应该已经对基本面分析非常了解,而且学到了很多关于这方面的重要功课。在主权国家层面,你应该已经对诸如货币政策、财政政策以及债务与 GDP 占比这些方面有了更好的掌握。

在技术面分析上,我希望你感到自己已经变得更加强大,能够对股票行情图进行分析解读,对每天都在发展的来自供需力量变化所形成的趋势有了更加深刻的理解。

你现在已经明白,成功在很大程度上与你针对当前市场或者经济情况所采取的立场有关。你应该已经对债务杠杆、合约、时间衰减及其他相关方面更加熟悉。

你现在了解到风险与控制相关,也理解了非系统性风险和系统性风险之间的差异,以及如何运用期权进行风险对冲。

我们还能够学到更多的东西吗?绝对可以,只要你愿意,你总是能够学到更多的东西。写作一本书的难点之一就是确定一个理想的写作范围。关于策略、技术以及纸资产相关风险方面的内容很容易占据成千上万页的篇幅。然而我相信,帮助一个人成为一名投资者的最有效的方法,是给他打下一个坚实的基础。记住本书在开头所讲过的关于"背景"和"内容"方面的课程。

内容和背景相互依存。但是它们之间有着确定的次序。你首先需要改变自己的背景,然后才能有效地增加你的内容。当你继续在持续教育™的方向上努力时,请始终记住,当你寻求获取更多的内容时,别忘了扩充和改进你的背景。

在虚拟账户中实践纸上交易

让我们花一点时间重新回顾一下学习金字塔。注意:对学生而言,学习的态度越积极,则学习的效果也越好。

学习金字塔		
两周后我们还能记住多少		参与程度
说过和做过的还能记住90%	实战	积极主动
	模拟	
	做一次令人印象深刻的报告	
说过的还能记住70%	发表一次演讲	
	参与讨论	
听过和看过的还能记住50%	现场观摩	消极被动
	观看演示	
	在展览上观看演示	
	看电影或视频	
看过的还能记住30%	看图片	
听过的还能记住20%	听演讲	
读过的还能记住10%	阅读	

来源:改编自戴尔的"学习金字塔原理"(1969)

阅读在传统的教育活动中始终占据着重要地位。购买一些有阅读价值的投资理财书籍，并修建一个属于你自己的图书室，对你而言非常有价值。我不得不承认，我赞同学习金字塔里面所提到的——那些我曾经读到过的东西，我记不起来多少，但是，那些我能记起来的都是有价值的。对我来说，书籍在帮助我发展自己的背景方面是最有效率的，并且能够给我带来新的观念。

虽然图书在传播知识方面不失为一种非常有价值的工具。但是，为了让你在持续教育™方面向着具备实践能力的方向前进，我建议你最好在导师的指导下亲自动手实践，我相信这对你会更有帮助。

纸上交易（虚拟交易）是对真实的股票或期权进行实际的基本面分析以及技术面分析，然后通过建立虚构仓位来模拟现金流策略和风险管理，看看情况如何发展。今天，绝大多数经纪商都为他们的客户提供开设"虚拟账户"的服务，客户可以利用这项服务来模拟真实的交易体验。

通过这种不错的体验机会，你可以让自己熟悉如何下单交易并且测试自己的技巧——在不用承担任何风险的情况下。如果某人下达的指令不正确或者在填写指令表格时犯了一个错误，投资界称之为"飞行员错误"（pilot error）。纸上交易使你对经纪商的网站或者软件更加熟悉，减少此类错误在实际交易中发生的可能性。

开始组建自己的投资团队

我的妻子、两个孩子和我组成了一个家庭，这就是我最重要的团队。团队较个人而言，更容易克服各种人生中的挑战。作为一个家庭，我们共同生活，彼此帮助并使对方走向成功，而不是独自完成每件事情。

我从中学到，团队的力量强大到难以置信的程度。团队可以产生协同作用。比起单打独斗，团队能够提供相当程度的安全保障。比起你一个人独自行动，整个团队齐心协力更容易完成自己设定的目标。

在我的人生中，能够成为一些非常优秀团队的一分子，我深表感激和荣幸。当我还是小孩时，我成为童子军的一分子。在大学时，我非常幸运地成为一支非常成功的篮球队的一分子。当我被诊断出身患癌症时，一整支医疗团队在为我治疗。当然，有些事情必须由我自己单独完成。但是比起一个人独自面对，在我的人生中，团队带给我很多成功，对此我心怀深深的感激之情。

如今，能够成为一个教育团队的一分子，我同样心怀感激。罗伯特和金·清崎，以及其他的富爸爸顾问，我们共同作为团队的一分子，有着一个共同的使命：让人们获得接受财商教育的机会，以此转变自己的人生。富爸爸公司的使命就是，通过财商教育提高人类的财富幸福感。

随着你发展自己的团队，思考自己的使命以及想要和什么样的人在一起，你会发现，作为团队的一分子有着双重意义：帮助别人，也接受别人的帮助。我听罗伯特无数次提到："投资是一项团体运动。"大多数人尝试独自走下去，他们缺乏来自由律师、会计师以及顾问组成的团队的帮助。我认为这是一个错误。拥有一支顾问团队，并非意味着我们通过将财务责任和决策甩给别人来试图弥补自己的无知。相反，我从自己的顾问那里学习，并且积极参与其中，对未来将要发生的事情保持敏锐的思维——当然，我也知道事情为什么会发生。

作为一名篮球运动员，我了解自己在球队中的角色。我不能指望其他人拿下所有的比分、组织所有的防守并且完成所有其他的事情，而自己在一旁轻松地享受胜利的果实。如果我不擅长打篮球，其他的队友也不会待在我身边。队友和我待在一起是为了实现大家共同的目标。

除了让律师和会计师作为你的财务顾问，你还可以考虑寻找同样具有工作效率和专业能力的老师加入你的团队。我能够真诚地说："作为一位富爸爸顾问，我最大的感受就是从团队的其他成员那里获得了难以置信的学习体验。团队同样为我提供了机会，让我能够在如何成为一位好教师方面学到更多。"

我不厌其烦地再次重复一遍，政策决定了财务报表的好坏。一些人实行团队协作的政策，而另一些人采取单干的政策；一些人采用积极学习的政策，而另一些人则是得过且过，无知者无畏；一些人求助于导师和老师的指导，也有一些人采取独自阅读的教育策略，而不是通过纸上交易以及玩《富爸爸现金流》游戏来模拟实际体验以便获得实践机会。寻找更多的老师和导师，也是另外一条进行实战演练的途径。

四柱构筑

打造你的投资团队。

现在就下定决心克服障碍

我们知道，大多数人通常可以实现自己订下的一些可行性目标。我们也知道，要实现上述目标，仅仅需要每天完成特定的任务以及接受适当的财商教育。我们同样知道，前方总是会存在各种阻碍。疲惫、失败、错误、挫折、别人的嘲讽等，这些都会让我们萌生退意。是什么让你充满力量，得以继续面对逆境走下去？

我喜爱电影《阿波罗13号》。它讲述了三名美国宇航员在登月过程中所搭乘的航天器遭遇严重损害时发生的故事。这三名宇航员是地面上庞大的美国国家航空航天局团队的一部分。团队里的每个成员，无论在太空舱内还是在地面的控制中心，都面临了极端的困境、巨大的障碍以及看上去不可能解决的问题。电影中有一个非常深刻的场景，团队成员走向飞行计划指挥官，报告说："目前的问题不可能得到解决。"指挥官用一句话作出了回应："失败不可接受。"

在你尽力不犯错误的同时，请记住错误是教育过程的一部分。当你遭遇逆境或者障碍时，有一个不错的方法可以试试，那就是"退回去重新回顾一下自己的目标"。你会重新发现什么才是自己真正想要的。当你对自己的人生和目标变得充满激情时，你一样可以对自己说"失败不可接受"。

为了取得真正的成功，你需要获得动力——在事情变得艰难时，动力能够让你坚持下去。对我来说，动力来自我的家庭。总是会有一些时候，我们可能不想再继续下去了。但是我们没有选择。对我来说，每当看到妻子和孩子们时，我又充满了干劲。

四柱构筑

永不停下学习的脚步。

你的未来充满光明

世界上有太多让人悲观和失望的事情。事实上，在世界上的很多地方都存在着各种问题。但是，这并不意味着你一定会成为这些问题的牺牲品。好消息是，你总是能够控制自己所采取的立场。你可以控制自己所接受的财商教育。你还可以选择积极行动，而不是消极应对。

终有一天，当你的被动收入超过了你的支出时，你就可以从"老鼠赛跑"中解脱出来了。你将会到达新的人生阶段！你能够做到，只不过在此之前，你需要打破"老鼠赛跑"般每月需要依赖工作获得收入的循环。

我希望你从本书中接受的众多观念之一是，你能够让自己的个人财务报表反映出你选择想要创造的人生。你不需要成为这个世界上各种问题的牺牲品。你的个人政策掌握在自己手中。

随着在持续教育™之路上的继续前行，你将会品尝更多的成功滋味，你的付出开始有了收获。当意识到能够成为怎样的人以及如何做到时，你会对此感到满意。最重要的是，不管你计划获取什么类型的资产，在如何使纸资产适合你的总体投资计划以及四柱投资法如何让你成为更优秀的投资者这两个方面，我希望你能够学到更多并且乐在其中。如果你从本书带给你的洞察力中发现了价值，我会乐意继续成为你教育团队中的一员。

我知道我会一直学习下去，也会一直从事教学工作。因此，如果你想和我保持联系，可以在"脸谱"网上关注我，或者也可以访问我的网站：www.stockmarketcashflow.com。在那里，你可以了解到关于纸资产方面知识的定期更新，让你随时关注持续变化的世界经济情况。

最后，祝您万事顺心！

提高财商的三个方法

方法一：阅读"富爸爸"系列书籍

财富观念篇
《富爸爸穷爸爸》
《富爸爸为什么富人越来越富》(《富爸爸穷爸爸》研究生版)
《富爸爸财务自由之路》
《富爸爸提高你的财商》
《富爸爸女人一定要有钱》
《富爸爸杠杆致富》
《富爸爸我和埃米的富足之路》
《富爸爸那些比钱更重要的事》
《富爸爸第二次致富机会》

财富实践篇
《富爸爸投资指南》
《富爸爸房地产投资指南》
《富爸爸致富需要做的6件事》
《富爸爸穷爸爸实践篇》
《富爸爸商学院》
《富爸爸销售狗》
《富爸爸成功创业的10堂必修课》
《富爸爸给你的钱找一份工作》
《富爸爸股票投资从入门到精通》
《富爸爸为什么A等生为C等生工作》
《富爸爸8条军规》

财富趋势篇
《富爸爸21世纪的生意》
《富爸爸财富大趋势》
《富爸爸富人的阴谋》
《富爸爸不公平的优势》

财富亲子篇
《富爸爸穷爸爸（少儿财商启蒙书）》(适合3~6岁)
《富爸爸穷爸爸（青少版）》(适合11岁以上)
《富爸爸巴比伦最富有的人》(适合11岁以上)
《富爸爸发现你孩子的财富基因》
《富爸爸别让你的孩子长大为钱所困》

财富企业篇	《富爸爸如何创办自己的公司》
	《富爸爸如何经营自己的公司》
	《富爸爸胜利之师》
	《富爸爸社会企业家》

方法二：玩《富爸爸现金流》游戏

《富爸爸现金流》游戏浓缩了《富爸爸穷爸爸》一书的作者——罗伯特·清崎三十多年的商界经验，让我们在游戏中模仿和体验现实生活的同时，告诉游戏者应如何识别和把握投资理财机会；通过不断的游戏和训练及学习游戏中所蕴含的富人的投资思维，来提高游戏者的财务智商。

扫码购买《富爸爸现金流》游戏

方法三：关注读书人俱乐部微信公众号，在读书人移动财商学院学习财商知识

北京读书人俱乐部微信公众号由北京读书人文化艺术有限公司运营，为富爸爸读者提供既符合富爸爸理念又根据中国实际情况加以完善的财商相关课程，帮助读者系统地学习和掌握富爸爸财商的原理、方法和实操技巧，助力富爸爸读者的财务自由之路。

readers-club

扫码关注读书人俱乐部
开始学习

图书在版编目（CIP）数据

富爸爸股票投资从入门到精通 /（美）安迪·塔纳著；汪天盈译. — 成都：四川人民出版社，2017.10（2021.2 重印）
ISBN 978-7-220-10363-6

Ⅰ.①富… Ⅱ.①安… ②汪… Ⅲ.①股票交易-基本知识 Ⅳ.① F830.91

中国版本图书馆 CIP 数据核字（2017）第 230173 号

Stock Market Cash Flow
Copyright © 2013 by Andy Tanner
This edition published by arrangement with Rich Dad Operating Company, LLC.
版权合同登记号：图进 21-2017-513

FUBABA GUPIAOTOUZICONGRUMENDAOJINGTONG
富爸爸股票投资从入门到精通
〔美〕安迪·塔纳 著 汪天盈 译

责任编辑	李淑云
特约编辑	张 芹
封面设计	朱 红
版式设计	乐阅文化
责任印制	聂 敏

出版发行	四川人民出版社 （成都市槐树街2号）
网　　址	http://www.scpph.com
E-mail	scrmcbs@sina.com
新浪微博	@ 四川人民出版社
微信公众号	四川人民出版社
发行部业务电话	（028）86259624　86259453
防盗版举报电话	（028）86259624
照　　排	北京乐阅文化有限责任公司
印　　刷	三河市中晟雅豪印务有限公司
成品尺寸	152mm×215mm　1/32
印　　张	10.25
字　　数	212 千
版　　次	2020 年 4 月第 2 版
印　　次	2021 年 2 月第 3 次印刷
书　　号	ISBN 978-7-220-10363-6-01
定　　价	68.00 元

■版权所有·侵权必究

本书若出现印装质量问题，请与我社发行部联系调换
电话：（028）86259453